张琴秋传

ZHANGQINQIU ZHUAN

钟桂松 著

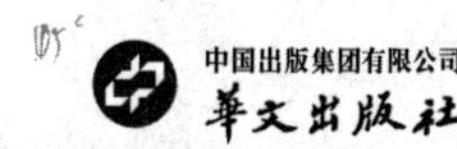

图书在版编目（CIP）数据

张琴秋传 / 钟桂松著. -- 北京 ：华文出版社，2020.3（2024.5重印）
（桐乡历史文化丛书. 第四辑）
ISBN 978-7-5075-5240-9

Ⅰ. ①张… Ⅱ. ①钟… Ⅲ. ①张琴秋（1904-1968）-传记 Ⅳ. ①K825.6

中国版本图书馆CIP数据核字(2019)第286150号

张琴秋传

著　　者　钟桂松
责任编辑　胡慧华
出版发行　华文出版社
地　　址　北京市西城区广外大街 305 号 8 区 2 号楼
邮政编码　100055
网　　址　http://www.hwcbs.cn
电　　话　编辑部 010-58336239　总编室 010-58336210
　　　　　发行部 010-58336202
经　　销　新华书店
印　　刷　三河市天润建兴印务有限公司
开　　本　880mm×1230mm　1/32
印　　张　10
字　　数　200 千
版　　次　2020 年 3 月第 1 版
印　　次　2024 年 5 月第 2 次印刷
标准书号　ISBN 978-7-5075-5240-9
定　　价　59.80元

目录

第一章　从石门湾到大上海

1904 年 11 月 11 日[①]，张琴秋出生在浙江省北部的石门镇南市街一个张姓家庭里，乳名凤生，学名梧。曾用名张超。她的童少年时代是在石门镇[②]上度过的，后来，张琴秋考上在杭州的浙江省立女子师范学校，在五四运动的影响下，她又转学上海爱国女校，不久又考取南京美术专科学校，却因为生病而辍学。后来在沈泽民、沈雁冰的影响下，进入上海大学学习。其间，张琴秋参加了中国共产党，开始从事实际的革命斗争。

走出石门湾到上海参加中国共产党以后的张琴秋，开始进入人生中的一个新天地。

一、旧家庭里的叛逆者

张琴秋出生时，正是清王朝走向没落的时代。日本与俄国从 1904 年到 1905 年在中国的土地上打了两年，日本竟然战胜了硕大的俄国！显示了日本明治维新的威力。日俄战争，给了

① 有关张琴秋的出生时间，这里取张琴秋自己的说法，她在莫斯科中山大学的调查表上填写为“11 月 11 日”。此表由张琴秋的外孙女刘竞英女士提供。

② 张琴秋家乡石门镇，旧时不同时期有不同叫法，本书中有关“石门”“石门湾”“玉溪”“玉湾”等地名，均为“石门镇”不同时期的不同叫法。

中国的知识分子极大的刺激，因为中国几年前的维新运动，光绪皇帝下了“明定国是”的诏书，宣布变法维新。但是，只过了一百天，就夭折了！后来，虽然又有一些改革措施，但中国封建势力根深蒂固，无力回天！1911年，清王朝的大厦轰然倒下。而此时的石门湾，也多多少少发生了变化。张琴秋出生时，石门湾隶属于崇德县，当时因为避讳清太宗年号，1662年崇德县改为石门县，石门镇叫玉溪镇。辛亥革命以后的1914年，石门县恢复为崇德县，玉溪镇恢复为石湾镇。其实，这个变化，与张琴秋家里关系不大。因为张家不是世居石湾镇的土著居民，据说是从附近海宁县周王庙移民过来的。在张琴秋的祖父张品山、伯祖父张品太年轻时，看好石门湾这个水陆交通非常方便的地方，兄弟俩就携手移居过来，利用运河交通便利的条件，开了一家经营大米的米行。经过多年的打拼，张家逐渐积下一些资产，同时开始重视对子女的教育，让孩子读书，所以张琴秋的父亲张积昌（殿卿）①能够成为小镇上的一个有文化的人。因为排行第五，所以镇上的人称他“殿卿五相公”，据说他曾经在辛亥革命前的嘉兴报馆只担任过半年编辑，②似乎没有担任过其他公职。

---

① 张琴秋的父亲、母亲的名字，张琴秋自己在填表时，写“张积昌”“冯慧英”；在文化程度上，张琴秋填父亲为“中学程度”；母亲为“小学程度”。

② 不少描写张琴秋的传记中，都写到张殿卿（积昌）在嘉兴的《三江日报》当编辑，也有认为是在《之江日报》当编辑。笔者认为，所谓嘉兴的《三江日报》，没有找到实物可以证明。而《之江日报》是1913年4月1日创刊、1937年12月停刊的，是杭州最早的民营报纸。社址在杭州青年路青年里，不是在嘉兴的。而张琴秋在自己的履历表中说：“辛亥革命前，父，服务于报馆编辑。母，家务。”所以这里用“嘉兴报馆”代替具体的媒体，有待于继续考证。

在张琴秋童少年时代，人口众多的张家的经营开始逐渐走下坡路，仅仅靠三四十亩田地维持一家人的生计。所以在张琴秋的记忆里，家里的经济条件一天不如一天，经营的业务也在不断变化：春蚕时节，张家就做桑叶生意；秋天，种桑树时，他们就做桑苗的生意。无论桑叶还是桑苗，做这些生意的不确定性很强，假如市场预测准确，可以发点财，如果预测不准确，失手一次，就有可能亏掉老本。所幸张琴秋的母亲冯慧英（定珍），是个有文化、能够勤俭持家而且思想比较开明的女性，她和张殿卿一共生了 7 个子女，但只有 3 个长大成人，即张琴秋以及她的哥哥张桐，妹妹张兰。冯慧英坚持让子女读书，坚持不让女儿张琴秋姐妹俩缠足，所以，张琴秋在童年不缠足而且有机会进学校读书。

这在今天看来，有点难以置信，当年的情况下，张琴秋姐妹俩都有上学的机会？其实，这与石门镇历史悠久、文化昌盛有关。石门镇位于京杭大运河浙江省北部杭嘉湖平原腹地，清《桐乡县志》称石门镇为“洵苏、杭、闽、广之通衢，桐乡之巨镇”。春秋时期吴越两国在此交战，越王在此“垒石为门，以为界限”。石门之名，由此而来。公元 610 年，江南运河开挖，自杭州至嘉兴，经过石门拐弯东去，所以石门又有“玉湾”“玉溪”等美名。唐朝时，石门镇相当发达，已经成为一个重要的水运码头。据光绪版《石门县志》记载：唐初，石门已经颇有规模，设置石门驿，水驿有船户 300 户，驿船 30 只；陆驿有驿马 52 匹，马户 496 户。宋代，石门镇专门建“接待寺”，接待来往官员。所以，此时石门镇已经“商贾渊薮，廛里旁溢”，商业已经非常繁华。

宋代以降，石门镇附近农村的水稻、蚕桑、棉麻、油料作物已经非常丰富。明万历《崇德县志》说："镇饶米菽丝纩，商贾辐辏浮于邑，镇可数千家。"商业的繁荣，带来教育文化的发展，除了因为接待来往官员而建的接待寺、南巡大营等建筑外，还有刘伯温读书处等文化遗存，给石门这个小镇增添了文化因子。在教育方面，石门镇和附近的镇一样，私塾很多，后来成为学堂，辛亥革命以后，学堂成为小学，石门镇在崇德县里是第二个大镇，溪西小学改为崇德县立第三高等小学。民国以后，1913年，石门湾举人丰鐄的女儿、丰子恺的大姐丰瀛在自己家里创办"振华女校"，专门培养女孩子，一时，成为闻名遐迩的佳话，张琴秋进的学校，就是这所"振华女校"。据《石门镇志》记载："民国二年，丰子恺大姐丰瀛在石门湾创办振华女校。学制七年。校址在大井头。"这里，"民国二年"的时间，应该是1913年，但是，在不少史料里，都是说1912年。张琴秋在苏联莫斯科中山大学的调查表上"小学读了多少时间"一栏填了"五年"，卒业时间是1918年。这是事后回忆，不准确的。事实上，张琴秋是1920年暑假毕业的。当时，办女学是一种时代进步的标志，是对封建社会"女子无才便是德"的否定。丰瀛在石门湾创办振华女校，在崇德县石门湾一带开风气之先。当时，附近的乌镇有懿德、务本两所女校，濮院镇有端本女校，崇德县城有县立女子小学等。振华女校的学制是七年，初小四年，高小三年。课程方面，初小有修身、国文、算术、手工、图画、唱歌、体操、缝纫；高小增加中国历史、地理、理科、英语等。所聘用的教师，也都是有真才实学的人，丰瀛除了自己讲课外，还聘用嘉兴褚辅成的侄女褚明秀等年轻教师。丰子恺进杭州浙江省立第一师范读书以后，放假回来，也常常去女校代课。振华女校刚开办时，女校在丰家自己家里，后来，附近的新市、乌镇、崇德的女孩子都慕名而来，振华女校才另外觅屋办学。当时和张琴秋同学的有钱青、杨达、谭琴仙、梁闺放等，沈雁冰的夫人孔德沚是1918 年春夏之交到石门振华女校做插班生。

张琴秋在振华女校读书时，就显露出她性格的叛逆和果断，当时，张琴秋家里的经济条件不好，家里人希望她及早辍学，帮助家里。但是张琴秋没有屈从,反而学习更加用功。在学校里，张琴秋仿佛是个女孩子的头儿，同学中有什么事，都会找张琴秋，让她出面领头，事情才能解决。当时张琴秋的同学杨达的成绩太好了，引起另外两位钟姓同学的妒忌，凭着她俩与丰家有点亲戚关系，扬言在毕业典礼上要出杨达同学的洋相。为此，生性胆小软弱的杨达，只会自己忍声吞气，不敢反抗。这件事被张琴秋知道以后，她便带着杨达找到褚明秀老师，反映情况，褚老师又带着张琴秋、杨达去见校长。后来校长对亲戚家的两个学生作批评教育，一场风波才没有发生。有一次，张琴秋放学以后和钱青、孔德沚等同学去石门镇郊玩，看见边上河里有一条船，她们便去划船，当船经过一棵扑在河面上的杨树时，钱青不小心被杨树刮了一下，差一点掉进河里。这时，张琴秋果断地让钱青紧紧抓住树枝，不要松手，自己赶快把船划到树下面，让钱青的脚落在船上，才避免了一场意外。岸上的人为她们捏了一把冷汗，随后又纷纷称赞张琴秋的机灵和勇敢。据钱青回忆，大概在 1919 年，“我与琴秋登上南皋桥，一边玩，一边背诵诗词。忽然看到一位姑娘倚栏哭泣。琴秋上前询问，姑娘泣不成声地说自己是附近高家湾人，家道贫困，无衣无食，父母无奈，要把她卖作童养媳，她便逃了出来，现在走投无路，只想投水自尽……。我们听了十分难过，琴秋即刻奔回家去拉了她母亲到桥上，哭着要母亲救救这个姑娘。她母亲见状，也十分同情，便收留了她，在自己家里做小帮工。"①

然而，正当张琴秋和孔德沚、钱青等同学志同道合发愤读书时，振华女校却发生了一件大事，1918 年秋天，创办振华女校的校长丰瀛因病去世了，年仅 33 岁！丰家的天仿佛塌下来了，振华女校也一下子没有了主心骨！当时，丰子恺还在杭州读书，他在浙江省第一师范学校的老师陈夔专门写了一篇《丰女士传》诔文，纪念这位为女学贡献自己全部心血的开拓者！张琴秋为失去这位敬业的校长而心痛！后来，丰瀛的妹妹丰满接替姐姐继任校长，以丰家人的智慧继续在振华女校耕耘。

1919 年 5 月，北京爆发了五四运动，其影响也波及江南小镇石门镇，振华女校组织张琴秋她们学生到镇上去游行，宣传科学民主，反对卖国的"二十一条"，号召老百姓起来抵制洋货，使用国货。后来，张琴秋作为振华女校的代表，到县城崇福镇去参加集会游行，这让张琴秋有机会在大庭广众面前发表演讲，呼喊口号，15 岁的少年张琴秋，充满革命激情。二十年以后，经历过风风雨雨的张琴秋在延安回顾当年，她非常平静地说："轰轰烈烈的五四运动至今已有二十年的历史。回忆那时候的我，还很年幼，正在本镇一个女子高小里念书，知识贫弱，

① 钱青：《忆故乡》，刊于 1992 年第一期《桐乡县志通讯》（内刊）。

思想幼稚，天真烂漫，只知读书，希望读完了高小能有升学的机会，以后能不依靠家庭生活，能独立谋生，并且要赚几个钱帮助家庭；对国家大事，根本想不到什么，不过隐约地知道东洋鬼子很凶恶，欺凌咱们中国人，所以我们应该起来抵制东洋货罢了。我们一班小学生在校长指挥之下，也曾各制小旗，上书'打倒东洋鬼子''抵制日货''中国人应该买中国货'，手持着这些小旗排着队满街去游行，并且还组织宣传队劝同胞买国货……。"[①] 所以，五四运动给张琴秋很大的影响，在张琴秋人生历程中，五四思想起到"加油站"的作用，给她的自强自立自爱、男女平等、民主自由的思想赋予新的内容、新的价值。但是，振华女校经过五四运动，也发生一些微妙的变化，褚明秀老师辞去了女校的教职，大姐一般的孔德沚也不来女校读书了，原因竟然是新校长丰满年纪轻，处事风格与大家已经习惯的丰瀛不一样，所以已经二十出头的褚老师和孔德沚都有些不适应。好在时间过得很快，张琴秋她们马上就要毕业了。1920 年夏天，张琴秋毕业于石门湾振华女校。这一年她 16 岁。

二、杭州女子师范学校

一直期盼毕业以后继续升学的张琴秋，在要不要继续读书问题上，却碰到家庭的阻力。原来张家的两个女儿，即张梧（张琴秋）、张兰都很聪明，读书都很优秀，而儿子张桐，却不喜欢读书，所以早早地结婚成家，然而，嫂子看到两个小姑一天天

① 原载延安《中国青年》创刊号，1939 年第 1 卷。

长大，都一门心思读书，而没有能够帮助家里做什么事，久而久之，心里很不平衡。于是她常常在家里发牢骚，说怪话。而现在张琴秋小学毕业了，要不要再读书成为家里的一个焦点，嫂子的牢骚更多了。张琴秋的母亲冯慧英此时承受了更多的压力，儿子和女儿，手心和手背，在她的眼里，是一样的。但她开明有远见，觉得现在世道不一样了，女儿是否读书，事关女儿一生的前途。所以她是支持张琴秋出去读书的。但是，去哪里读书呢？这时，振华女校的老师沈元帮助张琴秋她们出主意，建议她们去杭州女子师范学校读书。沈元是1919年7月浙江省立第一师范学校毕业的石门人，是丰子恺的同学，毕业以后在振华女校教书。所以对沈元的建议，无论是张琴秋家里，还是钱青家里，都是高度重视的。沈元还说，他的未婚妻李润也要报考杭州女子师范学校，这样，张琴秋、钱青她们可以结伴前往。还说杭州女子师范学校学费便宜，将来毕业以后，可以当小学老师，工作有保障。于是，张琴秋她们商量以后，最后决定去杭州女子师范学校读书。

杭州女子师范学校也是时代发展的产物。在“戊戌变法”以后，一批留学日本的学生回国，他们看到日本明治维新给日本带来的进步，所以决定从办教育入手，开始积极筹划创办女子学堂等。1904年，杭州教育会发起号召，邵章、陈叔、郑在常等人禀请浙江巡抚聂缉椝开办女学。同年5月2日，杭州女学堂在积善坊巷正式成立。这是杭州历史上第一所由中国人创办的女子学校，也是杭州妇女真正获得上学读书权利的开始。

1907年，杭州女学堂改为杭州女子师范学堂，并开蒙养园（幼稚园），1912年4月改为浙江省立女子师范学校。学制是师范本科4年，预科1年。1913年4月校舍迁到横河桥庾园故址。到1920年时，杭州女子师范学校已经成为杭州的一所颇具影响力的学校。它是今天杭州第十四中学的前身。张琴秋、钱青入学时，校长是慈溪县人叶谦。教师中有沈钧儒的弟弟沈蔚文、钱学森的父亲钱家治，教英语的有戴遥庭、范允之，教物理的有王更三，教生物的有叶术青等，都是当时有专长的饱学之士。张琴秋在杭州女子师范学校的前后同学中，有毛彦文、傅学文、汤秀楚等。有人说，王映霞也是张琴秋她们的同学。其实王映霞是1923年进杭州女子师范学校的，此时，张琴秋已经离开。而钱青、曹诚英，倒是她真正的同学。王映霞只能说是张琴秋的学妹。而瞿秋白的夫人杨之华，是张琴秋的杭州女子师范学校的学姐，不过在杭州女子师范学校，两人没有机会见面，因为杨之华是1919年底就离开女子师范学校去上海了，而张琴秋是1920年暑假才入学杭州女子师范学校的。据说，张琴秋入学前，杭州女子师范学校当时对学生就有要求：第一，举止娴雅，身体健全；第二，不得缠足（已缠足者，入校后须解放）；第三，年龄在11岁以上20岁以下。同时还要求：入校须得公正绅士之保证，试读一月；每年缴膳资24元；不得着艳丽衣服及涂脂抹粉，等等。所以，杭州女子师范学校的这些规定，对张琴秋来说，不得缠足，是十分适合的。不过，笔者见到张琴秋入学之前即1919年女子师范学校的一份杂志，是女子师范学校校友会编辑出版的，杂志刊登了当年在全省的招生情况，嘉兴各县，最多时，招11个女生，一般是3至4个，最少时招1个。虽然与张琴秋无关，但也可以知道当年进杭州女子师范学校的不容易。毕竟，杭州是省会城市，文化的开放，比石门湾大得多。而且，在杭州女子师范学校，还可以看到在上海、北京出版的新书新杂志。

在杭州女子师范学校，张琴秋求上进的性格没有变，她的叛逆性格也依然没有变。但是，女子师范学校是培养小学师资的。校长叶谦在一篇演讲稿中说："今日师校之学生，即来日教育之师资。须知教育事业，清高之事业，亦清苦之事业也。如不知精神之修养，则内无陶冶之方，外受势利之惑，将四顾傍徨，不能久安于位。愿诸同学积精神之修养，俾异日不堕初志。"[①]所以这所以培养小学师资为重点的学校，在校规校纪和精神等方面，要约束这些受过五四运动影响的学生。但是，毕竟时代不同了，新思想同样浩浩荡荡冲击这所女子师范学校。当时学校规定，学生必须留长发，梳辫子，盘发髻，以示"娴淑"。然而，张琴秋她们觉得这样的规定没道理，每天梳辫子，盘发髻，浪费了她们的不少时间，不如干脆剪掉！于是，张琴秋联络王华芬等几个

张琴秋在杭州女子师范学校

① 浙江图书馆馆藏《杭州女子师范学校校友会杂志》创刊号，1919年4月版。

志趣相投的同学，当着许多同学的面，剪掉了长发！引起了女子师范学校的轰动，因为也是大势所趋，叶谦校长等也就批评了事，没有追究张琴秋她们，但是，张琴秋因她的大胆举动，在女子师范学校出了名。所以，1921 年 6 月，张琴秋她们五个女生三个男生和一个孩子送别沈稔三的合影上，张琴秋她们五个女生早已剪成男孩子一样的头发了。据张琴秋的同学钱青回忆，当时一同考到杭州的同学梁闺放被录取在杭州行素女子中学，而此时梁闺放和浙江省立第一师范学校毕业的郑明德已经确定恋爱关系，郑明德在石门湾崇德县立第三小学教书。当时行素女中不准学生谈恋爱，对学生来往的信件检查非常认真。所以郑明德写给梁闺放的信，都是通过同学张琴秋、钱青转交给梁闺放的。后来梁闺放考取杭州广济医院妇产科，张琴秋她们转递情书的事才结束。钱青在解放后到北京，和张琴秋聊起在杭州女子师范学校替梁闺放送情书时，张琴秋不胜感慨地说："我们年轻时，封建思想根深蒂固的旧社会，竟然替友人送过情书,大胆！大胆！"[①] 两位老朋友发出感慨开心的笑声。1924 年，梁闺放从广济医院毕业后和郑明德在乌镇结婚，两人也都参加革命，都是共产党员。1926 年春天，两人到上海，进了沈雁冰代理交通局主任的国民党中宣部上海交通局工作。后来被捕，在即将被枪毙时，被党组织救出。这是后话。

张琴秋在杭州女子师范学校学习期间，正是五四运动以后妇女解放运动风起云涌的时候，作为具有叛逆意识的张琴秋，

① 钱青：《回忆少年张琴秋》，刊《张琴秋纪念文集》（内刊）第 35 页，桐乡市政协编，2006 年 8 月印行。

在杭州女子师范学校的学习中感受到学校的沉闷和腐朽，如何做一个有知识的家庭妇女的办学思想，事实上是封建社会三从四德的翻版，而一些阔小姐阔太太在学校的影响，让张琴秋她们感到女子师范学校的日子有些煎熬。此时，已经在上海的同学孔德沚时不时有信来，告诉她们上海的一些信息，让张琴秋她们心动不已！所以在杭州女子师范学校读了一年半以后，张琴秋和同学李润一起离开该校，去上海爱国女学文科二年级做插班生。这已经是1922年春天的事了。

三、去上海求学求真理

关于张琴秋离开杭州女子师范学校转学去上海的时间，不少传记都认为是1923年的春天。张琴秋在上海爱国女学与陈学昭相识。有传记记述说："1923年年初，上海爱国女校开学时，新添了四名插班生。她们都是浙江人，其中有张琴秋和陈学昭。"一些年表，也都认为是1923年张琴秋转学上海的爱国女学的。① 但是，查阅张琴秋爱国女学的同学陈学昭的史料，发现张琴秋去上海爱国女学是1922年而不是1923年。关于上海爱国女学，陈学昭在回忆录中说："1922年初，我进爱国女学文科做二年级的插班生。同级的同学绝大多数是上海人，是走读生，早上来，中午回家吃午饭，饭后再来，傍晚回家。她们一般都是有钱人家的女儿。比如有两个是当时一个著名京剧演员的妹妹，上学是用汽车接送的。还有当时大资本家虞洽卿的女儿。全校有三

① 一些已经出版的张琴秋传记，都认为1923年张琴秋到上海爱国女学读书。

个科：文科，体育科，中学科，都是三年毕业。总计起来，住宿生还是不少，一间宿舍四个人，住得满满的。宿舍是由一个走廊通的，中间虽隔起来，可是没有门，只有一个门进出。宿舍对面就是文科和中学科的教室，体育科的教室在楼下。”① 对张琴秋的印象，陈学昭回忆说：“文科二年级的同学连我共有四个浙江人。座位是并排的两只桌子，四个人一排。我们四个人恰在前后排。我右边是个姓王的南浔人。我左边两个一个是苏州人，一个是盛泽人。我后边两个一个是石门人，名张梧号琴秋，一个是崇德人，名李润号里仁，她们俩也是插班生，本来是杭州横河桥女子师范的二年级学生。她们很活跃，在上海有亲戚、同乡什么的，每个星期都出去，而且常有人来看她们，带给她们好些好吃的东西。我和她们住得远，我在第一间宿舍，她们在倒数第三间宿舍（一共好像有十四间还不知是十六间），所以不很了解她们，但因为都是浙江人，还是比较接近。”② 这是陈学昭自己的回忆，应该是准确的。因为陈学昭和张琴秋自从在爱国女学认识以后，保持了一辈子的姐妹情谊，从上海时代到延安时期，到解放以后，两人始终保持着一种姐妹情义。所以陈学昭的记忆，应该是可靠的。据陈伯良先生编的《陈学昭年谱》介绍：1922 年年初，“经表姐张静介绍，转学至上海爱国女学学文科，插班读二年级。”③ 认定陈学昭是 1922 年年初进上海爱国女学文科读书的。而陈学昭记忆中，刚刚到爱国女学时，就认

①② 陈学昭：《难忘的年月》，花城出版社 1983 年 11 月版，第 217 至 218 页。

③ 陈伯良编：《陈学昭年谱》，刊于《陈学昭纪念文集》（内刊）第 230 页。海宁市政协编，2001 年 9 月印行。

识了张琴秋她们，所以，张琴秋转学上海爱国女学的时间应该是1922年年初。

上海爱国女学是20世纪初由蔡元培、章太炎等人发起创办的,旨在“造成完全人格,使国家隆盛而不衰替”,提倡女子教育,授予生产技能,学以致用。当时爱国女学的地址在海宁路天保里。相对于杭州女子师范学校，爱国女学得新文化运动的风气之先，所以张琴秋插班时，已经非常开放了。学校本来提倡男女平等，妇女独立，摒弃“贤妻良母主义”，这一点，非常契合张琴秋的思想。学校当局还允许这些女生“高谈革命，放言无忌”，而且在历史课上，老师讲授的是法国革命史和俄国虚无党的故事；理化课上讲授的是制造炸弹的方法。据陈学昭回忆，当时爱国女学的校长是季通先生。据说季校长是受到五四运动影响的人，他在北京时，曾经和儿子一起在北京大学听课。教国文的老师姓郭，50多岁。同学中除了张琴秋、李润之外还有陈竹影、季湘月等。因为沈雁冰的夫人孔德沚已经在上海生活，所以张琴秋作为老同学，常常能够结伴去沈雁冰家里玩。当时沈雁冰在商务印书馆编译所，编辑《小说月报》的同时，已经成为了中共党员、中共中央联络员，正忙于秘密的革命工作；而沈雁冰的弟弟沈泽民，同样也已经是中共党员，正在秘密从事革命工作。所以，张琴秋在爱国女学读书时，通过孔德沚，有机会认识沈雁冰和沈泽民兄弟俩。

1923年暑假，张琴秋毕业于上海爱国女学。

上海爱国女学毕业以后，张琴秋凭着自己对美术的爱好，考取了南京美术专科学校，开始追求她的艺术梦。此时，沈泽民根据中共上海地方兼区委员会的安排，到江苏南京私立建邺大学任教，目的是在南京地区发展共产党和青年团组织。沈泽民到南京以后，很快建立了南京中共党小组和南京团委会。恰巧张琴秋也到南京读书。所以早在上海认识的沈泽民和张琴秋，在南京有了更多的联系和沟通。但是，仿佛冥冥之中注定张琴秋是个革命家而不是艺术家，1923 年秋天，她到南京美术专科学校报到不久，患了一场严重的伤寒病，张琴秋无法坚持正常上课，不得不病休回家养病。几个月以后，沈泽民根据党组织的安排，也很快回到上海，担任国民党上海执行部宣传指导干事，与瞿秋白、邓中夏、项英等在沪西小河渡办工人夜校，建立小河渡工友俱乐部等，直接深入工人中间进行革命宣传活动。

张琴秋在故乡石门湾养病以后，家里似乎已经没有余力供张琴秋继续读书，所以张琴秋等身体恢复以后，就在石门的振华女校代课。这时，张琴秋在石门湾看到了社会的黑暗，看不到前途和希望，思想十分苦闷，她在给沈泽民的一封信中说：

泽民先生惠鉴：

金陵患病，多承照料，不胜铭感。别后回乡延医服药迅即痊愈，今在母校石湾振华女子小学代课。数月来目睹天灾人祸，遍地哀鸿，生灵涂炭，田园荒芜，学校亦因战乱频繁，时时停课。更有甚者，妇女处于水深火热之黑暗深渊，同学杨秀珍、沈杏娟等均因不满封建买卖婚姻被迫投河溺水而亡……总之，苦海无边，长夜难明，平时与学友同事谈及此情此景，莫不痛心疾首，然又感回天乏术，无能为力，但琴秋则以为人能胜天，亦定能胜天，但不知如何才能胜天，俾人怎样才能跳出苦海，琴秋无知，百思不得其解。先生雄才，博学多识，望有以教我。不胜盼祷。专此即请教安。

张琴秋[①]

这是目前见到的张琴秋最早给沈泽民的一封信。在这封信里，蛰居石门湾的张琴秋内心的困惑和苦恼，显而易见；拯救人类解放的初心，初见端倪。后来，沈泽民给张琴秋寄去《新青年》等杂志，让张琴秋的心灵打开了一个窗户。稍后，张琴秋又给沈泽民写信，诉说自己的感受：

泽民先生大鉴：

手书及书报均已收到，不胜感激，阅读大札及《新青年》等书，茅塞顿开，琴意亦以为妇女欲冲破黑暗，解脱桎梏，必须自身在经济上谋求独立，争取人的权利，如附属于家庭附属于男子，则决不能逃出苦海，获得自由。要争取独立生活，唯有求学，学好生存之本领，但仅由妇女奋斗，则人微力薄，难以奏效，还必须联合其他各阶层人士，共同奋斗始能达到目的。关于我之求学问题，家庭中引起轩然大波，近因家庭经济日益拮据，兄嫂对我拟外出求学，意见甚大，认为女大当嫁，外出求学徒然费钱财，想必引起外界议论云云。家父封建思想严重，闻兄嫂之言更出面阻扰，家母虽支持，但无

① 张琴秋这封信见《张琴秋纪念文集》（内刊），桐乡市政协编，第350页。

能为力，至于琴则坚决抵制封建买卖婚姻，坚持赴沪攻读，以求能独立生存争取做人权利，决不妥协！望先生有以教我，有以助我一臂之力为盼。专此即请近安。

琴秋谨上[①]

在《新青年》的影响下，张琴秋下定了离开石门湾的决心，让沈泽民十分感动，觉得具有叛逆性格的张琴秋是有革命前途的青年知识女性。恰巧，这时，沈雁冰和沈泽民都在上海大学义务教书，于是，张琴秋辞掉了振华女校的代课工作，1924 年春天，又风尘仆仆地到上海，进上海大学学习。

四、革命的引路人——沈家兄弟和向警予

张琴秋回到上海，考取上海大学社会学系继续读书。

上海大学是中国共产党创办的第二所学校，它的前身是私立东南高等师范专科学校。因为这个学校办不下去了，此时正是国共合作时期，于是便由中共接手管理这个学校，把它改造成培养中共干部的场所。因为是在国共合作的背景下，上海大学仍请于右任先生担任校长。校址在上海闸北青云路青云里。他是个典型的弄堂大学，十分简陋。据当年在上海大学教过书的沈雁冰回忆:“它没有校门，不挂招牌，自然没有什么大礼堂了。把并排的两个房间的墙壁拆掉，两间成为一间，算是最大的讲堂。它有个书摊，卖《新青年》《向导》《中国青年》和其

① 张琴秋这封信见《张琴秋纪念文集》（内刊），桐乡市政协编，第 351 页。

它社会科学的书；它还有个学生墙报。这都是当时上海其他大学所没有的。特别是活泼民主的校风，以及社会学系的学生经常由老师带领去参观工厂和农村，这也是当时上海别的大学所没有的。”[①]不过，张琴秋进校时，上海大学已经搬到西摩路（今上海静安区陕西北路）。这所上海大学由共产党人接管以后，于右任的校长之职是名义上的。日常管理和教学的人，都是当时共产党内的一些领导，邓中夏担任上海大学的总务长，负责全校的行政事务。当时，学校有社会学系、中国文学系、英国文学系、俄国文学系。瞿秋白担任教务长，兼任社会学系主任；中国文学系主任是陈望道，英国文学系主任是周越然。沈雁冰当时在上海大学中国文学系讲小说研究，在英国文学系讲希腊神话。沈泽民也在上海大学义务讲课。在张琴秋的同学中，有杨之华等。杨之华回忆在上海大学和张琴秋认识时说：“来投考的男女青年，已经把这座破旧的里弄房子挤得满满的了。我挤进人丛，找了一个空位子坐下来。坐在我身旁的，是一位和蔼可亲的姑娘，后来知道她就是张琴秋同志。”[②]杨之华和张琴秋都被上海大学的社会学系录取。

考上上海大学以后，张琴秋便成为沈雁冰家里的常客，此时的张琴秋似乎已经脱离家庭的烦恼，心情也大为好转，她的通过求学问而谋求人格、经济独立的梦想，开始迈出第一步。同时，在沈家，张琴秋直接感受到沈雁冰、沈泽民兄弟俩

① 茅盾：《我走过的道路》（上），人民文学出版社 1997 年 12 月第 2 版，第 251 页。

② 杨之华：《忆秋白》，刊于《忆秋白》，人民文学出版社 1981 年 8 月版，第 189 页。

的革命氛围。当时，中共三大召开不久，沈雁冰表面上在商务印书馆编译所编注《庄子》《淮南子》等古典文学名作，标点林琴南作品，但他此时已经是以一个革命家的姿态，以上海地区中国共产党负责人的身份——上海地方兼区执行委员会委员兼国民运动委员会委员长，负责落实上海地区的中共三大提出的全体中共党员加入国民党的要求，全身心地投入中共在上海以及周边地区的革命活动，白天乃至晚上都在和陈独秀、瞿秋白、邓中夏等秘密开会，秘密研究党的工作，讨论如何发展壮大中共队伍，如何宣传中共的主张。沈雁冰在回忆录里，专门说到这一段时间的革命工作，他说："因为担任上述党内职务，我就相当忙了。执行委员会大约一周开一次会，遇到有要事研究就天天开会，再加上其他的会议和活动，所以过去是白天搞文学（指在商务编译所办事），晚上搞政治，现在却连白天都要搞政治了。"① 而且，此时的沈雁冰，已经是两个孩子的父亲了，女儿沈霞是 1921 年 4 月出生的，儿子沈霜是 1923 年 2 月出生的。沈雁冰的母亲陈爱珠在上海帮助照顾孙女、孙子。

张琴秋的到来，沈泽民多了一个志同道合的同志、朋友，他在全身心投入革命斗争时，非常关心张琴秋的进步，他一步一步地领着张琴秋走进革命的大门。而沈泽民的妇女解放思想，主张妇女经济独立的思想，以及中共的近期目标，最终实现共产主义理想的目标，也深深地影响张琴秋。沈泽民是中共"一大"

---

① 茅盾：《我走过的道路》（上），人民文学出版社 1997 年 12 月第 2 版，第 266 页。

之前就参加共产党的老党员，他的马克思主义理论修养，他的无产阶级革命思想，他的新文学造诣，是那一代革命家中的佼佼者。所以，当张琴秋到上海大学读书时，沈泽民已经是中国社会主义青年团的中央委员，上海地方党组织的领导成员，已经跻身于共产党和国民党的精英阶层，成为上海乃至全国的知名的革命家。1924 年 5 月 5 日，沈泽民和国共双方的精英分子汪精卫、胡汉民、毛泽东、恽代英、向警予、邵力子等 27 名国民党上海执行部成员一起纪念孙中山就任中华民国非常大总统三周年。会后在花园草坪上一起合影。这张照片，是沈泽民 20 世纪 20 年代革命活动的见证。1924 年七八月间，发生右派势力雇佣打手，闯入上海国民党执行部殴打邵力子事件。激起共产党人的愤怒和抗议。当时正在上海的毛泽东和恽代英、施存统、沈泽民一起，联名上书孙中山，控告叶楚伧“主持不力，迹近纵容”。

在沈泽民的影响下，张琴秋的革命热情空前高涨，她在上海大学读书时，和同学杨之华等一起，积极投身社会革命活动。刚刚进入上海大学时，发生了河北保定直隶第二女子师范学校开除进步学生的事件，激起全国学界的愤怒！张琴秋和杨之华等一起，召开全校女生大会，声援保定女子师范学校学生的正义斗争。她们还编印保定女师的学潮特刊，揭露女师当局迫害进步学生的暴行。当时，上海大学的同学黄仁参加纪念辛亥革命十三周年大会时，被国民党右派殴打致死。张琴秋在上海大学党组织的领导下，组织大会，通电全国，抗议帝国主义及其走狗的暴行。张琴秋在积极参加社会革命活动时，不忘为妇女姐妹争取平等的权益。1924 年 10 月，孙中山北上准备召开九团体参加的国民会议，然而，九团体中又没有妇女团体参加。为此引起全国女界强烈呼吁。所以当孙中山路过上海北上时，张琴秋和向警予、杨之华等代表妇女界起草了一封公开信，当面交给孙中山，指出国民会议必须要有妇女团体代表参加。同时，她们在上海的报纸上发表文章，强调妇女参政议政的重要意义。12 月 21 日，上海女界国民会议促成会在西藏路宁波同乡会会馆成立，张琴秋、刘清扬、向警予、杨之华、王立明、李剑秋等六百多各界妇女代表出席，张琴秋在成立大会上还表演节目。[①]1925 年元旦，张琴秋和向警予、杨之华一起，带领上海大学的女学生到闸北、虹口、提篮桥、老西门一带进行妇女解放的宣传活动。上海媒体对此进行报道并高度评价："中国知识妇女有组织地向民众宣传，不能不以十四年元旦为纪元。"在沈泽民、沈雁冰的影响下，张琴秋一边读书一边从事革命工作，而且还深入到杨树浦的老怡和纱厂、东方纱厂、大康纱厂和班达蛋厂，引翔港的大公纱厂、同兴纱厂、原生纱厂，浦东的日华纱厂、英美烟厂，虹口的协成丝厂等不同工厂，深入女工中间，和她们交朋友，了解她们的苦痛，了解她们受压迫受剥削的状况；并在这些工厂开办夜校，组织她们学文化，向她们灌输革命理论，提高她们的阶级觉悟，在此基础上，把女工们组织起来，成立工会，维护工人自己的权益。

张琴秋她们的执着，常常让那些女工感动，张琴秋为了做女工的工作，脱掉旗袍，脱掉学生装，换上破破烂烂的工人衣

① 见 1924 年 12 月 22 日上海《民国日报》。

服，从着装上先和工人打成一片。张琴秋她们进不了工厂大门，就在工厂大门外等候，女工下班出来，就和那些女工肩并肩，边走边聊，启发她们觉悟。有时候，张琴秋她们为了不让巡捕和便衣警察识破，结合一些女工的特点，经常乔装打扮成香客，约女工到沪西的玉佛寺、财神庙，浦东的观音堂，沪东的关帝庙、下海庙等地方谈话，宣传革命道理，讲解妇女解放的紧迫性和路径，启发这些女工起来革命。

为了系统地在工人中培养革命力量，1924年6月至1925年8月，上海大学在上海杨树浦韬朋路惟兴里900号创办了一所平民学校，由张琴秋担任校长，第一期招收年轻的男女工人300多人，按照这些工人的现有文化程度和年龄大小，分成甲乙丙丁四个班。甲班除了识字和算术以外，还有英文、历史、地理等课程，相当规范。其他的班以识字为主。上课根据工人上班的实际，分白天和晚上两个班讲课。据说，张琴秋主持的工人平民学校里，后来有30多名学员参加了共产党，成为这些工厂的工人运动积极分子。据谢燕先生走访调查："曾在江西瑞金担任中华苏维埃共和国临时中央政府主席团委员的周月林，就是当年张琴秋发现培养的一名女工积极分子。1988年5月，她已82岁高龄，上海杨浦区委党史办席与齐同志陪同钱青同志去访问她时，她一眼就认出了席带来的张琴秋的照片。她还记得，张琴秋在平民学校讲课时，剪了一头短发。在平民学校学习的三名恒丰纱厂的女工（薛映华、朱秀英、周月林），都是由张琴秋介绍加入了青年团。周月林还说：老怡和纱厂的女工王根英的入团介绍人也是张琴秋。王根英参加革命后和陈赓结婚，不幸在抗日战争中牺牲了。”[①]

在上海大学时期，张琴秋成为向警予的得力助手，向警予也带着张琴秋深入工厂，手把手地教张琴秋去做工人的宣传鼓动工作。平民学校成立以后，上海元丰等14家丝厂15000多名工人举行联合罢工，要求增加工资，减少劳动时间。张琴秋和向警予到罢工的工人中间与罢工的工人谈话，鼓励工人的罢工斗争。张琴秋还以国民党上海执行部妇女部工农部的名义，联络其他一些工厂工会，声援元丰等14家丝厂的罢工斗争，直到女工们提出的“工资不恢复（一天）四角五分决不上工;工作（时间）不恢复（一天）十点钟，决不上工;不释放被拘捕的姐妹，决不上工;不恢复我们的工会，决不上工”的条件，[②]资本家不得不答应大部分条件，最终女工罢工取得了阶段性胜利，让沈泽民、向警予、张琴秋等上海大学的师生受到极大鼓舞。丝厂的罢工取得胜利以后，1924年9月，张琴秋在向警予的直接指挥下参与帮助上海南洋烟草公司的7000名工人的大罢工。让张琴秋的能力在实际妇女运动和工人运动中得到进一步锻炼和提高，很快，她在上海妇女界崭露头角，成为革命队伍中的一名骁将。

1924年3月，张琴秋根据上海大学党组织的决定，参加了中国国民党，以便在国共合作中更好地公开开展工作，4月，由杨之华、中共上海地方兼区领导人徐梅坤介绍，张琴秋参加中国社会主义青年团，11月，转为中国共产党正式党员。这一年，

---

① 谢燕：《张琴秋的一生》，中国纺织出版社1995年4月版，第18页。

② 同上，第19页。

张琴秋 20 岁。也就是张琴秋成为中共党员的同时，即 1924 年 11 月，她和相恋两年的沈泽民结婚了。结婚仪式是新式的，他们没有大办婚宴，没有豪华的婚礼，而是两个新人到照相馆拍了一张结婚照，纪念这个难忘的日子。他们的新房就在宝山路顺泰里 14 号楼上。据说当时张琴秋的哥哥专门到上海，代表张琴秋娘家人向他们表示祝贺。

此时，在中共四大召开前夕，全国有中共党员不到一千人，而沈雁冰一家已经有 3 名中共党员，为上海的党的建设和发展作出了重要贡献。后来，张琴秋在回顾自己参加革命工作时，对沈泽民充满敬意。她说：

1924 年 11 月张琴秋与沈泽民的结婚照

> 泽民同志是我一生中的良师益友。通过他，使我找到了党。从此，把我引上了革命的道路，救出了我这条温柔的、又好似迷途的羔羊。否则，像我这样的人，至多不过当一名贤妻良母罢了。没有党的引导和帮助，决不会走上革命的征程。这是我永远忘怀不了的。[①]

---

① 谢燕：《张琴秋的一生》，浙江人民出版社 2018 年 5 月版，第 11 页。

张琴秋回忆自己在上海深入工人中间开展革命活动时，向警予对她的帮助和鼓励，让她在实际革命斗争中得到锻炼和成长。她说：

> 1924年我在上海大学读书时，组织上派我到上海工厂集中的地区去做女工工作。我当时还只有20岁。胆子很小，不管到哪里去，我都是跟着别人走。有一次，向警予同志带我到南洋烟草公司去，那里的工人正在开会讨论有关罢工斗争的问题。大家发言很热烈，叽叽喳喳，似乎意见不很一致。这时，向警予同志突然从座位上站起来，对大家说：现在请张琴秋给大家讲话。这弄得我手足无措，因为我事先没有准备讲话，我也从来没有在大庭广众之中讲过话。向警予同志看出了我的紧张情绪，便轻轻地对我说："这里都是工人代表，他们是我们依靠的积极分子。你不用害怕，即使讲错了，也不要紧。以后一定要学会接触工人，学会和工人讲话。"我只好鼓起勇气来。结果连我自己也没有想到，我会讲得那么好，受到工人们的热烈欢迎。此后，我照向警予同志的话去做，主动地接近工人，和他们建立起深厚的阶级感情，我也就无所畏惧了。我那时参加过大大小小的许多会议。在一些成千上万的群众大会上，我能在大家热烈的掌声中，不慌不忙地走上高高的讲台，大声地发表讲话。①

张琴秋的组织领导才能，就是在这样的革命实践中锻炼出

① 谢燕：《张琴秋的一生》，浙江人民出版社2018年5月版，第17至18页。

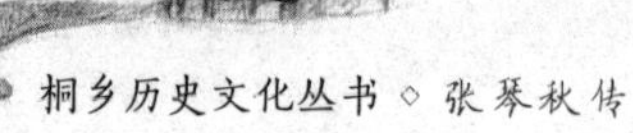

来的。

和沈泽民结婚以后，张琴秋、沈泽民的新婚的家，成为中共党员经常碰头的地方，向警予、杨之华、何葆珍、李一纯、孔德沚等当时上海妇女界的精英，常常到沈泽民、张琴秋的家里商量研究工作。所以，在这样的革命氛围里，张琴秋的革命觉悟提高很快。

20世纪20年代，张琴秋（后排站立者左一）和沈泽民、杨之华等人在上海。

第二章　莫斯科的岁月

苏联莫斯科是当年无数革命者所向往的地方，似乎是世界革命的中心，能够到世界革命中心学习革命理论，是当时每一个年轻的革命者梦寐以求的。张琴秋和沈泽民经过五卅运动的锻炼和考验，双双幸运地成为国共合作时期赴莫斯科中山大学学习的一员。而且张琴秋被中共中央总书记陈独秀秘密指定为莫斯科中山大学八个学生领导人之一。在莫斯科中山大学的五年间，由于张琴秋的刻苦、勤奋、努力，成为她一生中思想、理论水平进步最快的一个阶段。

一、五卅运动前后

张琴秋和沈泽民结婚以后，小家庭的生活依然是带有革命色彩的，两个人各忙各的，白天一出门，晚上很晚才回家。回家以后，还有一些革命青年来沈泽民、张琴秋的小家商量工作，有时，白天也有人来找他们，甚至还在沈泽民家里开会。所以沈泽民、张琴秋的小家，常常成为上海共产党革命者聚会的地方。用张琴秋自己的话来说，当时她“整天不落屋，都在工人堆里钻”。陈学昭年轻时住在张琴秋、沈泽民的家里，晚年她回忆说:

早上，琴秋姐起来烧泡饭。中午，泽民先生有时回来，他烧午饭，不让我烧。他俩把我看做自己的小弟弟小妹妹，总是那么照管我。如果泽民先生不回来，我就独自烧了吃。而晚饭则大多是我烧了吃的。他俩工作忙，休息时间也不固定，常常整天不在家。他们出门，从来不把他们卧室的门上锁，也不带上。我不进他们的卧室，除非他们邀我进去；心里虽然明白他俩是在做革命工作，可是从来不向他们探问。有的日子，他们在家，客人一个两个的来，在灶间里进进出出，当遇到琴秋姐和泽民先生正在烧饭时，来客就在灶间里和他俩谈天。我不去听他们说什么，在墙角落边靠桌子写几句。有时，他俩给我介绍他们的朋友，就像瞿秋白先生和杨之华大姐，我是在他们那里认识的。虽然这样，他们谈天，我可从来不插嘴，有时他们一边谈，一边还望望我，好像要听听我的想法似的。①

陈学昭的回忆是事实。

当时，张琴秋虽然没有像向女工宣传革命道理那样向陈学昭宣传革命道理，但张琴秋有时也会和陈学昭讲一些自己的革命体会，给陈学昭以深刻的影响。陈学昭曾记得，张琴秋曾经和陈学昭讲到自己在女工中开展革命宣传的体会，说："她们（指女工）的苦，是如我们的一天没有黄包车钱的着急的苦所能梦想得到的么？！在这些时候，我开始满足，我觉得我再也不能

① 陈学昭：《沉痛忆念沈泽民同志》，刊于《难忘的年月》，花城出版社1983年11月版，第209至210页。

吝惜我微小的力量了，我应当的是牺牲。”[①] 她还告诉陈学昭：“在那里（指在工人中），见到了世界的全体，发现了人类最伟大的力量、向上心和革命精神。”[②] 沈泽民也一样，平时也没有刻意地和陈学昭说一些革命道理，但是，有一次，沈泽民偶然和陈学昭说起一句话，让陈学昭铭记一辈子。陈学昭记得：“只是有一天，泽民先生回家吃午饭，饭已煮好，焖在那里。泽民先生和我靠在他们卧室朝南的窗口（他们的卧室是在弄堂的末端，下面是空地，没有房子。从窗口直望见整个弄堂。他们不走前门，走后门，进出经过房东家的小灶间。房东整天不在家），他像平常谈天似的对我说：‘现在我们同国民党一起革命，将来我们还要革国民党的命！’这话镂刻在我心上！我永远没有忘记！”[③] 这里，陈学昭关于沈泽民夫妇不走前门的记忆也是对的。沈泽民与张琴秋当时的住所是从后门进出的。郑超麟回忆当时自己送材料到他们家里时，也是走后面的门进去的：“我费了许多力量，找到一个弄堂，凭门牌号码找到一个后门，敲门进去，却见沈泽民站在灶披间门口。我一时糊涂，拿出地址纸条，问沈泽民这里是不是我要找的地方。泽民笑起来说：‘当然是的。’”[④] 说明当时沈泽民家确实是从后门进出的。

在革命的实践中，张琴秋的思想发生了深刻变化，对沈泽民提出的妇女解放中首先要经济独立的思想，有了更加深刻的认识；在与工人的接触了解中，更加了解了底层劳动人民在过着

① 谢燕：《张琴秋的一生》，中国纺织出版社 1995 年 4 月版，第 21 页。

② 陈学昭：《沉痛忆念沈泽民同志》，刊于《难忘的年月》，花城出版社 1983 年 11 月版，第 209 至 210 页。

③④ 郑超麟：《怀旧集》，东方出版社 1995 年 8 月版，第 167 页。

牛马不如的生活，对他们表示了极大的同情；对穷苦大众要翻身求解放，只有团结起来进行无产阶级革命一途，有了坚定的自觉；对无产阶级的马列主义理论有了实际的体会，过去许多思想上困惑的东西，在革命理论中找到答案。所以，在五卅运动前后，张琴秋在思想上已经成为坚定的马克思主义者。1925 年，石门湾的同学钱青，在杭州女子师范学校毕业以后，要去日本留学，临出国，张琴秋和钱青在南京路先施公司的屋顶花园观赏上海的夜景，钱青后来回忆说："我们两人一边品茶，一边闲谈，琴秋姐再三嘱咐我，说我的生活太安逸了，以后要自己动手做事，决不要轻视劳动，养成饭来张口、衣来伸手的不良习惯。"[①]钱青的感受和陈学昭的感受是一样的。所以，此时的张琴秋已经不再是当年女子师范学校的女生了，她已经是一个经过革命锻炼的年轻的共产党员了。

在五卅运动前后，张琴秋全身心投入革命工作，已经是一个职业革命家。她的革命精神，她的革命才华，得到中共党内许多同志的肯定和欣赏。1924 年，为了更好地培养工人，发展壮大革命队伍，邓中夏创办"沪西工人补习学校"，不久又建立沪西工友俱乐部。沪西工友俱乐部是中国共产党以公开合法的形式，在纺织工人中建立起来的第一个工人团体，它以"互相帮助，共谋幸福"为号召，把广大纺织工人团结在自己周围。据说会员达到 7000 多人，成为沪西工人运动中一支重要的队伍。根据在工人运动中的表现，还在上海大学的张琴秋被安排

① 钱青：《回忆少年张琴秋》，刊《张琴秋纪念文集》（内刊），桐乡市政协编，第 35 页。

到邓中夏负责的沪西工友俱乐部工作，俱乐部的主要任务是对工人进行文化教育，教工人识字，向工人宣传革命道理。她们用通俗易懂的道理和比方，向工人讲解“团结就是力量”的道理，比如，张琴秋她们告诉工人：“工人两个字连在一起，是一个什么字呢？是一个天字。所以，只要我们工人团结起来，便会成为天下的主人！”①她们还给工人比方：“我们纺出来的棉纱，如果一根一根拿在手里，一拉就断。要是拧成一股绳，任凭他什么大力士，也不能拉断。我们工人就是要团结起来，拧成一股粗绳，用这根粗绳，把帝国主义资本家的手脚捆起来，我们工人就会得到解放！”②这些通俗易懂的革命道理，让工友俱乐部的工人受到很大启发。张琴秋还培养了工人中的积极分子，并且在沪西工友俱乐部里建立党组织，发展党员。这些工人骨干，后来在五卅运动中发挥了积极作用；张琴秋也注重了解工人所思所想，发展壮大工会队伍，小沙渡有一块空地，是附近工人聚会聊天练武功的地方，张琴秋发现一些工人经常在那里习武聊天，便深入他们中间，了解他们的思想，倾听他们的心声。他们告诉张琴秋：“在这种黑暗的世道里，不掌握点武术，就会受人家欺侮。”后来，张琴秋把这种情况向邓中夏作汇报，俱乐部专门研究了这种情况，认为应该充分利用这种形式，吸引更多的工人练习武功，把练习武功作为工友俱乐部的一个内容。因此，张琴秋一有空，就到这里，和工人朋友一起练习武功，几个月下来，张琴秋不仅学习了武功，而且结交了一批工友，了解了他们各种各样受压迫的情况。在邓中夏的领导下，在张琴秋她

①② 转引自谢燕《张琴秋的一生》，中国纺织出版社1995年4月版，第25页。

们的努力下，茅盾记得：“沪西工友俱乐部逐渐成为沪西工人运动的一个中心。”[①]这其中有张琴秋的功劳。

后来以1925年2月2日内外棉第八厂发生日本领班毒打女童工事件为爆发点，慢慢演化成为声势浩大的以反对帝国主义和罢工罢市罢课为主要内容的五卅运动。其中，沪西工友俱乐部的作用功不可没。当时内外棉第八厂的男工为此抱不平，找日本领班评理，不料，去参加评理的50名夜班男工被全部开除。于是这个厂的白班工人就自动罢工，这件事闹得越来越大；老板要求工人派6个代表与厂方谈判，结果谈判代表被厂方勾结巡捕房以“煽动罢工”的罪名逮捕起来。为此沪西俱乐部就公开出面，代表工人向厂方提出6条要求：1. 不准打人；2. 按照每人原有工钱加十分之一，并不得无故克扣；3. 恢复第八厂被开除之工友，并立即释放被拘押之工友；4. 以后二星期发工钱一次，不得延期；5. 罢工期内的工钱照发；6. 以后不得无故开除工人。[②]紧接着，第八厂开始大罢工，第五厂、七十二厂等也跟着罢工，一场声势浩大的反帝爱国的罢工运动拉开序幕。

当时张琴秋和杨之华、孔德沚以及叶圣陶夫人胡墨林等奔波在罢工工人中间，宣传鼓动工人起来罢工，争取自己的权益。到5月30日，罢工斗争进入高潮，上海工商学联合会成立，6月1日，宣布全市“三罢”开始，上海社会各阶层人民的反帝爱国斗争进入了一个新阶段。但是，帝国主义继续血腥镇压，

① 茅盾：《我走过的道路》（上），人民文学出版社1997年12月第2版，第285页。

② 同上，第286页。

同一天，工部局宣布全市戒严两个星期！张琴秋在轰轰烈烈的五卅运动中进一步得到了锻炼，她在瞿秋白、邓中夏、陈独秀等中共前辈身上，感受到马克思主义的力量，在沈雁冰、孔德沚、沈泽民等亲人身上得到了鼓舞和力量。事后，张琴秋曾回忆说："我目睹了这一伟大斗争的全过程。工人阶级不畏强暴，不讲价钱，响应党的号召，与外国资本家斗争的革命气概，深深地感动了我，教育了我，使我认识到工人阶级只要团结起来，在共产党的领导下，就能战胜一切强大的敌人。"①

张琴秋在五卅运动前后的表现，得到中共党组织的肯定。

二、女儿诞生在莫斯科中山大学

1925 年 3 月 12 日，革命的先行者孙中山先生在北京去世。共产国际和苏联为了加强对中国革命的支持，决定在莫斯科创办一所全新的大学，以培养懂得革命理论，从事革命政治工作的干部。这所大学就以刚刚去世的革命先行者孙中山先生的名字命名，以示纪念。1925 年 10 月 7 日，苏联顾问鲍罗廷在广州正式宣布莫斯科中山大学成立，②组建莫斯科中山大学招生委员会，考试分报名、笔试、面试等，国共两党都作了准备，推荐人员参加考试。鲍罗廷还推荐 30 名国民党要员的子女免试入学，如蒋介石的儿子蒋经国，冯玉祥的儿子冯洪国、女儿冯弗

---

① 谢燕：《张琴秋的一生》，中国纺织出版社 1995 年 4 月版，第 27 页。

② 张泽宇：《留学与革命——20 世纪 20 年代留学苏联热潮研究》，人民出版社 2009 年 7 月第 1 版，第 164 页。

能，于右任的女儿于芝秀等。当时在上海选拔的负责人是侯绍裘和姜长林。其实，许多共产党员去莫斯科中山大学都是党组织推荐的，据姜长林回忆，当时招生工作中的一些问题，要向中共江浙区委报告。这说明莫斯科中山大学的招生，实际上中共党组织是有安排的。显然，像张琴秋和丈夫沈泽民这些青年政治才俊，是莫斯科中山大学招生的首选人选，这是没有疑问的。况且考试这一选拔方式对于张琴秋来说，同样是没有问题的。

当时去莫斯科的准备时间非常紧张。张琴秋和沈泽民得知将赴莫斯科学习的消息后都非常兴奋。到莫斯科，到苏联，在那一代的革命家心里，是到十月革命的故乡，是到革命的圣地。所以每一个年轻革命家都踌躇满志、豪情满怀。10月15日，是1925年的中秋节，经过五卅运动的血雨腥风的考验之后，同志们都为即将赴莫斯科中山大学学习的年轻人感到高兴！中共中央宣传部举行乙丑年中秋节宴会，喜迎中秋，欢送张琴秋等赴莫斯科中山大学学习。沈泽民也参加了中宣部的宴会。当年在中宣部工作的郑超麟回忆说："五卅运动过后，快近中秋节，中央宣传部为了配合工作，从哈同路民厚里迁移到闸北福生路来。民厚里借租别人的房子，福生路则是独家居住。中秋节晚饭，我们请了沈泽民、张琴秋夫妇来过节，喝了酒，吃了饭，还有余兴。向警予念一首李后主词，'无言独上西楼……。'彭述之跳高加索舞，当时他刚从宝隆医院出来不久。张琴秋唱《可怜的秋香》，沈雁冰没有来。他们兄弟此时不是住在一起，泽民住在成都路福煦路口。"[①] 作为当事人之一，郑超麟的回忆应该是可

① 郑超麟：《怀旧集》，东方出版社1995年8月版，第169至170页。

信的。但是，这次宴会应该不仅仅是请吃饭欢度中秋节，而是带有欢送意味的。因为在这次宴会上，不光唱歌欢送，而且沈泽民和张琴秋都在宴会上作了发言，讲了五卅运动对自己的教育意义等。

那么，张琴秋是哪一天出发的？沈泽民是哪一天出发的？各种传记和相关史料，都没有确切的说法。大部分著作都说沈泽民是1926年春天随刘少奇率领的中国职工代表团去莫斯科参加国际职工大会时去苏联的，这是源自茅盾回忆录的说法，为不少传记作者所引用。笔者在研究沈泽民时，曾经对此专门搜集一些史料，对沈泽民夫妇离开上海赴莫斯科中山大学的时间进行梳理，发现沈泽民夫妇虽然是先后进的中山大学，但是在上海出发时，并不是同一天。张琴秋是第一批赴苏的，是1925年10月25日出发的；而沈泽民是10月28日出发的。也就是说，张琴秋是在中宣部的中秋节欢送会之后10天出发的。沈泽民10月27日还在参加济难会代表大会，并且在会上作演讲；28日，作为李立三的翻译，随李立三一起去莫斯科的。李立三是去出席共产国际第六次执委扩大会议。与李立三一起去的，还有蔡和森、向警予、李一纯。[①]但是，李立三他们和第二批赴莫斯科中山大学的学生，是坐同一艘轮船出发的，所以许多回忆录以及史料将沈泽民赴苏联的时间弄错。第二批去苏联的学生，大约有六七十人，其中有张闻天、王稼祥、吴亮平、王明、董亦湘、杨放之等等。主要是来自上海、江苏、安徽、湖北、湖南等地。据张闻天回忆：在上船临行前，“党中央指定一个领导小组，成

① 唐纯良：《李立三传》，黑龙江人民出版社1984年10月版，第57页。

员是俞秀松、董亦湘、沈泽民。”[①]与沈泽民一起出发的俞秀松在1926年8月2日写给父母的家信中说：“我是去年10月28日上海启程，11月23日到达莫斯科。”[②]另外，关于沈泽民不是1926年春天去苏联的一个有力证据，是沈泽民到达莫斯科以后给茅盾夫妇写的一封信，这封信以《莫斯科通信》的名义，发表在1925年12月27日的《文学周报》第205期上。其中讲到从海参崴到莫斯科走了16天。这个时间，与俞秀松家信中提到的时间是一致的。

张琴秋是10月25日出发的。张琴秋在五卅运动前后的表现，为党中央所认可。中共中央总书记陈独秀在1925年10月28日专门给中共莫斯科区委写了一封绝密信：

中共莫斯科区委：

派去24名中国共产党党员，67名中国共产主义青年团团员和12名中国共产党党员兼中国共产主义青年团团员，共计103人到中山大学学习。他们到达莫斯科后应加入区委。

旅行期间，中央指定以下同志为领导人：俞秀松同志（临时委员会书记）、胡彦彬同志、刘铭勋同志、朱务善同志和张琴秋同志。

这些同志将在中山大学学习，同你们编在一个区委。中山大学要成立支部。

我们指定下列同志为中山大学学生中的领导人：

---

① 程中原：《张闻天传》，当代中国出版社1993年7月版，第94页。

② 参看《青运史资料与研究》（三）。

俞秀松、张琴秋、朱务善、刘铭勋、陶淮、董亦湘、李沛泽、郑子瑜共计8人。你们还要指定两人，所以共计10人，他们将领导学生工作。

中共中央总书记　陈（独秀）[①]

这份绝密信件是陈独秀写给中共莫斯科区委的。当时赴莫斯科中山大学的人是无法看到的。里面没有提到沈泽民，估计因为沈泽民是另有任务，不在这些学生中间，所以陈独秀没有提及。当然这是笔者的猜想。但是张琴秋已进入中共中央总书记的视野，已经可以赋予领导责任了，这是不争的事实。可见这两年张琴秋在革命的大风大浪中的进步。

出国之前，张琴秋已经有了和沈泽民的爱情结晶。

中山大学位于莫斯科市区沃尔洪卡大街16号。校舍是一栋四层楼的建筑，楼前有一片森林，一到夏天，绿树成荫，是学生散步休息读书的好去处，楼的左边是排球场，右边是篮球场。据说整个楼体量很大，楼内有一百多个房间，餐厅在一楼，图书馆、教室、办公室、教研室分别在楼上。所以，在当时，中山大学的建筑设施、学校规模也算得上是现代化的学校了。不远处是莫斯科大教堂，位于莫斯科河边上的这个大教堂金碧辉煌，六个大圆顶，古朴壮丽，大教堂前有一片开阔的广场。中山大学开办以后，这里常常成为中山大学学生活动的操场。笔者2006年7月30日去莫斯科中山大学寻访时，发现这个大

① “陈独秀给中共莫斯科区委的信”，载于《共产国际、联共（布）与中国革命档案资料丛书》第1卷，北京图书馆出版社1997年1月版，第728至729页。

教堂是新修的，经了解，当年的大教堂在20世纪30年代毁掉了，现在的大教堂是叶利钦时代按照原貌新修的。中山大学的校舍还在，学校前面的森林还在，而且跟有关中山大学回忆材料介绍的一样，中山大学离克里姆林宫很近，所以一些人的回忆中常常说到，在中山大学能够听到克里姆林宫大钟浑厚的钟声。

莫斯科中山大学大门

张琴秋是第一批到中山大学学习的学生之一。之后，陆续有来自国内的学生报到。新生报到以后，中山大学按照学生的个子高低来编号，据说学生中个子最小的李培之排在第一号。学生证编号也以此排队。张琴秋的学生证编号是18号。沈泽民后来进入学校，编号是181号。[①]新生入学，都由学校工作人员和中山大学的教员找新生谈一次话，伍修权回忆说："我们进学校后的第一件事，就是由学校工作人员和教员同我们每一个人谈话，问各自的姓名、籍贯、家庭成分、文化程度、学历和经历，读过什么书，参加过什么革命活动等等。同时请裁缝专为我们每个人做西装、大衣和皮鞋等等，然后开始编班，发学生证。"[②]伍修权的编号是73号。乌兰夫的编号是51号。1927年10月去中山大学的毛齐华编号是743号。据说，当时苏联的经济条件还不是很好，但是对中国去的这些年轻学生的生活十分照顾，中山大学新生入学以后，学校就给每个新生发一套西装，一件外套，一双皮鞋，此外还有钟、浴衣、手帕、衬衫、梳子、鞋油、肥皂、牙刷以及其他日用必需品。莫斯科的冬天寒冷异常，学校给每个学生发很厚的大衣、暖帽、雪靴、雨鞋。夏天，学校发凉鞋。不仅如此，学校每月还发给学生一些津贴，让学生用来买书和当零用。学校的伙食也是非常好，"最早来的学生起初每天五餐，他们既不习惯一日五餐，也觉得这样太浪费，便请求学校取消了下午的点心和夜餐。即使改成了一日三餐，但每天的质量和数量还是很高。每天早餐必有鸡蛋、面包、黄油、牛奶、香肠、红茶，偶尔还有鱼子酱。为了让中国学生吃得习惯，学校特意雇来了中国厨师，于是学生可以随意挑选吃俄国饭菜或吃中国菜。校方还曾专门派人到苏联远东采购海参、香菇等

① 据张琴秋、沈泽民在苏联莫斯科中山大学时填的登记表。刘竞英女士提供。

② 伍修权：《回忆与怀念》，中共中央党校出版社1991年5月版，第47页。

名贵食品，为学生改善伙食。”[①] 与张琴秋一起到莫斯科中山大学的蒋经国回忆说：“每个学生有一本饭票，每月发一本，每人可用饭票到发饭处领饭。饭菜并无优劣之分，完全一律。”[②] 在住宿方面，莫斯科中山大学也考虑得非常周到。第一期的学生基本上住在中山大学这座楼内，他们住集体宿舍，每间数人，宿舍里的一切全部由学校提供，如毛毯、枕头、被单等。当学校发现中山大学的学生有六对男女学生已经结婚以后，便在附近为已经结婚的学生租了一栋宿舍，还替这些学生发电车月票。后来，张琴秋和沈泽民就住在这个公寓楼里。

张琴秋和中山大学所有的学生一样，报到以后，也起了一个俄罗斯的名字“安娜·格拉西莫娃”。沈泽民的同学张闻天此时也进莫斯科中山大学学习，他也有一个俄罗斯的名字“伊凡·尼古拉耶维奇”，姓“伊斯美洛夫”。后来张闻天的笔名“洛甫”，就是从这里谐音出来的。但是，这些中山大学学生的俄国名字，后来很少使用。张琴秋回国后偶尔用“安娜”这个名字。

张琴秋进中山大学时，苏联方面已经给这个学校从组织到教学，作了大量的准备，委任了校长拉狄克，副校长米夫等。学校设立秘书处、教务处、总务处三个机构，还有学生公社（学生会）。学制二年。主要课程有：马克思主义哲学；政治经济学，主要学习卡尔·考茨基的《马克思的经济学说》等；历史，其中分社会形态发展史、中国革命运动史、俄国革命运动史、东

① 孙耀文：《风雨五载——莫斯科中山大学始末》，中央编译出版社 1996 年 10 月版，第 58 页。

② 蒋经国：《我在苏联的生活》，上海前锋出版社 1947 年版，第 3 至 4 页。

方革命运动史和西方革命运动史等五种专业课。据说当时校长拉狄克亲自为这些学生讲中国革命运动史，学校甚至还邀请了80多岁的巴黎公社的老社员为这些中国学生讲巴黎公社的经验，为他当翻译的是从法国来中山大学学习的任卓先;世界经济地理;另外还有必修课是列宁主义，教材是斯大林的《论列宁主义基础》。此外还有俄语课，军事课等。这些课程对中国学生来说十分新鲜，所以中山大学的学生的学习都非常用功。

当时，张琴秋刚刚进校，一切还十分新鲜和兴奋。丈夫沈泽民随李立三代表团也到了莫斯科，刚刚到达莫斯科的沈泽民从中山大学的招待员那里得到一张戏票，然后去剧院看演出。沈泽民得知一个月没有见到的张琴秋今天晚上也去看演出，非常高兴。果然在剧场见到张琴秋，两人都非常激动和高兴。沈泽民第二天在给兄嫂写信时，其中写道："雁冰、德沚：经过了二十多天的旅行，我们昨天晚上到了莫斯科了。……我于中山大学招待员处得一戏券，下车后，待旅馆事弄妥贴后，即往看戏。因知琴秋等都在看戏也，至而果在，相见大喜。两俄人见状，以为远别相遇，亦微笑以示同情。"[①]亲人在异国他乡相逢，字里行间，洋溢着沈泽民、张琴秋夫妇俩满满的幸福！

中山大学第一批学生开始上课是在1925年12月中旬，但是开学典礼却于1926年1月在莫斯科工会大厦举行，当时已被解除革命军事委员会主席职务，但还是联共（布）中央政治局委员的托洛茨基主持开学典礼。大厅披上盛装，列宁和孙中山的像分别挂在大厅两侧墙上，上面是两国的国旗。联共（布）

① 见1925年12月27日《文学周报》第205期。

中央和共产国际的代表都出席仪式并致辞，托洛茨基在演说中指出中国革命的重大意义，希望苏联人民对中国学生表示友好和团结，要求“从现在起，任何一个俄国人，不论他是一个同志或者一个公民，他如果用轻蔑的态度来对待中国学生，见面时双肩一耸，那他就不配当俄国共产党人或者俄罗斯公民。”① 开学典礼开得非常隆重和热烈，让这些年轻的革命家热血沸腾！开学典礼以后，张琴秋投入紧张的学习中去了。

开学后，身怀六甲的张琴秋以顽强的毅力坚持学习，好在沈泽民此时在莫斯科参加共产国际执行委员会第六次扩大会议，这个会议是在 1926 年 2 月 17 日至 3 月 15 日在莫斯科召开的。所以，两人有机会、时间可以相互照顾。1926 年 5 月，张琴秋在莫斯科生了一个白白胖胖的小女孩，这是沈泽民和张琴秋的爱情结晶。夫妇俩取英语中的读音“玛娅”，用俄文给自己的女儿取名“格拉西莫娃·玛娅”。英语中“may”常被人视为最快乐、最幸福、最精彩的时期。然而，女儿的来到，让刚刚入学不久的张琴秋有些措手不及，她和沈泽民都是视革命为生命的人，况且现在还要读书，还要学习俄语。但毕竟是自己的亲生骨肉，张琴秋和沈泽民商量之后，决定张琴秋暂时休学，自己带孩子。所以，22 岁的张琴秋在中山大学开始了她比别人更加艰苦的学习生活。异国他乡，孩子、家庭、学校、学习功课等，都压在这位从江南水乡来的姑娘身上，考验着张琴秋这位年轻的革命家！

---

① 钟桂松：《沈泽民传》，中央文献出版社 2003 年 12 月版，第 136 页。

三、为革命而学，刻苦学习的时光

张琴秋在莫斯科休息了大概一个学期的光景，又开始紧张的学习生涯。

因为张琴秋生孩子耽误了功课，便插班第二期的一年级三班学习。张琴秋的同班同学中，有秦邦宪、杨尚昆、李伯钊等。沈泽民在共产国际执行委员会第六次扩大会议结束以后，就进中山大学学习。由于沈泽民革命经验丰富，文化理论水平高，组织上就安排沈泽民进中山大学第七班学习。第七班与其他的班次不一样，招收的都是有丰富革命经验的人，因而又称“特别班”“理论班”。这个班除了沈泽民以外，还有邓小平、傅钟、李俊杰、俞秀松、屈武、左权、王辨，以及康泽、谷正纲谷正鼎兄弟、陈春圃、邓文仪等，所以，这第七班是国共双方政治力量最强、斗争最激烈、人才最集中的一个班。沈泽民在第七班里学习，很快就崭露头角，

沈泽民在苏联

成为中山大学众多学生中的佼佼者。

张琴秋在中山大学学习，首先要过语言关，英语她虽然是学过，但是没有沈泽民那么好，俄语没有基础，需要重新学习。中山大学校方也看到不少中国学生连俄语基础都没有的实际情况，所以格外强化对这些学生的俄语教学。第一学期规定每周六天，每天4个小时俄语课，突击学习。同时，在教学方法上，学校也想尽办法，尽快让学生掌握俄语，据说学校采取"快速学习法"，将俄语课分为三种课，即俄文读报、俄语散文和俄语语法。上课读报时每人面前都放一张同样的俄语报纸，教师朗读，不时加手势，并让学生跟读，领会大致内容；散文阅读由学校专门选编课文，多数为说理文和议论文，其中包含今后从事革命工作所需要的政治、哲学和经济词汇，学生在上课时，不仅要求朗读还要求讲，不管讲得对不对，都要坚持讲了再说，即使讲错也没有关系。这种教学方法让学生较快地掌握俄语。张琴秋虽然没有俄语基础，但是她的语言学习能力很强，加上有效的教学方法，张琴秋很快掌握了俄语。当时"张琴秋的俄语进步很快，在很短的时间内就掌握了俄语的发音，并熟记了一些单词，能和俄国人简单交流。经过一段时间，基本上能听懂教师用俄语讲授的基础课。"[①] 这其中浸透了张琴秋多少的汗水和心血，她比常人的付出，不知道要多多少！因为此时她有个小家庭，有孩子需要照顾哺育，还有其他的功课需要去攻读。但是坚强的革命意志和坚定的马克思主义信仰，让张琴秋克服了一个又一个学习上的困难，很快，张琴秋的俄语水平能够适应中山大

① 谢燕：《张琴秋的一生》，中国纺织出版社1995年4月版，第41页。

学的学习和工作需要了。在中山大学，张琴秋的英语水平也随着俄语的进步，提高很快，成为中山大学学生中能够熟练运用俄语、英语的学生之一。据中山大学学生于树功回忆："中山大学的教授讲课一般都用英文或俄文，同学当中沈泽民、张闻天、王稼祥等同志的英文很好，周达文、潘家臣的俄文很好，就由他们担任翻译。"[①] 所以，张琴秋英文水平的提高，是与这样的环境分不开的。

在中山大学，学生还要学习军事课，这是学校培养人才的目标所决定的。学校有军事教研室，除了有专门讲授的军事课外，还有供学生训练用的各种武器，如步枪、手榴弹、机关枪、大炮、坦克等，还有作战用的地形沙盘，作为上课的辅助工具。同时，学校还组织学生去校外的苏联军事学校参观，去附近的苏军营地练习射击和野营训练。叶剑英曾经是学校野营训练营的营长，当时他是中山大学的特别班学员。张琴秋在学习军事知识方面同样是如饥似渴，刻苦钻研，每次实弹射击，张琴秋都能够取得好成绩。中山大学为了让这些年轻的革命者回国以后，能够胜任各方面特殊工作需要，或者去白区从事秘密工作的需要，专门教学生一些特殊的知识和技能。张琴秋她们这些女学生，被学校安排去电台学习收发报技术、学习战场救护常识等，张琴秋都学得非常认真和努力。后来，张琴秋还主动要求去莫斯科十月棉纺织厂学习织布技术。这些军事知识以及革命工作所需要的技能的学习，对张琴秋从事革命工作，起到了积极作用。

① 于树功：《回忆莫斯科中山大学》，载《文史资料选编》第九辑，北京市政协文史资料委员会编，北京出版社1981年2月版，第67页。

在中山大学的学习期间，张琴秋以优异的学习成绩和多才多艺的才华，赢得同学的爱戴和信任。当时，紧张的学习中，文艺活动也很多。张琴秋是其中的一个活跃分子，她曾担任中山大学学生公社（学生会）的俱乐部管理委员会主席。她会唱俄罗斯、乌克兰的民歌，会跳俄罗斯、乌克兰的民间舞蹈；张琴秋还会弹钢琴，教室里常常响起张琴秋悠扬的琴声。张琴秋还常常参加学校组织的演出，李伯钊、沙可夫、沈泽民三个人合作编了一部剧《国际青年节活报》，张琴秋在剧中担当了一个角色。"他们在一起排练并组织了演出，连同先前的《决裂》和《明天》等剧，先在中大本校演，又到也有大批中国学生的东方大学演，还给几家工厂俱乐部演，甚至演到了莫斯科第一流剧院圆柱大厅礼堂。他们的演出受到了旅苏中国同志和各方面的热烈欢迎，也受到中大校方的重视与支持，学校为他们聘请专家，对排练和演出活动进行具体指导，不断为他们改善条件和提供机会。"①同时，张琴秋在中山大学还非常注意体育锻炼，注意强健体魄。她在中山大学学会了骑马、游泳、滑冰、摄影、射箭等，所以张琴秋的这些锻炼意志的体育项目，对她以后在艰苦卓绝的恶劣环境里能够坚持下来，起到了积极影响。

四、复杂的莫斯科中山大学

莫斯科中山大学开学以后，中国革命的形势大起大落，波澜壮阔，同时也云谲波诡，风起云涌！1926年开始的北伐战争，

① 卢弘：《李伯钊传》，中国华侨出版公司1989年12月版，第25页。

节节胜利的形势让中国乃至中山大学的青年革命家们意气风发，踌躇满志，仿佛中国革命已经胜券在握。而1927年蒋介石和汪精卫背叛革命，屠杀共产党人。大革命失败以后，中山大学来自国民党、共产党，来自欧洲和国内的学生之间也同样发生了很大变化，加上苏联的党内斗争，让本来已经复杂的中山大学更加复杂，内部斗争，无情打击，拉帮结派，不同意见之间相互攻击，尤其是后来米夫担任中山大学校长以后，王明以他的投机和钻营，取得米夫的信任，中山大学的书声琅琅被无休无止的会议和争论所掩盖，这些为信仰而生的年轻人，对马克思主义的经典著作有的人已经倒背如流，烂熟于心，所以在中山大学的一些场合，常常听到这些年轻人口若悬河的辩论。不知不觉，教条主义的风气已经影响了这些青年学子的思想和进步。

沈泽民以他对革命的满腔热情，对马克思主义的坚定信仰，在中山大学工作和学习中，始终在风口浪尖上，他对党组织的指示从来不打折扣执行；他对党组织的要求有想法，从来都是光明磊落地提出来；他对马克思主义的经典著作刻苦钻研，悉心领会，熟悉到可以倒背如流的程度。所以沈泽民在中山大学毕业工作一年以后，又和张闻天、王稼祥、郭肇唐四个人经过严格考试，考入苏联红色教授学院攻读。沈泽民考入哲学系。中山大学的同学戏称他们是“四大教授”。其实，那时沈泽民、张闻天他们都还不到30岁呢。所以在中山大学，沈泽民被王明所看重，除了沈泽民自己的才华以外，主要是王明是个有政治野心的人，虽然沈泽民和王明有某些共同语言，但是沈泽民与王明，无论在政治上，还是在人品素质上，有着本质的不同。沈泽民有着坚定的马克思主义信仰，他参加共产党，是对共产主义信仰的一种态度，一种人生使命，一种人生追求。所以沈泽民虽然也犯教条主义错误，但是与王明是根本不同性质的错误，王明一方面是有政治野心，另一方面又玩弄权术、不择手段打击跟他持不同意见的人，又不择手段向上爬，在中山大学校长米夫家里甚至挂起了王明的像。可见王明的不同之处。

从现有史料看，莫斯科中山大学内部的矛盾和斗争，是在1925年12月成立中共旅莫支部就开始了，这就是说，中共旅莫支部是在中山大学刚刚开办不久就建立的。据孙冶方回忆，支部由三个人组成。支部书记是从法国转到莫斯科中山大学的任卓宣，俞秀松是支委。本来根据陈独秀的指令，张琴秋应该是中山大学学生中的领导人之一，但是一些回忆录中都没有提到张琴秋参加学校领导工作的事情。是不是因为张琴秋到莫斯科中山大学以后，怀孕日愈明显，影响她的活动？当然这是猜想。毛齐华回忆中，只是说张琴秋是支部局的翻译，[①]没有说到是支部局的领导。当时支部的工作非常繁琐，而且有些莫名其妙，所以孙冶方一针见血地指出，旅莫支部有两个重要的错误，"第一是轻视以至反对党员的理论学习。……旅莫支部另一个错误倾向是，家长制作风和在党内组织生活中不谈思想政治问题，不谈大事，而只注意生活琐事，并提倡党员之间互相打'小报告'。'小报告'的内容就是相互揭发。"[②]所以，这个支部的做法引起

① 毛齐华：《风雨征程七十春——毛齐华回忆录》，当代中国出版社1997年6月版，第58页。

② 孙耀文：《风雨五载——莫斯科中山大学始末》，中央编译出版社1996年10月版。第80至81页。

中山大学学生的强烈不满，于是持不同意见的学生之间的斗争开始拉开序幕。后来，校长拉狄克作了三四个小时的报告，严厉批评了任卓宣领导的旅莫支部，并宣布解散这个支部。旅莫支部解散以后，学校新成立了负责中共党员的领导机构——总支部,联共派来谢德尼可夫任总支部书记。后来总支部改为支部局。1927 年发生“四一二”反革命政变以后，在支部局担任副书记的傅钟根据学校学生混乱的思想和看法，专门搜集一些问题和意见，送到联共中央，请斯大林来中山大学作报告，解答大家的疑问。

1927 年 5 月 13 日，斯大林专门到中山大学作报告，他就中国革命的性质、前途、统一战线等十个问题进行了回答，同时对托洛茨基反对派的重要成员、中山大学的校长拉狄克的一些观点进行指名道姓的批判。斯大林从上午 9 点一直讲到下午 2 点。沈泽民、张闻天、王稼祥和女学生沈春联轮流替斯大林的演讲作翻译。斯大林公开批判拉狄克以后,拉狄克的校长职务被解除,由教务长阿古尔接替校长职务。而阿古尔和中山大学支部局书记谢德尼可夫在学校的一些工作上各执己见，对一些问题的认识上有着严重分歧，但两人各有一批支持者，一些学生分别卷入教务派、支部派之争。当时沈泽民属于支部派。在斯大林演讲结束不久,即 1927 年 6 月底,在学校的学期总结会上,教务派、支部派爆发了激烈的争论，会议连续开了七天七夜。据说当时教务派曾有人提议开除李卓然、傅钟、张闻天、沈泽民的党籍，但表决时没有通过。

就在中山大学教务派、支部派双方斗争非常激烈的时候，王明陪同米夫从中国回到中山大学了。于是，鹬蚌相争，渔翁得利。米夫和王明都意识到这是控制中山大学的极好机会，深谙权术的王明向米夫献计：拉拢第三方作为自己的势力，联合支部派，打击教务派，从而夺取中山大学的领导权。米夫依计而行，果然达到目的。米夫当上了中山大学的校长，成为苏联政坛上的一颗新星。王明也因此得宠于米夫，飞黄腾达。

1927 年 9 月，沈泽民在中山大学毕业了，沈泽民和张闻天、王稼祥留校。张琴秋还继续在中山大学读书。

1927 年的暑假，一些同学在孙冶方的房间宿舍里聚餐，一帮年轻人叽叽喳喳地热闹着，恰巧有个同学从孙的宿舍窗外经过，忽然听到宿舍里叽叽喳喳的南方人口音，后来他对人说，一些人在房间里很热闹，像开“江浙同乡会”。过了一段时间，传到支部局的人那里，那些人就认为有一个“江浙同乡会”的小组织在搞非法活动。当时王明正好在中山大学，于是他抓住机会，认定有“江浙同乡会”这个非法组织存在。在王明的一手策划下，受这个子虚乌有的“江浙同乡会”的牵连，有 12 名中国学生被开除党籍、团籍，有 4 人被捕，一批学生被株连。但是，沈泽民、张琴秋是真正的江浙人，因为他们不在校内住，没有参加聚餐，所以没有受到牵连。但是，作为被王明“信任”的人，现在没有材料证明沈泽民和张琴秋与王明一起策划炮制这起冤案。相反，作为典型的江浙人的沈泽民和张琴秋对王明炮制的这起冤案是抱有怀疑态度的。当时，沈泽民、张琴秋、张闻天等曾向中共代表团负责人瞿秋白谈过自己的想法，不相信有“江浙同乡会”这样的反革命组织存在。据说，当时还是共青团员的蒋经国也牵连在此案中，并受到迫害。在蒋经国生病时，沈泽民夫妇并不歧视这位浙江同乡，专门让张琴秋“一如既往”地去看望蒋经国这位同乡同学。

1928年6月18日至7月11日，中国共产党第六次全国代表大会在莫斯科郊区召开。王明、潘问友、沈泽民、李培之、孟庆树、朱自纯、秦曼云、杜作祥、瞿景白等作为“指定参加及旁听代表”参加大会秘书处工作。张琴秋在大会后期也去承担一些文字翻译工作。虽然所谓的“江浙同乡会”是子虚乌有的事，但王明依然在中共“六大”上就此事作大会发言。后来，中共驻共产国际东方部代表团成立，对此事作了调查，联共中央监委作出决议，批评米夫、向忠发不慎重，不应把事情扩大化；批评这次斗争带有无原则性。

当时中共“六大”的召开，是在非常秘密的情况下召开的。据说连当时在中山大学的佼佼者张闻天都“毫无所知”。所以当时中山大学的学生中，有的人去“六大”帮助工作也被视为突然失去联系，不知道去哪里了，亲人都非常焦急，可又无人知道具体情况。中山大学学生柳溥庆和周砥是经过张琴秋、袁溥之介绍，由相知相爱到1928年春天结婚的，后来柳溥庆突然“失踪”了，新婚的妻子周砥非常焦急，担心丈夫出什么意外，或者出什么政治问题，周砥日夜担心，盼丈夫归来，望眼欲穿！后来还是张琴秋悄悄地告诉她，让她放心，周砥心里的石头才放下。周砥后来回忆说：“1928年春新婚不久，我万万没有想到，我的新郎柳溥庆突然‘失踪’了！……我心急如焚，耐心地等了几个星期仍不见他的身影。我想，溥庆性格沉稳内向，办事作风严谨、稳妥，对人诚恳、实在，从不开玩笑做荒唐事，绝不会在结婚没几天就作弄我。会不会出车祸？会不会政治上出了麻烦事？我百思不得其解。有一天，我正坐在中大校门口等溥庆时被张琴秋（沈泽民的爱人）同志看到了，她怕我着急，悄悄对我说：‘溥庆有事去了，会回来的，你别着急，也不用去打听。’尽管我还不明白溥庆的去向，但我相信琴秋说的，溥庆没有离开苏联，也没有发生意外，原来日夜悬在心中的一块重重的石头总算落地了。”[①] 后来“六大”结束柳溥庆回到中山大学

1928 年张琴秋（中）、沈泽民（右一）、柳溥庆（左一）在莫斯科合影

① 周砥：《不尽的思念》，刊于《柳溥庆纪念文集》，中国金融出版社 2000 年 12 月版，第 71 页。

周砥身边，也没有告诉妻子去做什么了。直到“六大”精神的传达，才知道他是“六大”指定代表。张琴秋的贴心，周砥到晚年还记忆犹新。沈泽民、张琴秋夫妇与柳溥庆、周砥夫妇在莫斯科是交往非常密切的朋友，周砥留下来和张琴秋、沈泽民他们在莫斯科的合影照片，已经成为珍贵的史料。也是目前见到的沈泽民与张琴秋在莫斯科的少数照片。

1928 年冬，张琴秋（左六）、沈泽民（左八）与同学在一起

1928 年 9 月，张琴秋在中山大学毕业后，留校当翻译。她和李伯钊、沈春联同在一个教研室。她们的任务是配合教学计划，把俄语教师的讲义翻译成中文，打印以后发给学生。当时，张琴秋还常常走上讲台，担任教师的口语翻译。1928 年 7 月，茅盾写完《追求》以后，秘密赴日本，爱人孔德沚在上海从事

革命工作。9月沈泽民考入苏联红色教授学院。所以，他们与茅盾夫妇通信联系，主要是通过在法国留学的陈学昭转寄。陈学昭回忆说："我在巴黎的一段时间为长者茅盾同志的夫人德沚姐给琴秋姐和泽民同志做转信的使者。"有一次，沈泽民在繁忙的学习工作中，偶然读到茅盾刚刚发表的《幻灭》，心情十分激动，他从小说中知道了茅盾这几年的行踪和心路历程，非常感慨，马上写一封信给茅盾，讲述自己读过《幻灭》的真实感受。这封信后来发表在1929年3月3日的《文学周报》上，成为研究茅盾小说《幻灭》的重要参考资料。

1929年，中山大学依然不是一个太平年。虽然沈泽民离开中山大学，张琴秋也不是一个学生了，但是当时中山大学的是是非非，依然如影相随似地萦绕在沈泽民夫妇身边。这一年的春天开始，围绕政治问题（主要是'富农问题''中国革命的对象''动力问题'）和学校工作问题（主要是'中大'的教育方针要不要'中国化'，进而检讨'中大'支部局的工作是否正确，拥护支部局的一派和反对支部局的一派之间的争论与斗争愈来愈尖锐、激烈），到6月，这场争论和斗争终于在中山大学的总结工作大会上总爆发了。支部局在报告中拒不检查工作中的严重错误，反而宣称自己执行了一条"百分之百的布尔什维克路线"。从而激起反对支部局的学生的强烈不满，在会上两派激烈争吵，甚至发生肢体拉扯，差一点发生"武斗"。双方唇枪舌战到第十天，就是否对支部局报告再进行讨论，付诸表决，结果，四五百名党、团员中，举手同意停止大会讨论的亦即拥护支部局的只有20多人，而投反对票的压倒多数。因而后来被传为

“二十八个半布尔什维克”。含有对拥护支部局的人的轻侮之意。其实，当时王明没有参加十天的大会，沈泽民也没有参加这个会议。因为张琴秋、沈泽民平时拥护支部局的工作，也被讥讽为二十八个半之一。

在莫斯科的岁月里，无论是沈泽民还是张琴秋，都是怀着寻找革命真理，怀着对共产主义理想的执着追求，怀着自己对马克思主义的坚定信仰，全身心地投入学习马克思主义理论，夜以继日地工作，积极参加中山大学的斗争，自觉拥护以斯大林为首的联共中央的指示精神的，但是在生吞活剥地学习理论的同时，使沈泽民在以后的革命实践中埋下了教条主义的祸根；张琴秋在刻苦学习中，也或多或少受到当时中山大学王明等人的教条主义的影响。

1930 年 10 月，在共产国际东方部的安排下，沈泽民带着共产国际给中共中央的信即史称的“十月来信”，绕道法国回到上海。途中，漫长的旅途，让回国心切的沈泽民做梦都在参加革命斗争，在梦中高呼“红军万岁”！幸亏身边没有托派分子，否则后果不堪设想。而张琴秋将虚岁五岁的女儿玛娅送到莫斯科南郊瓦斯基诺的第一国际儿童院学前班以后，与另外一位女同志从中国东北入境，秘密回到上海。

莫斯科中山大学的岁月，让 26 岁的张琴秋成熟了许多，在中山大学，张琴秋充实了马克思主义理论，学到了革命的本领，经受了风风雨雨的考验，已经成为一个能够献身于中华民族解放事业的年轻的革命者。

第三章 鄂豫皖苏区的艰苦岁月

张琴秋和沈泽民几乎是同时离开莫斯科的，夫妇俩将孩子留在苏联莫斯科南郊的第一国际儿童院，这是个专门收容、培养国际上革命家的孩子而开办的机构。在玛娅去之前，国际儿童院已有来自世界各地的革命者的子女六七十人。儿童院根据孩子年龄大小，分为托儿所、幼儿班、学前班。五岁的玛娅进了学前班。然而，没有想到的是，沈泽民秘密离开莫斯科时与女儿的见面，竟是与女儿的最后诀别！

虽然带有共产国际的重要文件，沈泽民回国还是顺利的，只是到上海以后，因为自己的高度警惕而耽误了个把月时间，没有能够及时与党中央接上联系，后来是杨之华偶然发现沈泽民，他才与党中央联系上，进中共中央宣传部工作。张琴秋虽然走的是一条普普通通的路线——从莫斯科坐火车到赤塔，在苏方人员的护送下，秘密进入中国的满洲里。但是，张琴秋在满洲里却遇到麻烦，茅盾在回忆录里有一段回忆：

> 泽民找到后不多几天，琴秋也到了上海。原来琴秋和另一个女同志到满洲里后却遇到了麻烦。她们人地生疏，只知本日已无班车（指每日规定往南开的列车），就见人问路，想

投奔党在满洲里所设的交通站，却被一个警察嗅到可疑之处（因为两个都是南方人），就问她们是干什么的？回答是探亲。问亲戚在哪里？回答是亲戚早已迁居，她们不知道，白跑一趟。又问她们两人是何关系？同来的女同志比琴秋年长，自认是嫂嫂，琴秋则是弟妇。又问亲戚姓名？这可难以回答了。她们在莫斯科时，听说北满一带密布日本暗探，中国的警察畏其声势，甘受利用，凡在满洲里住过的户口，都登记在册，所以，琴秋她们不能随意捏造一个姓名。她们低声商量，只好冒险把党的交通站的户口姓名说了出来。警察说，我们要调查，便把她们二人带到警察分局拘留起来。琴秋她们进了拘留所，便又想到刚才把交通站的户口姓名说出来，和她们先前说的亲戚早已迁居，是自相矛盾的。她们两人再三商量，认为日本暗探布满北满一带，还是最近三四年的事，只要说她们记得的亲戚地址还是七年前的，那就应付过去了。可是又一商量，如果警察问七年前她们的亲戚的地址，又将如何对答呢？琴秋说，到拘留所的路上，她瞥眼看见某街某号，就把这算是七年前亲戚的住址罢？商量已定，就安心等待传讯。

过了一天，警察分局的局长传讯她们二人，不出她们所料，局长问及她们所编造的一套，她们照预先编造的回答，局长说要去调查，仍将她们拘留。自此石沉大海，毫无下文。一星期过去了。她们催赶快解决。原来把她们带到拘留所的警察却到拘留所对她们说：七年前你们亲戚的地址是个破庙。琴秋等二人说，亲戚穷，借住破庙。那个警察说：庙里的和尚不记得有人借住。琴秋她们分辩说，一定是老和尚死了，现在的和尚不知有人借住。警察摇了摇头，忽然猛喝一声道："我看你们是从那边（指苏联）过来的！"琴秋二人矢口否认。警察再不多说，就走了。又过了一星期，忽然放她们出来了。她们来到交通站，交通站的负责人对她们说："你们的供词支离破碎，所谓的破庙并不是破庙，却是一家杂货店。警察分局方面早断定你们是苏联过来的，拘留你们，不过是想诈些钱财。我们花了钱,你们就出来了。此事若落在日本暗探手里，就没有那样便宜了。"①

所以，张琴秋回到上海，大约已经是1930年10月下旬了。此时，距离张琴秋离开上海，已经整整五年了！五年了，国民党1927年上台以后，老百姓的生活没有什么变化，战争，饥饿，依然生活在水深火热之中！经过莫斯科中山大学的历练，张琴秋对中国革命，中国共产党的理想信念，认识更深刻、更坚定了，她义无反顾，继续投身中国共产党领导的革命！

一、夫妇俩携手走进鄂豫皖苏区

根据茅盾的说法，沈泽民回到上海以后，进中共中央宣传部工作，而张琴秋则继续做妇女工作。茅盾的这个说法，基本上是对的。但是，张琴秋回到上海以后，根据党组织的安排，去沪东区担任中共区委委员，当时沪东区的区委书记是罗铁成，

① 茅盾：《我走过的道路》（上），人民文学出版社1997年12月版，第449至450页。

组织部长是钱静庵。

沈泽民回到上海和组织联系上以后，对国内的社会情况十分不了解,对国内的革命形势也十分陌生。许多过去的革命同事，现在牺牲的牺牲，被捕的被捕，叛变的叛变，沈泽民不敢轻易去接触革命队伍里曾经熟悉的人。但是，沈泽民肩负着送达共产国际关于立三路线问题给中共中央的信的使命。在没有将信送到中共中央之前，却见到了莫斯科中山大学的王明，并且向他泄露了“共产国际十月来信”的内容，以致善于投机钻营的王明立刻一百八十度大转弯，从拥护六届三中全会转为反对三中全会。原来，1930 年 9 月 24 至 28 日，中共中央在瞿秋白和周恩来的主持下，在上海秘密召开六届三中全会，批判李立三对中国革命形势的极“左”估计，停止了组织全国武装暴动和集中全国红军进攻中心城市的计划，恢复了党、团、工会的独立组织和日常工作，李立三本人也承认了被指出的错误，并且离开了中共中央的领导岗位。王明开始也拥护三中全会，并且也接受党中央派他去中央苏区参加实际工作的决定，但是当他从苏联回来的同志（不仅沈泽民）那里知道“共产国际十月来信”的精神以后，立刻态度大变，从拥护转而反对三中全会。并且在党中央的会议上，以“共产国际的十月来信”为由，向党中央发难。瞿秋白在 1930 年 11 月 22 日的政治局扩大会议上批评王明、沈泽民等人，认为“沈泽民的方式与精神是离开政治局领导……他们知有国际来信，但不公开说已知国际来信，请求政治局如何办，反而突然在工作会议中提出来，这可使一般同志很警奇与发生其他倾向”，认为这“不是帮助中央，而是进攻

中央”。[①]

后来在共产国际代表米夫的一手操纵策划下，1931年1月7日在上海秘密召开了六届四中全会。米夫的主张得到王明、沈泽民等自苏联回来的人的支持。所以四中全会上，瞿秋白、李立三、李维汉三人落选政治局委员，王明、许畏三、沈先定、沈泽民、夏曦等九人补选为中共中央委员。之后，沈泽民担任中共中央宣传部长。然而，沈泽民与王明有着本质上的不同，王明是有政治野心而且是个善于投机钻营的人，而沈泽民是一个充满革命激情而又理论脱离实际的年轻革命家。所以，瞿秋白离开中央领导岗位以后，沈泽民和瞿秋白的友谊依然，还和胞兄沈雁冰说起瞿秋白的处境，并为瞿秋白夫妇深深担忧。当时国内一片白色恐怖。1931年9月，国民党中央党部致函“国民政府”，提议悬赏缉拿瞿秋白、周恩来等七人，旋经“国民政府”批转各地执行。内称“查有瞿秋白、周恩来、陈绍禹、沈泽民、张闻天、罗登贤、秦邦宪等七人系共产党中央委员，……兹拟一律悬赏通缉，获案严办，并拟定悬赏价格，计瞿秋白、周恩来二人各二万，其陈绍禹、沈泽民、张闻天、罗登贤、秦邦宪等五人各一万元。”[②]不过这个密电转发时，沈泽民已经在苏区了。

四中全会以后，回到国内不久的张琴秋，在贯彻落实四中全会的过程中，同样有着对国内革命实际情况不了解，理论脱离实际，唯共产国际是从的毛病，认为从共产国际过来的指令都是正确的。据李初黎回忆，1931年1月18日左右，已经是沪

---

① 见瞿秋白在1930年11月20日中共中央政治局扩大会议上的报告。

② 参看王铁仙:《瞿秋白文学评传》，百花文艺出版社1987年3月版，第130页。

东区委委员的张琴秋，陪同李初黎去华德路小学召开支部大会，讨论四中全会的决议。会上，大多数同志都表示坚决反对四中全会的决议。张琴秋见到这样的情况，十分惊讶，就说："你们坚决反对四中全会，我就代表区委解散你们的支部！"① 由此而引起基层同志更加激烈的反对。

但是，对妇女运动有丰富经验的张琴秋，了解了国内妇女运动的状况后，提出了切合当时形势实际的意见。她在党内刊物《实话》上发表了《实行妇女工作中的转变》一文，建议妇女运动中"首先要在组织方面加强，尽量多吸收女工干部到领导机关里来，各妇委领导机关的人数，须要减少，并尽量派到各生产部门去活动，把我们的工作建到厂内去，加强支部的核心作用，使支部真正能领导全厂工友起来斗争，必须使女工了解，要解放自己，必须自己起来参加斗争。这个参加斗争，并非为别人，也决不是看某人的面子，正是为自己。"②

此时，已经参加中央领导工作的沈泽民，又和出国前一样忙碌起来。四中全会以后，共产国际的人，也到上海指手划脚，听汇报，作指示。沈泽民担任中共中央宣传部长以后，共产国际远东局委员雷利斯基在1931年2月8日找沈泽民谈话，就《红旗日报》《实话》报和《布尔塞维克》杂志的工作，听取汇报，指示工作。后来，2月23日、3月2日，雷利斯基又两次找沈泽民谈话。从现在留下来的谈话记录看，共产国际的官员常常

① 《张琴秋纪念文集》（内刊），桐乡市政协文教卫体与文史资料委员会编，2006年版，第45页。

② 张琴秋：《实行妇女工作中的转变》，刊1931年2月22日《实话》。

居高临下，指示中国年轻的革命者如何如何，所以，当年的许多“左”的做法，共产国际是有责任的。

为了贯彻落实四中全会精神，推行王明的“左”倾教条主义，将一批来自苏联莫斯科的干部派往各个苏区，去革命根据地开展“反右倾”斗争，去“改造各级党的领导”。1931年2月13日，中央政治局召开会议，决定让担任宣传部长一个月左右的沈泽民去鄂豫皖苏区鄂豫皖中央分局担任书记。同时决定，沈泽民夫人张琴秋一同前往。当时，沈泽民、张琴秋夫妇知道党中央安排他们去鄂豫皖苏区参加革命斗争以后，非常高兴。他们觉得，这是一个难得的机会，在莫斯科中山大学刻苦学习的革命理论，可以去苏区实践了，可以在革命根据地大展身手了，能够与根据地的红军战士打成一片，是沈泽民夫妇梦寐以求的事。所以沈泽民、张琴秋一方面移交相关工作，另一方面做去鄂豫皖苏区前的准备。茅盾在回忆录中，专门讲到沈泽民夫妇去苏区之前到他家里的情景：

> 1931年4月底，泽民西服革履，琴秋旗袍烫发，来向我们辞行，他们要到鄂豫皖苏区去。原来一月间召开六届四中全会，开始了王明“左”倾路线后，党在白区的活动已十分困难，而苏区的土地革命却蓬勃发展，地区日益扩大，因此，三月间党中央决定迁到苏区去，一部分人到中央苏区，另一部分人包括泽民、琴秋还有张国焘到鄂豫皖苏区。张国焘先走，泽民和琴秋则拖到五月一日才成行。我知道当时苏区战斗频繁，环境是很艰苦的，但他们两个都情绪高昂，对前景

> 十分乐观，尤其对于能到“自己的”地区去工作，流露出由衷的欣喜。母亲对他们的著这一身打扮去苏区不放心——敌人一眼就会生疑。泽民笑着说：妈妈放心，这套行头是他们在上海的化装，去苏区是要另换装束的。他们那天在我家中盘桓了大半天，互祝珍重而别。谁又想得到，我们与泽民的一别，竟成了永诀！[①]

茅盾的这段至情至性的文字，回忆了他们兄弟之间的手足情谊，茅盾和沈泽民都是中共“一大”召开以前就参加共产党的年轻老革命。1921 年 7 月中国共产党成立时，全国只有 50 多个党员，沈雁冰家里就有两位！

鄂豫皖革命根据地位于湖北、河南、安徽三省边界地区，其中心区域为鄂东北的黄安（今红安）、麻城、黄陂、孝感、黄冈、罗田、蕲水（今浠水）、蕲春、黄梅、广济，豫东南的商城、光山、罗山、固始、潢川、信阳，皖西的六安、霍山、霍邱、英山（今属湖北）、舒城、潜山、太湖、宿松，共计 20 多个县的全部或一部，其周围有红军游击区域达 40 多个县。鄂豫皖根据地的中心区域战略位置十分重要，它东接江淮平原，西扼平汉铁路，南濒长江，北带淮河，且与湘鄂西、湘鄂赣革命根据地互为犄角，同中央革命根据地遥相呼应。所以鄂豫皖革命根据地的地位非常重要。而此时，沈泽民夫妇明明知道，去苏区将是艰苦卓绝的事情，但是，为了民族解放，为了自己的共产主义理想信仰，沈泽民、

---

① 茅盾：《我走过的道路》（上），人民文学出版社 1997 年 12 月版，第 457 至 458 页。

张琴秋依然充满了革命的理想主义情怀，充满了共产党必胜信念。所以，他们是怀着革命乐观主义走进鄂豫皖苏区的。

茅盾晚年的这段回忆中，在史实上，有些不够准确的地方，如“张国焘先走”，事实上，张国焘没有先走，而是在沈泽民出发以后再走的，沈泽民夫妇是1931年3月下旬到达苏区。在沈泽民离开上海以后，中央又任命张国焘为中央代表，取代沈泽民的中央分局书记，于4月11日秘密到达苏区的。至于茅盾说当时沈泽民夫妇是5月1日才启程，时间上也是不对的，事实上，沈泽民夫妇是在3月22日秘密从上海坐火车出发的。

沈泽民夫妇在离开上海前夕，除了专门去哥哥沈雁冰家里告别外，还专门去瞿秋白家里告别。瞿秋白夫妇热情招待了沈泽民夫妇，他们本来就是志同道合的朋友，杨之华和张琴秋又是上海大学的同学，在莫斯科中山大学时又在一起学习，所以用茅盾的话来说，瞿秋白和沈泽民的友谊，比与茅盾的友谊还要深厚。瞿秋白将苏联同志送给自己的钢怀表送给沈泽民，认为去苏区，在那个艰苦的环境里，可能更需要它。瞿秋白夫妇和沈泽民、张琴秋依依惜别并相约：革命胜利以后在上海相见！

此时，中央决定张闻天同志接替沈泽民的中共中央宣传部长职务，3月2日，张闻天正式从挚友沈泽民那里接手中宣部长的工作。此后，沈泽民、张琴秋开始等待中央关于他们去鄂豫皖苏区的交通安全安排。一直等到3月20日左右，沈泽民夫妇在交通员的护送下秘密离开上海，奔赴鄂豫皖革命根据地。

当时派往鄂豫皖根据地的，有中央政治局常委张国焘，中央委员沈泽民，中央候补委员陈昌浩等。其中，中央对沈泽民的任命有个变化过程。1931 年 3 月 10 日，中共中央在《关于鄂豫皖苏维埃区域成立中央分局决议案》中明确："中央局的组织定九人"，"以泽民同志为书记。"后来就是根据这样的决议，沈泽民携妻子张琴秋秘密离开上海的，当他们开始踏上西去的列车时，中央又决定任张国焘为"中央代表"，取代沈泽民，担任分局书记。所以沈泽民夫妇到达苏区以后，张国焘、陈昌浩从上海经武汉，于 4 月 11 日到达中共鄂豫皖特委所在地打虎山；17 日晚上，在商城亲区与沈泽民、张琴秋汇合后，一起参与领导第二次反"围剿"。5 月 12 日，张国焘以中共中央代表的身份，在光山县新集召开会议，宣布中央决定，撤销中共鄂豫皖特委，成立鄂豫皖分局。分局委员由 11 人组成，其中中央指定的有张国焘、陈昌浩、沈泽民、曾中生、旷继勋、舒传贤、方英、柯庆施（未到任），在当地增补的有郭述申、高敬亭、周纯全；候补委员有甘元景等 15 人。同时由张国焘、沈泽民、陈昌浩组成常委会，张国焘任书记。5 月 16 日，发布第一号通告，宣布鄂豫皖分局成立并开始工作。

分局成立以后，紧接着就成立鄂豫皖革命军事委员会，张国焘兼任主席，曾中生、旷继勋任副主席。下设参谋部、政治部、秘书处、经理处、军医院、航空局等。同时成立共青团中央鄂豫皖分局，陈昌浩任书记。

中共中央鄂豫皖分局的成立，标志着"王明路线"从组织上开始控制鄂豫皖革命根据地。张国焘作为六届四中全会以后中央的全权代表，积极贯彻"左"倾冒险主义的政治、军事、组织、思想路线，脱离实际，瞎指挥，照搬苏联的一套，使根

据地呈现出更加复杂的局面，造成惨痛损失。1931年6月28日至30日，中央鄂豫皖分局在新集召开第一次扩大会议。正式旗帜鲜明地贯彻六届四中全会的政治路线、组织路线，认同四中全会对当时革命形势的估计。

在5月16日中央鄂豫皖分局成立之前，中共中央下达了“关于鄂豫皖省委的决议”，指定沈泽民为省委书记。6月，组成中共鄂豫皖临时省委，沈泽民为书记，郭述申任组织部长，徐宝珊任宣传部长，费子民为秘书长，负责筹备鄂豫皖全省党员代表大会，以选举产生鄂豫皖省委。开始定在11月11日召开，后来由于各种原因，推迟到1932年1月10日召开。沈泽民正式当选鄂豫皖省委书记。沈泽民、高敬亭、周纯全、成仿吾、汪友卿、郑位三、耿显义7人组成常委会。高敬亭任组织部长，成仿吾任宣传部长。

沈泽民、张琴秋夫妇没有想到的是，自从他们走进鄂豫皖苏区的那一天起，就注定是要在大山沟里过着艰苦卓绝的斗争生活，国民党惨绝人寰的杀戮，张国焘的肃反，决策者在战略战术上错误……以前在莫斯科学习的理论，在中国的革命根据地，竟然是那样水土不服！对革命忠心耿耿的沈泽民，坚信共产主义信念的沈泽民，在处处碰壁，经历过生死考验和血的经验教训之后，才醒悟过来。

二、彭杨学校

张琴秋随沈泽民一起到达鄂豫皖苏区以后，立即投入苏区的革命工作。

张琴秋到达鄂豫皖革命根据地以后，组织上立刻分配张琴秋去中国工农红军中央军事政治学校第四分校工作。这个第四分校，1931 年 2 月创建于湖北黄安檀树岗大斛乡聂氏祠堂。鄂豫皖特委书记、军委主席曾中生任校长，刘祺任政委，李昂任教育长。所以，张琴秋到鄂豫皖苏区时，这个第四分校刚建立不久。

中央鄂豫皖分局成立以后，为了纪念彭湃、杨殷两位农民运动、工人运动的先烈，这个第四分校改为彭杨军政干部学校。1931 年 11 月 7 日红四方面军成立以后，彭杨军政干部学校直属方面军总部归属鄂豫皖军事委员会领导。1931 年 7 月，学校迁到新集的一家大当铺内（今县委大院）。1931 年冬天，彭杨军政干部学校又迁移到八里畈丁李湾。此时，校长为蔡申熙，李特任教育主任，张琴秋任教务长。鄂豫皖省苏维埃政府主席高敬亭担任总务主任。当时的教师有李昂、吴展、费子明、范志波等 20 多位。关于张琴秋在彭杨军政干部学校担任的职务，许多传记介绍,都是说她担任政治部主任。包括一些介绍党史的刊物，也都说张琴秋担任政治部主任。据《新县教育志》介绍，在彭杨军政干部学校,张琴秋担任的是教务长职务,并非政治部主任。彭杨军政干部学校迁到新集以后,“上海大学毕业生张琴秋（女）任教育长”。[1] 应该这是比较准确的史料表述。

彭杨军政干部学校是一所培养红军排、连、营军事干部和

① 新县教育志编纂委员会编：《新县教育志 1783—1994》，中州古籍出版社 1995 年 9 月版，第 66 页。

政治工作干部（连、营党代表）为主的军事政治干部学校。学员主要来源于鄂豫皖三省红军青年连排干部、战士，也有地方苏维埃政府选送的优秀青年和列宁高小学生。初期开设学兵一队、二队和政治队、特务队，后来学兵队分设步兵、炮兵、骑兵。学员由200多人发展到400多人。分期轮训，每期3个月。训练经费、包括学员的生活费用，主要由鄂豫皖苏区军委批拨。学校的课程主要有军事课、政治课、经济课、文化课等。军事课讲战斗条例、野战条令、游击战术、实战演习等，由校长蔡申熙主讲;政治课讲社会发展史，讲党的建设，讲红军政治工作，由吴展、李昂主讲；经济课讲鄂豫皖苏区的财政，讲合作社。文化课有国文、数学、历史、地理、物理、化学、生理卫生、唱歌等。国文、唱歌由张琴秋教授。据说，当时鄂豫皖中央分局、鄂豫皖省委、军委的领导沈泽民、陈昌浩、徐宝珊、成仿吾、张国焘、徐向前等经常到彭杨军政干部学校讲课。

彭杨军政干部学校的生活十分正规，平时生活严肃活泼，学习训练紧张有序。校门口有红军战士日夜持枪站岗，首长出入校门都要行礼。学生穿军服，打绑腿，戴红五星八角帽。开饭吹哨子，一起吃饭。早晚点名。课余活动丰富多彩，十分活跃。学校有自己的文工团宣传队，自编自演文艺节目，同时还经常深入各区乡，宣传革命形势，帮助群众识字，等等。

在这样的学校里，对一切事物都感到新鲜而且多才多艺的年轻革命家张琴秋可以发挥更多的作用。据宋侃夫同志回忆：

我第一次见到张琴秋同志是1931年秋。那时，我奉命到达鄂豫皖苏区的中央局所在地的新集（即今河南省新县县城）。一到那里，我立即被一种沸腾的生活战斗气息所吸引。每天拂晓，军号一响，部队、机关、团体、学校的所有人员，都涌向一个人们称之为“红场”的大广场，和着一、二、三、四的口令，列队进行着各种操练。一位头戴军帽，身着军装，腰束皮带，打着绑腿的青年女干部，目光灼灼，精神抖擞地同大家一起操练。经人介绍，我才知道她就是1925年和蔡和森、沈泽民等同志去莫斯科中山大学学习，1930年回国，后被派到鄂豫皖苏区，任彭杨军校政治部主任的张琴秋同志。她出国学习前在上海从事党的地下工作，积极开展工人运动和妇女解放运动，参加过“五卅”斗争。我们一见面就像老战友一样交谈起来。她生活朴素，房间里除一床一桌几张条凳及书籍外，别无他物。学员们经常在她房间里进进出出，谈这谈那，他们谈得那样热烈，那样融洽，那样亲密无间。她不仅和学员们一起操练，有时还参加文艺演出活动。这些感人的事迹，给人们留下了难以磨灭的记忆。①

宋侃夫是张琴秋的老战友，他的回忆十分珍贵。张琴秋在这样艰苦的环境里，依然保持革命的乐观主义精神和革命激情，是难能可贵的。据军史专家卢振国介绍：在彭杨军政干部学校工作时，“张琴秋除以学员身份抓紧时间认真听课，积极参加训练，以及到野外摸爬滚打之外，对于本职工作也像一团火！她

① 宋侃夫：《一位红色娘子军的英雄战士——忆张琴秋同志》，刊《人民日报》，1979年6月23日。

当时还兼任学校的政治教官，每天轮流到各连去上政治课，讲授马列主义理论和时事政治课程。课间休息时，也少不了给学员教唱革命歌曲。她当时所教唱的第一支歌，就是全世界无产阶级的《国际歌》！时值巴黎公社 60 周年，她从巴黎公社的流血失败，讲到歌词作者欧仁·鲍狄埃，以及《国际歌》每一段歌词的意义所在，并特别强调地说：‘我们红军指战员，都必须学会唱《国际歌》！我们前赴后继，英勇战斗，不怕流血牺牲，就是为了打碎旧世界，消灭那些毒蛇猛兽，让鲜红的太阳照遍全球！同志们，我们一定要团结起来，到明天，共产主义就一定要实现……。’”张琴秋利用文艺来激励红军战士的故事，原北京军区副司令员徐深吉将军也记忆犹新，说：有一天他正在值班，并且负责全排战士操练军事动作，这时，张国焘、沈泽民、陈昌浩、张琴秋在军队首长的陪同下，漫步来到操场上，看战士操练。徐深吉还记得，张琴秋还穿裙子，非常美丽，这些在山沟沟里常年战斗的红军战士，还是第一次看到如此装束。当战士们操练完毕，按照惯例，在队伍解散之前，徐深吉指挥大家唱了一首歌。这时，站在边上的张琴秋突然大声问战士们：“同志们，你们会唱《国际歌》吗？”徐深吉回答说：“会唱！就是唱得不够标准。”一位军首长对张琴秋说：“张琴秋同志，请你来给我们的战士教唱《国际歌》，好不好？”这时，张琴秋并不谦辞，走到队伍前面，先叫大家唱一遍，然后一一纠正，并将《国际歌》的歌词逐字逐句讲解给大家听。并强调，我们红军战士一定要会唱《国际歌》，知道我们的流血牺牲，就是为了解放全人类，为了全世界实现共产主义的理想。紧接着，张琴秋又一句一句地教大家唱《国际歌》，直到唱熟练为止，看着这些红军战士唱《国际歌》的精气神，张琴秋露出满意的神情。对徐深吉说："你们这些小鬼很机灵，学得很快啊！以后就照我教的这样唱。"

后来，红四方面军战士普遍会唱《国际歌》，用《国际歌》的精神来鼓舞士气，坚定革命信念，这与张琴秋的努力宣传分不开的。据《新县教育志》介绍，新集的彭杨军政干部学校办学 15 个月，5 期共培训学员 1000 余人，为红军造就一批排、连、营级干部。这中间，张琴秋贡献了自己的智慧和心血，功不可没。

据当地史料介绍，当年张琴秋在彭杨军政干部学校当教育长时，也非常关心当地的教育事业，张琴秋刚刚到新集时，正好鄂豫皖苏维埃政府在新集创办了一所师范学校，学制 6 个月，为根据地各个县的列宁模范小学培养教师和校长。这个师范学校，郑位三兼政委，成仿吾兼任校长，成仿吾亲自审定这个师范学校的教材，而政治常识则由郑位三和张琴秋等教授。

鄂豫皖苏区中央分局成立以后，文化的氛围十分浓厚，宣传声势十分浩大，集镇和乡村虽然闭塞，但是苏维埃的理想，红军的思想，共产党的奋斗目标，推翻国民党的反动统治的革命纲领，在苏区的角角落落都能看到，让苏区老百姓充满希望，充满革命的激情。甚至列宁的语录，在这深山里都能感受到。如 1932 年春，鄂豫皖中央分局作出《红五月决议》，要求苏区各县特别抓紧开展成人识字活动。特苏文化委员会和总工会在 1 月 16 日发出通知，规定 1 月 21 日列宁逝世纪念日起至 28 日为"识字运动周"，并印发了如《识字运动歌》等普及性的宣传品。苏区还张贴了列宁语录"在文盲充斥的国家里，是不能建设社会

主义的！”以及鄂豫皖苏区政府提出的“为了准备未来的美丽的社会建设，在目前要先从识字运动开始！”等。1931 年 7 月，鄂豫皖苏区第二次苏维埃代表大会提出，苏区“须努力消灭文盲”，要广泛“组织识字班、读报班、读书班”。于是在鄂豫皖苏区一片热气腾腾，各种形式的识字活动如雨后春笋，在苏区开展起来。儿教父，女教母，孙子教爷爷，孙女教奶奶，站岗放哨的儿童团员还把写好的字挂在路口的树上，让行人认字，晚上还送字上门，等等。这些，与沈泽民、陈昌浩、张琴秋等留苏学生的到来有关，他们用大城市的文化看到了鄂豫皖苏区农村山区的落后和贫困，看到了中国革命前进中的瓶颈，所以这些洋学生出身的革命知识分子，硬是在贫瘠的红色土地上传播革命文化。省委书记沈泽民甚至还照搬苏联模式，在鄂豫皖苏区推行“星期六义务劳动”这样的活动，他们在艰苦的环境里依然充满革命的理想。

然而，鄂豫皖根据地中央分局成立以后的几次战役的胜利，让来根据地不久的张国焘等人产生了自以为是、容不得别人意见的恶劣作风并得到膨胀，尤其是张国焘以树立自己的“权威”而形成的野心，给根据地造成恶劣影响。张琴秋的革命之路，也因为张国焘的错误，而变得曲折而坎坷。

三、河口县委书记

1931 年“九一八”事件发生以后，全国的政治形势发生了新的变化，日本帝国主义的疯狂侵略和蒋介石的“不抵抗主义”，激起全国人民的极大愤怒。而国民党内各派系之间的斗争日益激化，汪精卫、孙科、陈济棠、李宗仁等在广州成立国民党中央和国民政府，与蒋介石的南京国民政府分庭抗礼。但是，国民党对鄂豫皖革命根据地的第一次、第二次围剿失败以后，依然没有放弃第三次围剿的计划，到1931年11月，敌人集结在鄂豫皖革命根据地周边的兵力，已经由10个师增加到15个师。做好随时对鄂豫皖进行围剿的准备。不久，蒋介石被迫下野。

进入鄂豫皖革命根据地以后发生的事，让年轻的张琴秋兴奋的同时也感到困惑。

能够让张琴秋兴奋的事，就是鄂豫皖苏区的扩大和几次大的胜利。1931年5月，鄂豫皖根据地取得第二次反围剿的胜利以后，面对蒋介石集中大量兵力准备第三次围剿鄂豫皖苏区，曾中生等红四军领导人向中央分局领导张国焘等人提出，留一部分兵力结合发动群众，肃清亲区等地的反动武装，集中主力南下蕲春、黄梅、广济地区，恢复根据地，解决部分经费和粮食问题,同时威逼长江,牵制敌人,配合中央根据地的反“围剿”。这个可以说是一箭双雕的军事行动，起到“围魏救赵”的效果。但是，张国焘按照中央5月6日的指示，不但不采纳曾中生等同志的正确意见，反而指责这是“立三路线的残余”，要求他们开赴商城亲区，肃清地方反动武装。结果，曾中生他们红四军在执行张国焘的这个命令时，战斗打得十分艰难。后来再次向张国焘提出改变战斗方案，又被张国焘无理拒绝，并指责为“揭开立三路线的面具而来了一个实际工作的机会主义”。在6月底召开的中央分局扩大会议上，曾中生、余笃三、许继慎等围绕红军主力是否南下问题进行讨论，曾中生等申明大义，使红四军主力南下的意见为大多数同志接受，张国焘也被迫接受大家意见，暂时放弃原来的错误主张。在7月的会议上，张国焘又推翻中央分局扩大会议上的决定，提出“攻英山，出潜山、太湖，进逼安庆，威胁南京”的计划，并且限期一个月完成。张国焘的主张，让曾中生他们十分无奈，为了顾全大局，只好按照张国焘的这个主张进行。7月中旬，徐向前、曾中生率领红四军南下的5个团，冒着酷暑，向商城亲区东南进发，8月1日，攻克英山县城，全歼守敌第五十七师一个团和反动的民团1部，俘虏敌人团长以下官兵1800余人，连国民党英山县的县长等全部一网打尽。还缴获大批武器。南下首战告捷。攻下英山县以后，红四军领导分析认为，原来的东进计划不如南下有利，于是一方面继续南下，一方面报告中央分局。经过一个月的艰苦战斗，取得歼敌7个多团的重大胜利，俘虏5000余人，缴获了大批武器和给养。

鄂豫皖苏区在准备第三次反围剿过程中取得的胜利，极大地鼓舞了根据地的人民。工农红军经过广泛发动群众，动员群众参加中国工农红军，人们参加红军的气氛十分热烈，情绪十分踊跃。从1931年6月到8月，鄂豫皖苏区就有7460多人参加红军，极大地鼓舞了士气。10月25日，根据鄂豫皖中央分局和军委会的决定，中国工农红军第二十五军在皖西六安麻埠正式成立。军长旷继勋，政委王平章，辖七十三师、七十四师、七十五师。这些，让已经在鄂豫皖革命根据地工作几个月的张琴秋十分兴奋，她觉得，我们的工农红军是战无不胜攻无不克的。

但是，因为红四军没有按照张国焘的计划而恰恰取得重大胜利，让张国焘恼羞成怒，认为这是对抗中央分局，违抗军事委员会的命令。不久，张国焘采取组织手段，撤了曾中生的红四军政治委员的职务，由陈昌浩接任。不久，鄂豫皖苏区在张国焘的主持下开展肃反，排除异己，滥杀无辜，使鄂豫皖工农红军的不少指战员没有死在敌人的刀枪下，却死在自己的革命队伍里！张国焘从整肃红四军，树立自己的绝对权威开始，到“白雀园”大肃反，三个月杀掉了2500多名红军指战员，百分之六七十的团以上的干部被杀，极大地削弱了红军的战斗力。据王宏坤将军回忆：“早先的肃反并不是公开进行，大家并不知道。红二十八团团长潘皈佛在打了漕家河以后调到师部任参谋长。一天，副营长对我说，师部手枪队绑着一个人到我营驻地附近的山沟里枪毙了，我很奇怪，因为这样的事，以前从来没有发生过，我到团部去问团长高建斗、政委封俊，他们说，我们不知道，你也不要问。我还是在猜测，到底是什么人？是在外面抓的？没听说呀，外抓的要枪毙也只能交地方，不能带到我们部队上来呀，百思不得其解。……第二天出发，从麻埠向叶家集开，叶家集在金家寨以北，属河南固始的地盘。那里是平原，一路上我注意就是不见潘皈佛。后来才知道，枪毙的果然就是潘皈佛。潘皈佛是张国焘‘大肃反’受害的第一个。”[①] 后来，“大肃反”很快在鄂豫皖苏区造成人人自危，一片恐怖的局面。据记载，“中共六安县委，除二个炊事员外，从县委书记到一般干部，全部被杀；中共霍邱县委机关干部也全遭屠戮；赤南县苏维埃政

① 王宏坤：《我的红军生涯》，人民出版社1991年版，第97页。

府的干部共48人，被捕杀45人；英山县苏维埃11个委员，有10人被杀害；红安独立师，在一个晚上被杀了200多人；六安独立团有200余人以反革命罪被一次逮捕；红山警卫团第八连从战士到连长一百余人一次被杀光；白雀园赤卫军团长彭开尧被杀，三个营长两个被杀，九个连长有七个死于张国焘手下。”[①] 还有一大批张琴秋在彭杨学校认识的红军干部，也莫名其妙地失踪了，让张琴秋感到困惑。她也带着困惑，问过丈夫沈泽民，沈泽民认为：“这些人有反革命的证据，四中全会要求就是清除这些反革命，中央对鄂豫皖苏区的肃反工作，也给以充分肯定。所以我们不要有怀疑。”但是张琴秋还是将信将疑，在残酷的革命斗争里，敌人的诡计和我们党的领导人的幼稚和“左”倾，让沈泽民这样对共产主义信仰坚定不移的人，也无法认识这样的“革命”是错误的。

此时，虽然张国焘的肃反给鄂豫皖革命根据地造成人人自危的局面，但是在错综复杂的环境里，因为有一大批为革命为信仰而前赴后继的共产党人的努力，1931年下半年至1932年春，鄂豫皖苏区发展到鼎盛时期，1931年11月7日，这一天是苏联十月革命纪念日，鄂豫皖中央分局在黄安七里坪召开中国工农红军第四方面军成立大会。七里坪披上节日的盛装，西门外的会场上，人山人海，锣鼓喧天，红旗招展。中央鄂豫皖分局书记张国焘宣布红四方面军成立。红四方面军总部由徐向前、蔡申熙、陈昌浩、刘士奇等人组成。徐向前任总指挥，蔡申熙任

① 谭克绳：《鄂豫皖革命根据地斗争史简编》，解放军出版社1987年版，第214页。

副总指挥，陈昌浩任政治委员。刘士奇任政治部主任。红四方面军下辖红四军和红二十五军，兵力近三万人。

红四方面军的成立，是鄂豫皖苏区历史上的一件大事。紧接着，就投入第三次反“围剿”斗争中去。当时张国焘主持鄂豫皖中央分局和军事委员会会议，决定“以外线出击的进攻战略，打破第三次‘围剿’计划，占领一两个中心城市，与湘鄂西及湘鄂赣根据地打通联系，为造成湘、鄂、赣、闽、豫、皖六省的整片根据地打下基础”。正是张国焘这个决定，既鼓舞了根据地的广大红军和群众，也为后面的失败埋下了隐患。正如徐向前所说:“这一战略方针，从对付蒋介石消灭红军的部署来看，有积极意义;但从鄂豫皖红军力量上来看，却是难以胜任的。有正确方面，也有‘左’的倾向。偏差出在对总形势和自己力量的过高估计上。估计客观形势的力量对比，要实事求是，留有余地，不能一厢情愿，满打满算。”后来的事实证明，徐向前的说法是对的。

红四方面军成立以后，即从1931年11月开始到1932年6月，连续进行了四个战役，即黄安、商潢、苏家埠、潢光四大战役，取得了辉煌的战果。就在黄安战役取得胜利以后，黄安人民为了庆祝战役的胜利，举行盛大的庆祝活动，并且改县名为红安县。当时中央分局决定，在红安、黄陂、陂安南、陂孝北四县结合部设置河口县，并召开河口县党代表大会和工农兵代表大会，选举产生了中共河口县委员会，张琴秋为河口县委书记，选举韩信之为河口县苏维埃政府主席。同时设置红安中心县，下辖红安、陂安南、陂孝北、河口县和红安市。徐宝珊为中共红安中心县的县委书记，闵丹桂为红安中心县苏维埃主席。此时，张琴秋原来工作过的彭杨军政干部学校，也已经随着红四方面军的成立，归四方面军管辖。张琴秋离开了工作战斗过大半年的彭杨学校，到河口县担任县委书记。这对张琴秋来说，又是一个新的挑战的开始，因为在战争年代的地方工作，并不比部队学校工作轻松。但是，张琴秋在根据地大半年的工作，对根据地的地方工作有了一定的了解，对中央分局的指示要求，领会落实也有一定的经验。所以当组织上安排张琴秋去河口县担任县委书记后，张琴秋依然充满革命的激情，去迎接新的挑战。

河口县建立于1932年1月11日，位于今天的大悟、红安两县交界处，县委、县苏维埃政府开始设在河口镇，后迁移至四姑墩。张琴秋在河口县的时间不长，但是她在河口县留下了很好的口碑。曾任红四方面军总指挥部电台台长的宋侃夫回忆："在鄂豫皖苏区，琴秋同志是第一位女县委书记。琴秋同志不顾战争紧迫，生活条件艰苦，毅然接受组织的委托。她一到任就一面发动群众进行土地革命，解决群众的迫切要求，一面动员青年踊跃参军，组建地方武装，赤卫队，独立团，铁路工程队（专事破坏敌人交通）等人民武装组织像雨后春笋，相继成立。琴秋同志还以她特有的胆识和才干，组织了一支勇敢机智的便衣交通队伍，经常来往于汉口、宋埠、黄陂、孝感之间，为苏区购运军用物资、通讯器材、布匹食盐等军需品，同时，还收集了大量的军事情报，为反'围剿'的胜利做出了出色的贡献。"①

① 宋侃夫：《一位红色娘子军的英雄战士——忆张琴秋同志》，刊《人民日报》，1979年6月23日。

据说，红十二师在红安的冯寿二、冯秀驿地区和卫立煌部队相遇，敌众我寡，十分危急，在激烈的战斗中，红四方面军总指挥徐向前的支援部队也被敌人重重包围，情况万分危急。正在危急时刻，敌人的侧后突然响起了激烈的枪声，一时，敌人大乱，完全没有想到侧后还有一支红军队伍向他们发起进攻。原来是张琴秋率领河口县独立团的战士紧急赶来支援了，这时红军的士气大增，红十二师抓住这个机会，和徐向前率领的增援部队一起，发起猛烈进攻，一举将敌人击溃，歼灭敌人两千余人。河口县独立团也缴获了五百多支步枪，大大改善了独立团的装备。战斗结束以后，徐向前紧紧握住张琴秋的双手，说："琴秋同志，你立了大功了！"

张琴秋在河口县县委书记的位置上，从一个学校的领导，转变成为一个有组织能力而且工作有声有色的地方党委领导，让红四方面军的领导刮目相看！

1932 年上半年，鄂豫皖苏区取得四大战役的巨大胜利之后，中央鄂豫皖分局领导以及根据地的张国焘、沈泽民、陈昌浩等各级领导，都滋长了"左"倾轻敌思想，认为取得全国决定性胜利已经唾手可得。在中央和根据地军民的一片喝彩声里，主要负责人张国焘的轻敌思想便开始恶性膨胀起来。他甚至认为："估计国民党主力只剩七个师人，其余的都是杂色部队。""红军有这样的力量已经不论多少敌人都不怕了。"[①] 中央分局还认为："单以我们鄂豫皖苏区六万多枪支，就可使中国局面起很大的变化，况且现在并不仅是我们苏区得到大胜利，各苏区都得

① 《中共鄂豫皖省委给中央的报告》，1932 年 2 月 2 日。

到大胜利。所以现在已在转变到我们同敌人决胜负战争的时候了……"[①]因此，"过去是敌人包围我们，现在是我们由冲破包围已经进入到消灭敌人包围的时候。就是说我们的势力占优势，我们去包围敌人，彻底消灭国民党统治。"[②]在这样轻敌的氛围中，一个更大的甚至丧失革命根据地的危机，正在悄悄地向鄂豫皖根据地袭来。

1932年6月29日，蒋介石亲自赴汉口，指挥"围剿"鄂豫皖革命根据地。他用26个师，5个旅，4个航空队，约30万的兵力，全力向鄂豫皖革命根据地进发。蒋介石对部下宣称："匪如一日不肃静，本人即一日不回京。"此后，蒋介石一直在武汉、庐山一带亲自指挥"剿共"。国民党大军压境，根据地局势迅速逆转，张国焘等鄂豫皖苏区领导人由盲目轻敌、狂妄自大一变为"右"倾恐敌，惊慌失措，向中央报告："今天打出一个厉害的敌人来了"，"我们红军只可打一仗，没有打第二仗的力气了。"[③]接连向中央告急。中央也有了明确的答复，可惜根据地的领导人开始沉浸在胜利的喜悦里，没有就第四次反"围剿"作认真的准备，而敌人从四面八方"围剿"红军，红军处在危险境地时，又惊慌失措起来，以至于失去许多战机。9月27日，中央分局在燕子河附近的凉亭坳召开会议，参加会议的有张国焘、沈泽民、徐向前、陈昌浩、蔡申熙、郭述申、方英、周纯全、王平章等。鉴于敌人已经从四面八方深入根据地腹地，红军的余地越来越

---

①② 中国工家红军第四方面军战史编辑委员会：《中国工农红军第四方面军战史资料选编》（鄂豫皖时期·下），解放军出版社1993年版，第667至668页。

③ 《中共鄂豫皖省委给中央的报告》，1933年1月5日。

小。会上，张国焘、徐向前、陈昌浩主张南下先取英山，然后与敌人周旋，如若不行，就拉到外线，向潜山、太湖方向转移，伺机打回根据地。沈泽民、王平章不同意跳出外线，积极主张部队返回黄麻地区。争论结果，主力红军先取英山，再向黄麻地区转移。然而，此时的红军已经完全处于被动之中，虽然消灭了一些敌人，但是红军的损失很大，红二十五军军长蔡申熙和红十一师政委甘济时在黄麻地区与敌人激战中牺牲。

而此时的张琴秋还坚守在河口县县委书记的岗位上。让张琴秋没有想到的是，自己更加艰苦的岁月才刚刚开始。

四、与沈泽民诀别

鄂豫皖革命根据地的形势比红军自己想象的要严峻。燕子河会议以后，红四方面军总指挥部在此停留七八天，周围的形势更加险峻，敌军陈继承纵队由红安地区从东、南两面逼近，敌军马鸿逵纵队由北向南压迫。事实上红军处在方圆仅几十里的弹丸之地，四面临敌，而且“粮食异常困难，红军及伤病员号、群众皆在饥馑状态”。[①] 虽然根据地红军和群众顽强战斗，以自己的血肉之躯保卫革命根据地，但是，每次残酷战斗的结果，总是红军的牺牲人数一天比一天多，让鄂豫皖革命根据地的红军到了岌岌可危的地步。

面对鄂豫皖革命根据地的生死存亡，下一步怎么办？往哪里去？迫切需要鄂豫皖中央分局作出决断。1932 年 10 月 10 日

---

① 《中共鄂豫皖省委给中央的报告》，1933 年 1 月 5 日。

晚上，中央分局在河口以北的黄柴畈召开紧急会议，解决当下最要紧的红军行动方针问题,即下一步的行动计划问题。张国焘、沈泽民、徐向前、陈昌浩、徐宝珊、王平章、吴焕先等 20 多人参加会议。会上，张国焘认为，在第四次反“围剿”中，敌人的力量大大超过我们了，我们经过多次战斗，没有能够击溃敌人的进攻，已经完全处在被动失败当中。根据地内的主要城镇被敌人占领，红军主力已经没有回旋余地，无法粉碎敌人的“围剿”。只有跳出敌人的包围圈，才能保存力量。因此，张国焘想起蔡申熙生前在燕子河会议上的意见，提出去平汉路以西，与红三军会合。沈泽民则认为，失败和被动是事实，但是红军不应该脱离鄂豫皖革命根据地，沈泽民提出，在敌人重兵深入根据地的情势下，可采取分散游击的办法，坚持游击战争，待机破敌。徐向前认为，根据地的中心区域已经被敌人占领，我大部队不易活动，又已丧失歼灭敌一路的机会；分散游击，地方游击队还行，大部队就有许多困难，敌人目前的兵力比我们强大得多，有几十万人，而我们根据地仅剩下那么小的一块地方，只要枪声一响，不用两三个钟头，敌人立刻就会从四面八方合击过来，何况我们分散，敌人也会分散的。所以徐向前赞成红军主力暂时拉到外线，待机再“杀回马枪”，回到根据地。因此，黄柴畈紧急会议决定：红军主力暂时转移到外线作战，待机打回根据地。关于留在根据地坚持斗争的兵力问题，陈昌浩主张多带一些部队走，只留下红二十五军第七十五师；红二十五军政委王平章主张多留一些部队给根据地，徐向前也赞成王平章的意见。最后，张国焘决定留下七十五师、二十七师以及各县的独立师、团，由沈泽民为书记的鄂豫皖省委负责，在根据地坚持斗争。中央分局和红四方面军总部率第十、十一、十二、七十三师以及少共国际团共2万余人，跳出根据地，暂时到平汉路以西活动，伺机重返鄂豫皖根据地。

应该说，在非常情况下，中央分局也只能做出这个决定。但是问题是这个退却的决定很仓促，事前没有来得及向中央请示，事后也没有及时向中央报告；全盘计划不周到，对可能出现的问题没有充分估计；分局的意图没有全面向下转达，撤退和留下的同志思想都没有统一。所以，张琴秋和沈泽民就是在这样非常的情况下分开的。沈泽民留在鄂豫皖革命根据地坚持斗争，而张琴秋根据中央分局的决定，随红四方面军离开鄂豫皖，离开她亲爱的沈泽民。但是，当时张琴秋她们都以为跳出根据地，然后很快会再回来的。所以对本来在战争年代聚少离多的日子，一直习以为常。只是满心希望在全国解放以后，能够和丈夫在上海一起工作生活，女儿也能从莫斯科回来，一家人生活在一起。没有想到，在转移撤退时与沈泽民的一见，竟是永诀！

后来，沈泽民同志在艰苦卓绝的环境里，积劳成疾，1933年11月20日牺牲在鄂豫皖苏区中共鄂豫皖省委书记任上，年仅33岁。

在转移到平汉路时，红四方面军任命张琴秋为七十三师政治部主任，张琴秋在战斗环境里，积极协助师长王树声，用各种形式宣传、鼓舞在艰难困苦中战斗的红军指战员的士气，使七十三师的广大红军指战员始终保持顽强的战斗精神，粉碎敌人一次又一次的堵截“围剿”。赢得了七十三师广大指战员的尊重。

第四章　川陕根据地的艰苦岁月

在川陕革命根据地，张琴秋不计个人得失，有勇有谋，有胆有识，在川陕革命根据地，留下了张琴秋横枪跃马的身姿，也留下了为老百姓谋幸福的佳话。还有，张琴秋为万世光荣永垂不朽的牺牲了的红军战友选择安息场所；在中国红军军史上，张琴秋是名副其实的红军将领；在女红军的心里，张琴秋是她们可以倾诉心里话的大姐；在白军心里，张琴秋是一个让白军闻风丧胆的名字！

一、红七十三师政治部主任

红四方面军总部在1932年10月11日晚上率领二万余名红军，分左右两个纵队，从张琴秋担任县委书记的河口县四姑墩出发，突破敌人两个师的堵截，于10月12日跨过平汉路。14日，陈昌浩率部队进入大洪山区，经洛阳店、新店向原红三军活动过的璩家湾进发。

红四方面军广大红军指战员满怀希望地赶到原来红三军活动的地方，希望在红三军的接应下走出当前的困境。然而，原来红三军活动的地方，早已不见红军的踪影，只剩下红三军留下的"苏维埃共和国万岁！""中国共产党万岁！""打倒蒋介石！""打倒土豪劣绅！"等革命标语，破败的村庄到处是断垣残壁。村口孱弱的老幼衣衫褴褛，惊恐地望着这支同样衣衫不整、疲惫不堪的军队。徐向前曾经回忆说："红三军已经走了，根据地早垮台了。没有政权，没有红军，没有游击队，没有党组织，剩下的只是一片断垣残壁的荒凉景象。"[①]红四方面军总部刚刚在璩家湾停下来，追剿的敌军三十四旅、十师、八十三师已经从东、南、北三面开始对红军包围和攻击，企图把这些从鄂豫皖苏区转移出来的红军消灭在新集以西，汉水以东地区。于是红四方面军边打边走，还是不断遭到敌人的围剿堵击。22日中午，红军主力到达枣阳西南20公里的土桥铺地区，又陷入敌人的包围之中，敌人六十五、六十七两个师据守沙河堵截，敌人的第一师、五十一师从两侧进攻，而后面又有追兵，陈昌浩、徐向前等红军将领奋勇冲杀，才跳出敌人的包围堵截。

红军部队自从11日拂晓开始，连续作战、行军，十天十夜，红四方面军的指战员没有睡过一个觉，没有吃过一餐饱饭，疲惫不堪。虽然冲破了敌人的层层包围、围堵追击，歼灭敌人3000余人，缴获武器无数，但是在奔命和应付回击中，红军只好留下好枪，将多余的武器毁坏以后丢弃；而一些重伤员，在无法带走的情况下，只好发几个银元，留他们在老乡家里；部队连续战斗，指战员饥寒交迫，队伍已经不堪忍受；而部队找不到红三军的行踪，原来的计划早已落空，但是，下一步部队的方向目标，连张国焘都不甚了了。所以，作为红七十三师政治部

① 徐向前：《历史的回顾》，解放军出版社1988年版，第215页。

主任的张琴秋，不断地利用红军的政治优势，临时组织收容队，尽量把红军的损失降到最低。

红七十三师是红二十五军的一支整建制的部队，红四方面军从鄂豫皖根据地撤退时，从红二十五军那里划出来，归红四方面军总部领导，随红四方面军西进，师长是王树声，张琴秋是政治部主任。王树声师长对张琴秋十分重视，认为张琴秋是个难得的人才，所以在艰难困苦的岁月里，王树声尽量保护张琴秋的安全。据说，每次战斗打响，王师长常常用命令的口气向师部指挥所的战士下命令："我们下去以后，指挥所的工作暂时由张琴秋主任负责。一般的问题，由她处理，重大的问题，随时通过电话或者派通讯员向我报告，我的位置在 xx 团，……"①他们就是通过这种办法，尽量让张琴秋离血腥的战斗远一点。但是张琴秋她往往主动到下面去，到炮火纷飞的战场上去，利用自己丰富的思想政治工作经验和智慧，向衣衫褴褛但是精神饱满的红军战士作思想动员，鼓舞士气。徐向前在回忆这段时间的工作时，对张琴秋的思想政治工作给以充分肯定，他说：

> 秦岭山脉，高耸入云，气吞万里。山连山，水连水，翻不完的山头，越不尽的急流。我军衣衫单薄，食不果腹，伤病号又多，进军备受艰辛。可是部队的宣传工作很活跃。总部和各部队的宣传人员站在山坡、隘口、沟边，不断用快板、顺口溜、歌声、口号，激励指战员们攀岩涉水，战胜疲劳和饥寒。"人力可以歌取"，这话有道理。艰难困苦的时候，一

① 谢燕：《张琴秋的一生》，浙江人民出版社 2018 年 5 月版，第 59 页。

> 支歌，一段快板，一阵笑声，都会使人消除疲劳，焕发精神，勇气倍增。七十三师政治部主任张琴秋同志，沿途开展政治宣传工作认真积极，相当活跃。①

张琴秋在红七十三师政治部主任岗位上的积极努力，在徐向前总指挥的记忆里，留下了深刻的印象。据说当时在山区峻险小道上行军时，徐向前还特地关照七十三师王树声，让张琴秋主任走在中间，“我们两人一前一后，让张主任走在我们中间，慢慢地沿着岩边走，准保太平无事”。在崇山峻岭的山顶露宿是当时的常态，红四方面军总部的干部常常和大家一起取暖休息。徐向前和王树声便悄悄地让警卫员将随身带的稻草送给张琴秋，告诉张琴秋，这是首长关照的，张主任是南方人，要多铺一点稻草，暖和一点。接下去创建根据地，还有大量事情要张主任去做呢。张琴秋在这样艰难困苦的环境里，得到领导这样的关心，在残酷的革命战争年代形成的革命友谊，让她倍感温暖的同时，始终保持内心的革命激情和坚定的革命信念！

有一次行军过程中，张琴秋带领临时组织的部队收容队，在后面照顾着伤、病的红军战士。忽然，张琴秋接到报告，说收容队后面尾随了一支特别的队伍！一问，原来是从鄂豫皖苏区跟着出来的“跑反队”——红军离开鄂豫皖苏区时，曾经和红军一起打土豪的革命群众，他们和红军已经血肉相连，现在红军离开苏区，他们没有能够被带着转移，就衣衫褴褛地跟着红军走，自动跟着红军逃难。他们坚信红军的力量，坚信红军

① 徐向前：《历史的回顾》，解放军出版社 1984 年版，第 223 至 224 页。

能够给他们生命的保障。红军战士知道以后，称他们为"跑反队"。现在张琴秋得知这些从鄂豫皖出来的群众如此不顾自己的性命而跟着红军，心情十分沉重。因为她知道这些群众当中，还有不少是肃反对象，有的是什么改组派、第三党、AB团的怀疑对象，但是他们已经铁了心要跟着共产党干革命，跟着红军打国民党反动派，打白狗子！作为政治部主任，张琴秋总是尽自己的力量，来帮助这些兄弟姐妹。此时的张琴秋，已经不是刚刚从莫斯科回来的张琴秋了，她在残酷的战争和革命斗争中渐渐看到了革命不容易的一面，看到艰难曲折的一面，她对上级党组织下达的要求，虽然忠贞不渝，但是许多现实的问题，失败和困惑，常常在她的脑海里思考翻腾。据说，当时这些"跑反队"出现在红军队伍后面以后，张琴秋得到报告，就尽力去保护他们。当时红军已经到了没有粮食下锅，靠野菜、蒿草来填饱肚子的境地。这时，红四方面军总政委陈昌浩接到报告，说有人把红军部队的粮食给了"跑反队"。年轻的陈昌浩勃然大怒，怒气冲冲地找到张琴秋，要张琴秋把那个"跑反队"人员抓起来，送保卫局处理。张琴秋向陈昌浩表示，让她去了解一下，是不是有这个问题，"有这个问题，我来向你负荆请罪，没有这件事，我也来向你报告。""好！"陈昌浩又怒气冲冲地骑马赶回红四方面军总部。这时，张琴秋去尾随过来的群众中了解事情的真相，原来是事出有因，而且当事人已经直接去总部找陈昌浩总政委了。所以当陈昌浩回到总部时，那个人已经在那边等陈昌浩。总部的工作人员正在做这个人的工作，劝她回家。那个人说："回家？我哪来家啊！父亲被杀了，说他是'改组派'；房子被反动派烧了，说我们是共产党。我16岁就投奔共产党，20岁被当作‘反动派’，你叫我再投哪个去？！我愿意跟着红军当佚子，愿意跟着共产党讨饭！”当陈昌浩听到这里，看清楚这个人时，也不能无动于衷了。他挥挥手，让人回去。这时，红七十三师政治部主任张琴秋赶回来向陈昌浩汇报：“人已经到你这里来了。事情是这样，我们从鄂豫皖出来，走了几百里，他们也跟着拖着走了几百里，我们的战士看到‘跑反队’可怜，自己省下来一点粮食给他们。这件事，你要处分，就处分我吧。”陈昌浩告诉张琴秋，刚才来的那个人，是林月琴。她是鄂豫皖特委的儿童局局长。张琴秋也熟悉。后来，林月琴成为“编外”红军的一个出色的领导，带领那些“跑反队”，历尽千辛万苦，始终跟着红军走到了南化塘。

红四方面军总部原来计划在南化塘建立鄂豫陕革命根据地，一到南化塘以后，正准备分兵去发动群众时，敌人又追踪而来。总部又改变计划，被迫西进，或者进漫川关进入关中地区，或者南下汉中，寻找建立新的根据地。此时的红四方面军的行动，完全是被迫和被动的。

红四方面军自从离开鄂豫皖革命根据地，找不到红三军，却遭到蒋介石的重兵围剿堵截，张国焘作为红四方面军主要的负责人，对下一步的军事行动，完全没有了计划，边打边走，上万人的红军队伍，在崇山峻岭里走走停停，究竟要去哪里？哪里是红军的目的地？红四方面军领导张国焘等没有向大家讲清楚，盲目地走，红军的损失也越来越大，红军中的不满情绪也开始弥漫开来。11月28日，红四方面军到达今天周至县南

20公里的马召镇新口子时，总部收到中央27日来电。来电批评张国焘等人由于对国民党崩溃过分估计及由此而产生的对敌第四次“围剿”严重性的估计不足，使红军不得不离开原有的根据地，这是很大的损失。指出红四方面军现在的任务是：在鄂、豫、陕边建立新的根据地；迅速与红二军团取得联系与行动的呼应；恢复鄂豫边苏区，发动游击战争，开展土地革命；红军主力整理休息补充之后，应取向回发展的方向，造成时时威胁襄樊及武汉的形势。①

对这个中央来电，张国焘认为，现在这里的形势，已经不是中央来电说的那样了，所以这样的来电指示是没有办法执行的。徐向前也认为，这是“教条主义的中央领导人，远在江西根据地，他们提出的上述任务和要求，远远脱离我军转战的实际，是行不通的”。②但是，张国焘没有向红四方面军的将领传达中央的来电内容，而是继续指挥部队南进汉中。张国焘的作风，让人们更加感觉前途渺茫，好不容易建立起来的这部分中国工农红军，就这样葬送在没有目的行进路上？红四方面军总部的一些干部也开始议论起来。11月29日，红四方面军由新口子出发，再次翻越秦岭。经过9天的艰苦行军，翻越9座海拔2000到4000米的大山，于12月7日进抵秦岭南麓的城固县的小河口。这是红军离开鄂豫皖两个多月的艰苦作战后驻扎的第一个集镇。所以，一到小河口，总部机关干部们对张国焘的

---

① 中国工农红军第四方面军战史编辑委员会：《中国工农红军第四方面军战史资料选编》（鄂豫皖时期·下），解放军出版社1993年版，第699页。

② 徐向前：《历史的回顾》，解放军出版社1988年版，第225至226页。

做法，越来越反感，一些领导干部认为，必须向党中央报告张国焘的错误，为什么放弃根据地？究竟要把红军带到哪里去？曾任红四军政治委员的余笃三和总部干部王振华、朱光、刘杞、舒玉章在一起商议，如何让中央知道张国焘的问题，打算派人去找党中央，要求中央迅速采取措施，纠正张国焘的错误。他们的意见是，停止部队这样无目的的转移，保持实力，开创新的根据地。他们的想法，也得到了曾中生、旷继勋的赞成。作为红七十三师政治部主任的张琴秋，对部队的思想动向，了解得非常清楚。大家对张国焘的意见，张琴秋也了解。但是，对张国焘这位老资格的党中央政治局常委、中华苏维埃共和国临时中央政府副主席，张琴秋的态度还是十分慎重的。所以当曾中生、旷继勋他们把机关总部的同志准备去找党中央反映张国焘问题的事情告诉了张琴秋以后，张琴秋觉得此事非同小可。此时，正在为去党中央反映张国焘问题作准备的王振华、朱光找到张琴秋，希望张琴秋帮他们找几件便装，以便去找党中央。张琴秋一方面答应下来，一方面找红四方面军总政治部副主任傅钟商量，他们认为，这样大的事情，如果没有更多的更大的领导同志支持，是不会产生效果的。他们商量，找徐向前，但徐向前已经去了前方。于是商量着去找陈昌浩。因为陈昌浩是傅钟、张琴秋在莫斯科中山大学的同学，希望陈昌浩支持他们去中央反映张国焘的问题。张琴秋、傅钟他们以为陈昌浩会同情、支持他们的想法。不料，陈昌浩一听，立刻表示不同意他们去中央反映，并且让张琴秋他们去做曾中生他们的工作，稳定军心。在张琴秋、傅钟离开以后，陈昌浩马上去张国焘那里，向张国焘报告。傅钟、张琴秋回去以后，当天晚上，王振华、朱光、李春霖、张琴秋到曾中生、刘杞的住处，商量讨论对张国焘的意见，并推举曾中生起草意见，以书面形式向张国焘提出意见，要求张国焘停止退却，争取迅速在陕鄂一带建立新的根据地。希望张国焘能够采纳大家的意见，改正错误；并把大家的意见转报中央。[①] 应该说，这个意见提出的方式是完全正当和光明磊落的。

12 月 8 日，寒风刺骨，张国焘从陈昌浩那里得知大家的情绪和意见以后，立即决定在小河口召开部分师级以上干部会议，讨论部队今后的行动方针。这次会议上，张国焘表现出难得的姿态，先让大家发言，会上，曾中生、旷继勋、余笃三、张琴秋、刘杞、王振华、朱光等纷纷发言，大家对红四方面军的前途表示担忧，对鄂豫皖苏区人民表示怀念，对红四方面军的领导工作提了不少意见，对张国焘的错误提出批评，希望张国焘接受大家的意见，摆脱敌人的追击，建立新的革命根据地。张国焘对大家的批评意见，一方面表示虚心接受，一方面进行辩解。同时还请张琴秋在会议上宣读了两份张国焘一直没有公开的中央近期来电，表示他张国焘这样做，也是担了很大的压力的。会上，张国焘吸收大家的批评意见，决定加强红四方面军的军事集体领导，成立前敌委员会，吸收各军、师的有关领导人参加；委任曾中生为西北革命军事委员会参谋长；任命张琴秋为红四方面军政治部主任。

---

① 《中国工农红军第四方面军战史》，解放军出版社 1989 年版，第 198 至 199 页。

小河口会议，应该是红四方面军发展史上的一个重要会议，会议取得的成果，也是来之不易。其中张琴秋的做法，无论是当时还是后来，历史证明是正确的。徐向前没有参加小河口会议，但是他对派人去找中央反映张国焘错误的做法，曾公正地说："我认为，在紧急、危险的转战关头，这样搞是不恰当的。但是，说他是'公开组织开小差'，显而易见，也是无限上纲的做法。"① 而张琴秋宣读的两份中央来电，徐向前也认为其中一份是没有办法执行的。还有，当时张国焘是中央代表，在红四方面军还是有很高的权威，所以曾中生、张琴秋他们当面对张国焘提批评意见，是需要极大的勇气的。据李天焕回忆：当时"大家的确把张国焘当神仙，盲目地信任他个人，我自己也是曾经信仰张国焘的一个，一方面不了解张国焘那种行为是错误的，另一方面以为张国焘是党中央代表，又是中华苏维埃副主席，又是军事委员会主席，所以以为他是神仙，以为有张主席一路哪还有错的呢？当时我想不但是我一个人如此，恐怕四方面军的绝大多数干部也是如此"。② 所以，小河口会议对红四方面军至关重要。张国焘的独断专行的作风，也有所收敛。但是，此时的张国焘已经感到自己的压力，红四方面军到了这一步，自己是难逃罪责的。而且他也清楚，中央对他离开鄂豫皖的行动，认为是右倾逃跑主义，而实际情况又让他作出与中央要求相反的决策；同时他又无法摆脱国民党军队的围堵追击，还有，内部的不满情

① 徐向前：《历史的回顾》，解放军出版社 1984 年版，第 315 页。

② 李天焕：《红四方面军在川北发展与建设》（1945 年 2 月 1 日），见《中国工农红军第四方面军战史资料选编》（川陕时期·上），解放军出版社 1993 年版，第 38 页。

绪在滋长，让充满领袖欲的张国焘在小河口不得不作出一种姿态，听取大家的意见建议。徐向前曾说过：“张国焘对那些反对他的同志怀恨在心，川陕革命根据地建立后，张国焘便借口‘肃反’，陆续将曾中生、余笃三、旷继勋等人逮捕或杀害，张琴秋也被降职使用。”[①]这也是后来事实的证明，张国焘就是这样一个人。

二、从红四方面军政治部主任到红江县委书记

张琴秋担任红四方面军政治部主任，已经跻身于中国工农红军的将领行列，她在红四方面军总部的决策层面，有了一定的话语权。然而，张琴秋还是张琴秋，她对共产主义的信仰，对中国共产党革命事业的忠诚，始终未变。她的热情，她对革命工作全身心的投入，一如既往！但是，自从到鄂豫皖革命根据地以后，张琴秋身上已经发生了很大的变化，她不再是单纯的革命青年，她看到更多的是中国革命的艰辛，在艰辛中需要结合中国革命的实际，才能少走弯路，才能不断取得革命的胜利。她在苏联莫斯科受到的无产阶级革命理论教育和影响，在残酷的革命面前，渐渐少了一些教条主义的东西和主张。所以在建立川陕革命根据地的过程中，我们发现张琴秋的政治思想、革命思想已经非常成熟，她对中国革命的思考，与中国革命实际的联系越来越紧密了。所以，当张琴秋被红四方面军总部任命为红四方面军政治部主任以后，立刻受到红军指战员的认可和

① 徐向前：《历史的回顾》，解放军出版社1988年版，第227至228页。

欢迎。

小河口会议基本上统一了大家的思想，初步形成了共同的思想认识，即停止无休止的行军，以免消耗红军的力量，尽快寻找适合红军发展的根据地。但是，适合的根据地在哪里呢？在通讯非常闭塞的情况下，红四方面军总部只有继续南进，当时红四方面军总部领导都把自己的马送给伤病员骑，他们和普通战士一样，蹚过寒冷刺骨的汉水，极大地鼓舞了广大红军指战员。所以在炮火中死里逃生的一万四千多名红军，后来成为开创新的革命根据地的骨干力量。但是，当红四方面军千辛万苦到达陕南地区以后，前敌委员会发现这里并不适合建立根据地。正当大家为寻找适合根据地的地方而困惑时，徐向前在一张过期的旧报纸上看到四川军阀正在成都一带混战，川北兵力空虚的消息，立马想到，川北地势险要，物产丰富，回旋余地广。徐向前马上和大家商量，认为，以川北为中心建立根据地比在陕南建立更有利。于是，决定集中力量向川北进军，创建以川北为中心的川陕边革命根据地。

1932 年 12 月 15 日，红四方面军总部在西乡县钟家沟召开团以上干部会议，传达进军川北，创建川陕革命根据地的方针。这次会议很快统一了思想，都一致同意立即翻越大巴山，占领通江、南江、巴中地区的战略计划。12 月 21 日，红四方面军主力通过两河口、泥溪场，进至苦草坝，决定兵分三路，迅速夺取通江、南江和巴中。26 日，通江解放，红旗插上通江城头。1933 年 1 月 23 日，红军攻克巴中；2 月 1 日，红军七十三师又攻克南江。一路上，作为红四方面军政治部主任，张琴秋一直在战斗的第一线，当红军在鹦哥嘴和杀牛坪与敌人进行激战时，张琴秋组织了担架队，冲上阵地，一方面抢救伤员，护送伤员，一方面与宣传队队员一起，在前线阵地鼓励战士英勇杀敌。战斗结束以后，张琴秋还亲自给俘虏讲话，讲清楚红军是一个什么样的队伍，让俘虏认清形势，不要助纣为虐，做国民党反动派的帮凶。

进驻通江以后，红四方面军要做的大量工作是要把群众发动起来，建立工农民主政权，武装群众，动员他们参加红军，投身革命队伍。所以在创建根据地的时候，政治部同样是十分忙碌的一个部门。幸好，政治部主任张琴秋这方面是她的强项，她口才好，能写能说。革命道理，经过张琴秋一宣传，立刻为大家所接受。当时有一个妇女叫李鸿翔，就是在听了张琴秋的宣传讲演，当场就报名参加红军的。事后，她多次对人说，她就是听了张主任的讲话以后参加红军的。

张琴秋担任政治部主任期间，和吴朝祥一起负责建立川陕根据地的妇女委员会，发动妇女参加红军，参加革命，据说这项工作当时张琴秋她们搞得有声有色，整个苏区的妇女委员会会员发展到30万！这些根据地的妇女在张琴秋她们的领导下，一种翻身自豪感由此而生，在苏区的农业春耕生产、支援前线等方面，她们的积极性空前高涨。在此基础上，川陕省委先后召开过三次全省妇女代表大会，讨论确定妇女工作的政策，为川陕革命根据地的妇女解放作出了巨大贡献。

张琴秋还把红军中的女同志组织起来，分头去各地宣传红军的政策，讲解红军队伍为劳苦大众谋幸福的性质。在两河口、泥溪场，张琴秋待人和气，说话干脆，话语亲切的形象为当地群众所铭记。张琴秋常常在村边要道口的一块巨石旁和这些农村妇女讲道理，宣传革命形势，拉家常，嘘寒问暖，所以这块巨石，后来被大家亲切地称为“女儿石”。这块“女儿石”至今还在。因为张琴秋负责的红四方面军的思想政治工作的氛围十分浓厚，思想工作做到了根据地群众的心坎里，根据地的红军兵员补充工作十分顺利，据说在川北短短一个月，就为红军增加兵员一万多，相当于翻一番。其中，张琴秋的政治宣传贡献，功不可没。

巩固革命根据地，最重要的是要实行土地改革，把土地分到穷人手里。张琴秋他们政治部的同志一到川陕地区，就编写了《怎样分配土地》的小册子，用通俗易懂的语言，以“为什么要分配土地？”“怎样分配法？”“农村阶级说明”“土地问题解答”等四个方面对土地革命的政策做了详细说明，在群众中引起巨大反响。张琴秋还以自己政治部主任的身份，签署了“告工农群众书”，其中写道：

劳苦工农群众们：

你们要有衣穿，有饭吃，有屋住，不受鞭打绳拴及种种的压迫与剥削，只有广大的工农与劳苦群众联合起来，拿着武器刀枪，同那些压迫我们的、剥削我们的国民党军阀、豪绅、地主、买办进行斗争，将帝国主义、国民党的统治根本推翻，将军阀、地主、豪绅及其反动爪牙完全肃清，才能解放（除）我们的痛苦。

> 工农红军就是由这些革命的工人、农民与一切劳苦群众为解放自己而组成的，所以，红军拿着武器专门保护工农劳苦群众的利益，彻底消灭一切反动势力，打倒帝国主义，推翻国民党统治，没收军阀、地主阶级及一切反动派的土地房屋财产，分给工农与劳苦群众，实行八小时工作制，增加工资，改善工人生活，建立自己的工农政权——苏维埃政权……。

在张琴秋等的努力下，1933 年 1 月，川北地区第一个县级红色政权——赤北县苏维埃政府成立。2 月，中国共产党川陕省第一次党员代表大会在通江召开，张琴秋作为红四方面军政治部主任，直接参与了大会的筹备工作，并与傅钟、袁克服等在大会上作报告。大会最后选举产生了中共川陕省委员会。张琴秋当选为省委委员兼任省委妇女部部长。

然而，正当张琴秋在红四方面军政治部主任的岗位上干得风生水起的时候，张国焘的报复也开始了！张国焘是个领袖欲极强，又睚眦必报的人，他看到川陕根据地有了新气象，就对小河口会议上对他提意见的人，开始以肃反的名义，对曾中生、旷继勋等同志下毒手。对在小河口与曾中生、旷继勋他们意见一致的张琴秋，张国焘采取降职处理的办法进行报复。1933 年 2 月中旬，张琴秋接到张国焘签发的命令，免去张琴秋的红四方面军政治部主任职务，由陈昌浩兼任。张琴秋任中共红江县委书记。

张琴秋看到命令，怔在那里。她没有想到，在这三个月的政治部主任岗位上，她是尽心尽职、没日没夜地在为川陕革命根据地工作，而且根据地正在向更好的方向发展，队伍在扩大，敌人已经被打得精疲力尽，现在正是红军发展的好时机，张国焘就开始秋后算账了？张琴秋是个对组织绝对忠诚的领导者，但是这一次，让张琴秋对张国焘的冠冕堂皇有了自己的认识，张国焘不是为红军的发展壮大思考问题，而是在为自己的所谓权威和个人野心而处理问题！

张琴秋为了红军发展的大局，她坦然地接受了张国焘对她降职调动的命令，带着警卫员赵章元，直接去红江县委报到。

当时的红江县，古称符阳县，下面管辖平溪坝、青峪口、涪阳坝、土墙坪、楼房坪、坦溪坪、陈家坝等几个区。这里距离通江 28 公里，地广人稀，山高溪深，境内有香炉山、石转山等大山。张琴秋一到红江县，立刻先开展调查研究，了解红江县农民的生存情况，包括地主、地痞流氓、土匪的动向等，同时又去红江县城周边了解红江县的生产和自然状况，进一步了解了红江县的银耳等特产生产状况。几天下来，张琴秋对红江县的情况有了大致的了解，然后她和县委的同志一起商量研究下一步的工作。

红江县的土地革命是 1933 年 3 月 8 日正式拉开帷幕的。也就是说，是在张琴秋到红江县以后立刻开展这项工作的。为此张琴秋全身心投入县委工作，和县委的同志研究土地革命的具体办法，还要去农民中动员解释土地革命的政策。同时，张琴秋还要组织地方武装力量打击土匪和国民党残余势力，让红江县的老百姓有一个安定的生活工作环境。经过将近一个月的艰苦工作，红江县的土地革命到 4 月 2 日基本告一段落。让广大穷苦农民分到了土地，红军在群众中的威信，也进一步得到提高。

当时，川陕省苏维埃干部学校的一批女学员被分配到红江县实习，张琴秋热情地接待了她们。这些女学员知道张琴秋是从红四方面军政治部主任岗位调整到红江县当县委书记的。但是，当时大家在与张琴秋接触中，谁也没有觉得张琴秋有什么委屈情绪，依然开朗热情，她见这些年轻的女同志的到来，拉着她们的手，连声说：“同志们，欢迎你们来红江，和我们一起工作，一起战斗。”这些年轻的女学员，大多没有工作经验，所以张琴秋就带着她们，深入老百姓家里做动员工作，动员群众支援前线，给红军筹粮备草，发动妇女为红军做军鞋等等。让这些年轻的学员在红江县得到很好的锻炼。

在红江县当县委书记期间，张琴秋还非常重视妇女思想解放工作，她了解到，红江地区由于历史原因，男人抽大烟的多，而家里的农活，都是妇女去做，她们长年累月在地里劳动，回到家里，还要受到男人和婆婆的打骂，农村里还流行买卖婚姻，妇女的地位非常低，妇女的生活非常悲惨。所以她在红江县成立妇女委员会，专门为妇女解放建立一个工作机构，在红江县革命和生产中发挥了积极的作用。据通江人回忆，“张琴秋常常身先士卒。她曾多次到老乡家里，和战士们一道，给老乡挑水、砍柴、背粮、排耳棒、烧饭、背娃儿、扫院子、修房子、喂猪、喂牛，老乡们看在眼里，在心里感激红军”。[①]

在红江县工作时，张琴秋常常要对付国民党的土匪以及残

---

① 王敦贤、张学明：《琴韵千秋——张琴秋在通江》，九州出版社 2012 年 12 月版，第 91 页。

余势力的突然袭击。有一天晚上，警卫员赵章元来报告，一批逃亡的地主富农纠集一些亡命之徒，包围了红江县苏维埃政府机关。顿时县政府机关干部也紧张起来，纷纷往张琴秋的办公室方向跑来。张琴秋沉着应对，把所有的干部战士组织起来，把守各个关口，自己乘着月色，悄悄地爬上墙头，观察敌人的阵势，张琴秋发现，这是一帮乌合之众！张琴秋从墙头上下来，重新布置了兵力，突出了进攻的重点，自己亲自率领特务排的战士，悄悄地摸到敌人的最薄弱处，等待时机。当时机成熟，张琴秋一声枪响，突然出现在敌人面前，那些土匪突然看到从天而降的红军，立即抱头鼠窜，所谓的包围圈顷刻瓦解，一时，杀声、呐喊声响成一片，敌人死的死，逃的逃，张琴秋率领的红江县苏维埃政府机关的干部和特务队的红军战士，只用了几十分钟，就击溃了敌人的突然袭击，取得了胜利，极大地鼓舞了红江县的人民群众。这次战斗，让红江县的老百姓知道了张琴秋的名字。张国焘、陈昌浩、徐向前等红四方面军领导知道后，对张琴秋的军事能力也赞赏有加。

当时，四川军阀田颂尧开始时没有重视红军进川北，同意借道北上，后来发现自己的地盘已经红旗招展，他就不甘心自己地盘的失去。为此，田颂尧开始和四川其他军阀联手，停止内部混战，调转枪口，亲自带了38个团，6万兵力，向川陕革命根据地袭来。面对敌人的几路进攻，徐向前召集前敌委员会成员研究对策，根据川北的地理条件和群众基础，决定采取“收缩阵地”的作战方针，打破敌人的“围剿”。作为红江县县委书记的张琴秋，根据川陕省委的决定，主要配合红军战斗，负责提供物资保障，运送伤员，组织宣传等。有一次，张琴秋带领红江县的党员干部组织运送红军伤员，被敌人的一个连发现了。敌人发现这支运伤员的红军队伍小孩居多，正规的红军没有几个。于是敌人就悄悄地围上来，想一口吃掉这些红军。其实，这是张琴秋故意迷惑敌人的措施。所以当100多个敌人围上来时，张琴秋命令将所有担架放下来，原来担架上的不是伤员而是武器，大家迅速拿起武器，一下子又分散潜伏在密林里。敌人突然发现张琴秋他们的队伍不见了，正在四处张望无所适从时，张琴秋指挥红江县的特务队和干部群众，大喊一声："打！"一齐向敌人发起进攻。这时，敌人倒下一大片，还没有弄清楚红军在哪里。张琴秋带着特务队的神枪手,一个一个地消灭敌人。剩下的敌人全部举手投降了。当这些投降的敌人听说眼前的这个年轻、端庄、可人的女红军就是传说中的张琴秋时，都低下了头。据说川陕根据地的这些投降过来的国民党兵，认为做张琴秋的俘虏，服气。

1933年5月，川陕省委颁布了《中共川陕省委关于保卫赤区运动周决议》，要求各地广泛发动群众，巩固革命根据地，坚决消灭敌人，迅速扩大红军和地方武装力量，并及时开展肃清反动民团与土匪的工作。决议还要求各个县在"保卫赤区运动周"以及红五月内，完成动员3000人参加红军和组建4个赤卫军的任务。要求赤江县成立独立师，其他各个县要成立独立团。张琴秋接到这个任务以后，立即与县委和苏维埃政府的同志商量，研究落实措施。

有一天，张琴秋接到命令，要求她立即率领妇女赤卫营护送300名伤病员从毛浴镇转移到苦草坝。她知道，自己的这个500多人的赤卫营战士，都是从农村刚刚参加红军的妇女，而伤病员却有300人，况且一路上都是崎岖的山路，国民党的军队也常在这里出没，不知道什么时候与敌人相遇。所以觉得这个任务的担子很重。但是，向来不畏艰难的张琴秋，毅然决然地挑起这副担子。带领赤卫营的战士，护送伤病员往苦草坝方向出发。果然，张琴秋担心的事出现了，在苦草坝附近的山路上，发现大约有一个团的敌人，已经发现张琴秋她们的行踪，正在悄悄地向她们包围过来。这时赤卫营内部有人惊慌起来，伤病员也带着绝望的眼神看着张琴秋她们。此时，张琴秋看看身边的这些赤卫军姐妹，根本不是敌人一个团的对手。忽然，张琴秋决定用心理战来和敌人战斗。她把自己的想法迅速告诉大家，让大家配合。所以当敌人与她们相距几百米时，赤卫营的女战士在张琴秋的一声口令下，大家放开喉咙大声喊道：

“白军兄弟们，我们是红军，我们都是中国人，不要自相残杀！”

“白军兄弟们，你们不要上当受骗打内战！不要为你们的长官卖命！你们得不到任何好处！”

“欢迎你们到红军中来！红军不欺负人，我们官兵平等！”

“白军兄弟们，我们红军都分有自己的土地！欢迎你们参加红军！”

“白军兄弟们，你们家里的姐妹等着你们回去！不要为你们的长官卖命了！”

赤卫队员的喊声此起彼伏，在山谷里，在敌人的队伍里回

荡！

敌人傻了，怎么都是女的？

那些血性男人呆呆地望着山上的丛林，与女人打仗？与堂客打仗？敌人的情绪已经失去控制。一些士兵开始不愿意了，端在手里的枪也放了下来，“与一群婆娘打？老子不打了！”“老子也不打了！”敌人的士兵中开始骚动起来。这时，张琴秋发现，一个团长模样的人，开始威胁不肯打的士兵，继续下达进攻的命令！不肯前进打红军的士兵，立刻被丧心病狂的敌军指挥官乱枪打死！顿时，敌人阵地一片混乱，不肯打的白军也愤怒了，和团长干起来，团长准备用机关枪扫射不肯上前打红军的士兵。情况非常紧急！这时，敌人阵地上突然响起“弟兄们，我们打死长官，参加红军去”的呐喊声，张琴秋看见时机到了，立刻指挥大家端起所有武器，冲进敌人的阵地，先把敌人的团长以及几个顽固分子消灭了。剩下的那些白军，纷纷放下武器，向红军投降了。就这样，张琴秋带领几百人的赤卫队员，消灭了敌人一个团，缴获了一个团的枪支弹药，一时在川陕革命根据地传为美谈。连国民党的报纸也大量宣传，把张琴秋描写得神乎其神。当时，红四方面军前敌委员会的领导徐向前、曾中生、傅钟、旷继勋等人知道以后，对张琴秋大为赞赏。

在根据地形势相对稳定时，张国焘又在红四方面军开始肃反，剪除与自己不同意见的人，尤其是对小河口会议提意见的人，张国焘始终耿耿于怀。所以在川陕革命根据地站稳脚跟后，开始肃反。当时张琴秋所在的红江县，根据川陕省委的意见，同样开展这个工作。当时，张琴秋也看到革命队伍内的复杂，有些战士在艰苦的环境下，吃不了苦，跑路走了。有的还投敌去了。还有的战士，是在战斗中被红军俘虏过来的，有时思想也不稳定，产生一些负面的情况。但是，张琴秋对保卫局动不动就抓人就消灭的做法，持保留态度。而且在力所能及的情况下尽量保护这些无辜的红军指战员。张琴秋不顾自己的风险救助李开芬的往事，让李开芬铭记一辈子！在川陕革命根据地时，李开芬还是一个“红小鬼”，有一天区里通知她去县里参加一个党团员大会。她非常兴奋地去了。会议刚开始，主持会议的人，以审查会议代表为名，将一批参加会议的党团员逮捕。李开芬也被大会指为“反革命”分子，要移交“革命法庭”，这等于马上要处决。李开芬哭着在大会上申诉，但是没有人站出来为她讲话。于是，保卫部门的人立马来抓李开芬了。这时主席台上有人在对保卫部门的人说：“把她放了！”李开芬到晚年依然记得：

> 不知什么时候，主席台上一位穿列宁装的女同志挡住去路，对押解人员下了命令。“她是反革命，她老子是团总！”押解的人振振有词。“老子是团总，女儿就是反动派，这是哪家的道理！”女同志驳斥道。押解人无言以对，但依旧不放人，想了想说：“她是投机分子！”“荒唐！红军还没有入川，这小鬼就参加了地下工作，为革命站岗放哨，她投什么机！”押解人理屈词穷，看看对方挑衅地问：“你是谁？”“和你一样，只打敌人不打自己人的红军战士。”押解人听听说话的语调，又细看对方，终于认出那是坐在主席台上的领导，不敢再纠缠，乖乖地放了人。“首长——”我一下扑到她的怀里，号啕痛哭

起来。“小鬼，别哭，你没事了。”她拍拍我的肩膀说：“别怕，小鬼，不要参加这个会了，等我给你安排。”她派警卫员把我送出了会场。

我被带到一个离会场不远的陌生房子里，从护送我的警卫员嘴里得知，救我的那个首长就是闻名川陕的红军女将张琴秋。当天晚上，她果真来到我的住处。我像见到久别重逢的亲人，扑上去向她倾诉冤屈：“我不是反革命，真的不是！”她一边给我擦眼泪一边安慰：“小鬼，别害怕，你的情况我都知道，你不是反革命，也不是投机分子。你十四岁就是地下工作者，还是共青团员。”在当时那种处境下，能听到上级领导这样的声音，而且对我又如此熟悉，我既感动又感激。“小鬼，你去办列宁小学吧，那里也需要有文化的人。”从此我到了列宁小学。事后我才知道，琴秋大姐当时的处境也很艰难，是冒着大风险救我的。①

在川陕革命根据地，还流传着张琴秋坚持实事求是，把一个地主婆从保卫部门的刀下救下来的事。当时这个地主把金银财宝全部转移了，而地主的老婆却不知情，但是保卫部门的同志把地主婆抓起来，准备处决她。张琴秋经过调查弄清楚事情的真相以后，发现转移金银财宝的事与地主婆没有关系。当她知道保卫部门已经把地主婆押到外面山坡上，准备处决时，张琴秋十万火急地赶到了，她大喊：“刀下留人！”并说明事情真相，将地主婆教育以后放了。这件事，当时传为美谈，对做好川陕

① 李开芬：《深深的怀念》，刊《人民日报》，1986年12月28日。

革命根据地工作，起到了积极作用。

张琴秋在红江县工作时，还有一件事值得一说。当时川陕革命根据地形势日益好转时，国民党的陕西省主席杨虎城不满蒋介石排除异己的用人政策，便暗中与红军联络，以便保存实力。当时西安地下党组织了解到杨虎城的这个思想以后，立即指示时任国民党十七路军三十八军少校参谋、中共地下党员武志平积极做杨虎城的统战工作，以打破蒋介石对川陕苏区的封锁。1933 年 5 月上旬，杨虎城要武志平在三十八军军长孙蔚如的指导下，去川陕苏区红四方面军总部联络。武志平历尽艰辛于 5 月 21 日到达川北苦草坝的红四方面军总部所在地。见到了张国焘、陈昌浩、曾中生等领导，也见到了张琴秋。因为张琴秋的功勋卓著，名扬苏区，甚至在国统区里也有很大影响，当然国统区有关张琴秋的传说，都是妖魔化了的。所以，国统区不认识张琴秋的人，都对她非常好奇。武志平在川陕苏区的日记中曾经写到第一次见张琴秋的情景：

> 今天见到了张琴秋，我感到她是一位很有修养的革命家。她蓄着短发，穿着很整洁的哔叽制服。她一边招待我们，一边询问白区的情况。晚间我已躺在铺上，张复来告我："苦草坝方面（红四方面军总部）负责同志打来电话，希望和你很快见见面，并指示我们好好招待你。"我答应明天一早就起身。[①]

可惜武志平的日记没有说明日期。但是这段文字说明，当

① 谢燕：《张琴秋的一生》，浙江人民出版社 2018 年 5 月版，第 75 页。

时武志平是先到达红江县的，而且是张琴秋接待他的，所以武志平在日记中讲到张琴秋告诉他，总部的领导希望尽快和他见见面。因此，张琴秋和武志平见面，应该是武志平 1933 年 5 月 21 日到达苦草坝之前。1933 年 6 月底，川北的天气已经炎热起来，红四方面军在川陕革命根据地已经取得决定性胜利。为了巩固胜利果实，巩固革命根据地，扩大红军队伍，增强红军的军事实力，红四方面军在空山坝彻底打败田颂尧以后，紧接着在旺苍县木门寺召开会议，史称“木门会议”。参加会议的有张国焘、陈昌浩、徐向前、张琴秋、王树声、李先念等 100 多位红四方面军的高级干部。会议开始之时，张国焘依然以肃反为威慑，将不少红军干部作为反革命分子抓起来杀害。其中任炜章就是当场被保卫局抓走的。会议上,大家在忍无可忍的情况下，对川陕革命根据地的肃反提出了质疑，强烈要求在部队内部停止肃反，据说，会议上陈昌浩看到这种情况，头脑也冷静下来，承认抓错了人,同意将抓错的人放回去。陈昌浩态度的改变,“使得木门会议最终作出了停止军内肃反的重大决定。”[①] 所以,后来徐向前回忆说:“木门会议，在抵制张国焘的罪恶‘肃反’上，取得了胜利,意义非同小可。”[②] 这个决定,使后来不少人免遭不测。这次会议上，张琴秋看到了年轻的陈昌浩勇于承认并纠正错误的另一面。

但是，张国焘对曾经和他有过意见的人，不管你是不是出于公心，他总是耿耿于怀，等待时机，进行报复。不久，曾中

① 姚金果、苏杭：《张国焘传》，陕西人民出版社 2000 年 6 月版，第 408 页。
② 徐向前：《历史的回顾》，解放军出版社 1988 年版，第 298 页。

生、旷继勋等陆续被张国焘在肃反扩大化中杀害。而张琴秋在红江县工作做得有声有色时，张国焘突然免去张琴秋的县委书记职务，让她停止工作，回到总部等待安排。对张琴秋在红江县的工作，徐向前曾经说过，张琴秋和曾中生他们一样，“都是很尽职的”。然而，因为小河口会议，张琴秋参与曾中生他们对张国焘提意见，张国焘就时不时整一下张琴秋。所以正当张琴秋在红江县马不停蹄地开展工作时，突然接到立即回总部的通知。于是张琴秋安排好县委工作以后，立刻带着警卫员赶回驻扎在得汉山城的红四方面军总部。张国焘没有露面，而是由陈昌浩出面找张琴秋谈话。其实谈话，也没有多少话好谈，陈昌浩例行公事，对张琴秋说：“今天，总部让你来，是向你宣布，解除你的一切职务。现在你去后勤部报到吧。”陈昌浩说完，走了。张琴秋一下子浑身凉透了，为什么？她无论如何都想不通，她哪一点对不起党组织？对不起红军？她已经把自己的一切献给自己的信仰，献给红军，献给共产党的事业了！自己风餐露宿生生死死，都是为了民族的解放和人民的幸福，没有自己半点私利。自从沈泽民把她引导走上革命的道路以后，她从来是无怨无悔，一心一意，跟着红军，跟着共产党。张琴秋静下来以后，思前想后，恨不得把自己的心掏出来给领导看！她给总部写了一份材料，交给陈昌浩，表明自己的态度和立场。不过，后来这份声明在政治部的《干部必读》上登出来时，已经改得面目全非。

张琴秋在等待分配工作时，心情极为复杂，她有时住在赤北县的景家湾，有时住在得汉城。她在什么事也没有的情况下，只能无奈地等待。她听到有人在说，旷继勋、余笃三都已经被处决了，曾中生也被抓起来了。听到这些消息，张琴秋多少也有些恐慌和担心，自己会不会也被张国焘处理掉？战争年代的血腥往事，让张琴秋多少有些恐惧的同时也有些不甘！革命还没有成功，自己就这样不明不白地被自己的队伍处理掉？张琴秋想得很多，但这一切让她感到无奈！

在苦苦等待中，终于等来了通知，让她去红四方面军总医院担任政治部主任。这已经是1934年的春天了。

三、红四方面军总医院政治部主任

张琴秋接到让她去红军总医院的命令时，心中五味杂陈。她这两三年来，工作一直在变化，先是在彭杨学校从事红军教育工作。后来去地方担任县委书记，从事土地革命和发动群众的工作，随着形势的变化，红四方面军总部领导决定让她去红七十三师担任政治部主任，从事部队的思想政治工作。小河口会议以后，总部让她担任红四方面军总政治部主任，但是，不到半年，让张国焘调整下来，去红江县担任县委书记。正当张琴秋看到川陕革命根据地形势日益好转时，突然又让她离开红江，现在又让她去红四方面军的总医院担任政治部主任。张琴秋思想上感到有一种无形的压力，现实中明显感觉到张国焘对自己的不信任，有时想起来还有点恐怖。那些和张琴秋一起向张国焘提意见的人，已经被张国焘处理得差不多了！张琴秋有时甚至想：张国焘对自己的这种不信任，是不是因为沈泽民在鄂豫皖革命根据地常常与张国焘斗争的缘故？沈泽民是一个非常真实的人，他对革命的信仰从来都是非常坚定的，沈泽民的为人从来都是光明磊落的，在党内不会玩弄权术，自然沈泽民对中国革命的认识，现在张琴秋想起来，觉得还是可爱的，但是，谁生下来就是一个天生的先知先觉的革命家呢？不经过实践，谁都有可能走弯路！张琴秋现在要去红军总医院工作了，她又想起沈泽民的病，离开鄂豫皖根据地以后，夫妻俩再也没有联系过，不知道沈泽民怎么样，也不知道他在哪里。只是在更深夜静时，她在心里表达一种牵挂！

就在张琴秋去红军总医院报到前，总政委陈昌浩找张琴秋谈了一次话。并心情沉重地告诉张琴秋一个不幸的消息：沈泽民在鄂豫皖苏区牺牲了。他们留下来的部队打仗打得非常残酷，红军队伍不知道在鄂豫皖地区的哪个大山里，到处是国民党的兵和反攻倒算的地主土匪……张琴秋听到这个不幸的消息，失声痛哭！她问陈昌浩：是什么时候死的？陈昌浩也不清楚具体时间，便说："大概是去年11月吧。"张琴秋泪如泉涌。陈昌浩说："泽民同志是我们党的好同志啊！"见张琴秋还沉浸在悲痛中，便站起来说："琴秋同志，我们为了革命，为了民族的解放，为了老百姓的幸福生活，已经有千千万万的同志献出了他们的宝贵生命，泽民同志是其中一位。接下去你还有许多工作要做，我们的敌人还没有消灭，你振作起来吧！"陈昌浩知道，任何安慰的话，对张琴秋来说，都是多余的。所以，说完以后，陈昌浩走了。

张琴秋是忍着失去沈泽民的巨大悲痛到红军总医院工作的。

红四方面军的红军总医院是负责全军卫生事业的专门机构，同时，它又担负着红四方面军各个部队伤病员的治疗任务。红四方面军总医院的建制，在1929年5月就在湖北黄安县刘家园成立。当时只有一个中医，一个西医，非常简陋。半年以后，天津海军医官学校毕业的苏井观参加红军以后，被鄂豫皖苏区领导派到这个红军总医院来当院长。在苏井观的管理下，红军总医院由小到大，慢慢地发展起来。苏井观是1928年入党的年轻医生，他参加红军以后，一心一意救死扶伤抢救红军伤病员，把自己所学的医务知识全部奉献给红军总医院。后来红四方面军离开鄂豫皖根据地，红军总医院也随着红四方面军走了。红四方面军在川陕根据地立足以后，发展很快，总医院的发展同样很快，医院的规模不断扩大，除了总医院之外，还有5个分院，医务人员近千人。苏井观为了培养医务人员，专门成立一个医院的附属学校，培养医务人员。

张琴秋到红军总医院时，总医院已经从鹦哥嘴搬到了沙溪镇的王坪村。王坪村位于通江县城东60公里左右的地方，地理位置独特险要，它的东边是川北门户竹峪关，西边是苦草坝，西北部是空山坝；而且王坪村的四周大山绵延，沟壑纵横，背靠大城寨，面对蜿蜒曲折的沙溪河，左边是悬崖峭壁的铁炉沟，右边是观音崖，同样是绝壁万仞的险要之地。王坪村不小，民居、祠堂、庙宇等分布在长约2公里，宽约1公里的缓坡地方。所以王坪村的地理位置十分适合红军总医院的生存发展。此时，红军总医院的院长是苏井观，张琴秋的到来，让苏井观感到格外高兴，以前两人虽然没有直接交往，但是也知道对方的一些情况，张琴秋知道苏井观是位有专业特长的红军，而苏井观知道张琴秋是红军中赫赫有名的领导，所以苏井观是抱着十分热情和欢迎的态度来迎接张琴秋的。

苏井观向张琴秋介绍完工作以后，便带着张琴秋去总医院各处看看，了解情况。当时总医院总部在王坪村杨树湾，政治部也在不远处，中药房、俱乐部在廖坪，分药厂在党家院子和桑丝坪，护士学校在下新房。医务部、西医部、手术室等都搬进了新房子。当时的护士连长是谢朝明，中药部主任是丁世芳。张琴秋了解了红军总医院的工作性质、工作重点以后，就和苏井观商量如何进一步办好红军总医院。苏井观比张琴秋小一岁，但是两人合作非常愉快，商量工作，常常彼此看法一致，相处中两个人彼此鼓励彼此欣赏。所以张琴秋在红军总医院工作的阶段，虽然失去她至爱的亲人沈泽民，但这段时间，是她工作最顺心顺手的时候。

当时，红四方面军正处于反六路围攻最紧张的时候，红军的伤病员源源不断地从前方送到总医院，医药严重缺乏，医务人员严重缺少。伤病员的不断增加，让张琴秋和苏井观感到十分焦虑，怎么样才能解决这个问题？张琴秋深入伤病员中间，了解到目前最大的问题是给伤病员手术时，没有麻醉药，这些从战场上下来的战士，死都不怕，但是手术时没有麻醉药，他们痛得受不了！所以一进病房，里面什么样的嚎哭都有。张琴秋看到这些战士的痛苦，心情十分难过，问苏井观有什么办法。苏井观告诉她，可以采中草药来制作麻醉药，王坪村附近都是崇山峻岭，中草药资源非常丰富。但是，现在很少有人有时间去采中草药。于是，张琴秋马上召集医院工作人员开会，马上安排人上山去采中草药。经过一段时间的努力，伤病员手术用的麻醉药短缺问题得到缓解，伤员病房里也安静了不少。张琴秋组织医院工作人员上山采中草药的过程，也培养了不少人才，让他们在艰苦的环境里学到了不少中草药知识，因此他们就地取材，解决了医药短缺问题，有效抵制国民党的封锁。据说，有一次，张琴秋他们上山采中草药，路过山里一户人家，破破烂烂的，张琴秋她们进去一看，发现一个老人躺在床上，打摆子，浑身发抖。张琴秋让随行的护士用几种中草药熬成汤药，让老人喝下去。一会儿，老人不发抖了，张琴秋她们就告别老人，又消失在崇山峻岭里了。后来，老人的家人回来，发现老人的病已经好了，一问，才知道有人来，让他吃了草药，立刻就病除了。让这户人家百思不得其解的是谁对他们这样好呢？有一个女的，带着两个女的，那一定是观世音菩萨显灵！这件事，一传十，十传百，当地老百姓把张琴秋她们当作“活观音”。

有一次，总医院发现一所分院的一些药品用完了，而现在急需要用。张琴秋一听，立即牵来自己的白马，冒着大雨，亲自送药到分院。在走到一条叫小平溪的河边，大雨加上山洪暴发，河水大涨，阻挡了张琴秋的去路。这时，大雨滂沱，白马嘶鸣，河水汹涌，张琴秋心急如焚，紧紧拉住马缰，扬起鞭子，大喝一声，白马驮着张琴秋和药品，一跃而起，飞过奔腾汹涌的小平溪，到达对岸。让看到的人目瞪口呆！后来，当地人民为了怀念张琴秋，将小平溪称为“跃马溪”。

张琴秋了解到，由于张国焘的肃反扩大化，红军总医院的医生很难找，一些有特长的老中医，不敢来也不肯来，担心会被张国焘肃反掉。有一次，张琴秋表扬了中医阎文仲，阎文仲表示，他师傅的技术比他不知道好多少！张琴秋进一步了解到，阎文仲的师傅是个民间中医高手，有十多个徒弟，他叫杨成元。因为过去有过为国民党工作的经历，所以红军来了以后，就躲到深山老林去了。张琴秋了解了情况以后，开始让中共沙溪嘴区委书记阎仕金去请杨成元，阎仕金三次进山，杨成元不为所动，不肯出来。后来张琴秋在阎仕金的陪同下，进山请老中医杨成元出来。开始杨成元不肯见张琴秋，后来为张琴秋的诚意所感动，愿意下山去红军医院工作。此时，杨成元已经 71 岁了。杨成元来了，他是从张琴秋的共产党人风格里感受到张琴秋的真心诚意的。所以老中医杨成元到了红军总医院以后，影响了一批有中医专长的人，他们也纷纷参加红军的医疗队伍，为红军服务。如九层的阎侣丰、何光旬，文溪口的周致和，弯柏树的戚云芳等医生，都来红军医院了。杨成元老人在红军总医院发挥了巨大的作用，张琴秋和苏井观他们商量，一定要保证这些老中医的工作条件，在他们去分院出诊时，提供当时最好的交通条件，允许配坐骑。张琴秋还把组织配给自己的白马送给杨成元，以便老中医出门看病。后来杨成元在红军长征时，老人家不顾家人劝阻，坚持和红军一起转移。1935 年因病牺牲在长征途中。临终时，杨成元说："我古稀之年得遇知音张琴秋主任，得以参加革命，我死值得，死而无怨。"在张琴秋的工作下，一些国民党投诚过来的医生，经过教育以后，张琴秋也大胆使用，有一些医生经过红军部队的锻炼以后，进步很快，不久就成为红军总医院的骨干。如学西医的医生向桂林，觉悟提高很快，医疗技术水平很高，后来很快成为红33军医院的院长。这些，都与张琴秋的人格魅力和辛勤工作分不开。

张琴秋在红军总医院工作，常常在伤病员的床前了解他们的情况，力所能及地及时解决他们痛苦。有一次，张琴秋发现一个伤病员不想吃饭，问这个小战士，是不是想家了？是不是饭不好？小战士摇摇头。小战士告诉张琴秋，没有泡酸菜，他吃不下去。张琴秋恍然大悟，原来这里是川北革命根据地，四川的战士都想吃泡酸菜的。后来张琴秋让厨房师傅多做一些泡酸菜，这些年轻的伤病员高兴得不得了，终于吃到喜欢的泡酸菜了。

战斗越来越激烈，伤病员也越来越多，张琴秋发现这些年轻的战士负伤以后，心情常常反复无常，情绪变化很大，这些都不利于康复。于是张琴秋和苏井观、周光坦等总医院领导商量，利用医院的俱乐部，办起一个新剧团，组织医院的医务人员和康复的伤病员排练节目，到分院去演出，节目虽然简单，但是非常鼓舞人。据说苏井观也是一个文艺青年，当时他帮助张琴秋一起做这些宣传工作，如教伤病员唱《青年进行曲》《抗日救亡之歌》《共青团之歌》《八月桂花遍地开》等。当时川北地区流行抽大烟，严重影响川北人民的身体健康，是川北的一大祸害。张琴秋她们在红军总医院编排了一个《烟鬼》话剧。张琴秋亲自上场，扮演了烟鬼的老婆。后来这个话剧在毛浴镇公演。受到老百姓的欢迎。在组织文艺活动以外，张琴秋在红军总医院创办了油印的《血花报》，每周一期。

尽管张琴秋把红军总医院搞得有声有色，但是，战斗每天都在发生，伤病员源源不断地被送进来，每天都有年轻的战士牺牲在医院，他们血人似的，每天都在与死神战斗，有的今天进来了，半夜里就牺牲了。有的刚送进来以后，手术了，但是回天乏力，最后还是走了。有的送到医院，年轻的小战士就已经牺牲了，有些小战士，还只有十多岁，就牺牲在敌人罪恶的枪口下。这些牺牲的战士，张琴秋是眼看着他们牺牲的，他们当中大部分都没有留下名字，不知道他们的父母在哪里，不知道他们是哪里人。张琴秋眼看着连一副棺材板都没有来埋葬这些红军战士，常常心如刀绞！她要在这个地方，为这些牺牲了的年轻的红军战士做点什么事，让后人永远记住他们！

张琴秋召集红军总医院领导开了一个会议，把自己准备为牺牲的红军战士建一个烈士墓的想法，告诉大家，听取大家的意见。结果，苏井观、周光坦等总医院领导一致赞成，于是，张琴秋开始夜以继日地工作，为建立烈士墓，张琴秋亲力亲为，为 7800 名烈士的安息，她亲自选址，最终选定了王坪的一处满目青翠的缓坡地带，作为烈士墓地。紧接着，张琴秋亲自和有关人员设计烈士墓的墓碑。红军总医院请来 20 多位能工巧匠，为王坪烈士墓园设计建造，其中有当时川北有名的石匠罗吉祥等，当时张琴秋天天在烈士墓园建造现场，她把牺牲的每一位红军战士当作自己的亲人。所以墓地建造过程中的每一个细节，她都亲自过问，亲自动手，直到自己满意、放心为止。张琴秋还亲自设计王坪烈士墓园的墓碑，她亲自选用当地最好的石材青绵石作墓碑，还设计了墓碑的碑帽、碑身、碑座。帽高 0.87 米，

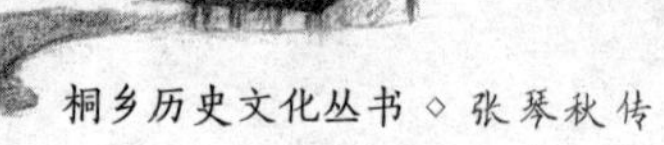

呈塔状，顶部嵌一大一小的两球形帽，四角微翘；碑身高 2.2 米，宽 0.6 米，厚 0.69 米。主碑高 3.87 米。主碑的正中竖刻着“红四方面军英勇烈士之墓”，两侧刻着联句：上联是“为工农而牺牲”，下联是“是革命的先驱”。横批“万世光荣”。墓碑左右两侧分别刻着手枪、步枪、红星、麦穗、葵花等图案。墓碑的基座高 1.5 米，宽 1.62 米，厚 1.24 米，墓碑的基座上，刻着镰刀、斧头、五星和花纹。张琴秋当时特地设计成镰刀斧头朝下，让那些躺在地下的红军战士能看到镰刀斧头这个标志。墓碑两侧，张琴秋还用石头雕凿了两门迫击炮，表示红军战斗的坚强意志。墓碑前安放了石板供桌。

张琴秋亲自设计的烈士墓碑

整个王坪烈士墓园建成以后，陵园内种了四季常青的松柏，在后面的青山衬托下，王坪红军烈士墓园格外庄严雄伟！据说，张琴秋为了书写墓碑的对联，虔诚、敬重、激动得难以自已，让人打来干净的井水，双手浸泡在水里许久，揩干以后，再握笔书写，一气呵成！

王坪红军烈士墓园落成典礼如期举行。红四方面军的所有领导张国焘、陈昌浩、徐向前以及红军总医院的同志，怀着对牺牲了的红军指战员的怀念之情，都来参加落成典礼。在《国际歌》歌声里，每个人都在缅怀已经长眠在这里的战友！对张琴秋建红军烈士墓园的壮举，表示了极大的敬意！

王坪红军烈士墓园落成以后，张琴秋又马不停蹄地去做另一件事关老百姓生活的好事，从王坪红军总医院到得汉城的路上，要经过好几条溪河。这些溪河，天不下雨，很温柔。但是天一下雨，立刻咆哮汹涌起来。所以那些老百姓在下雨时就无法通行。张琴秋看到这样的情况后，与当地党组织联系，利用战斗空隙组织红军战士，在主要的山道上修建一座桥。张琴秋想得非常周到，建桥时，在桥墩下面留下一个小空洞，放一些银元。如果有朝一日桥坍了，可以让后人把银元挖出来，重新修建这座桥。后来，当地老百姓把张琴秋主持修建的桥，称为“红军桥”。

当时，川陕革命根据地虽然建立起来了，但是国民党的小股部队、四川地方上的土匪常常骚扰红军驻地，打冷枪、袭击红军等事件时有发生，红军总医院和七个分院，常常是敌人袭击的目标。所以张琴秋除了做好医院的队伍建设、药品采购等工作之外，还要和敌人进行战斗，打击敌人的进攻。在陕南战役开始前，红四方面军任命张琴秋为妇女独立团团长，接任曾广澜。陕南战役是在宁强、沔县（今勉县）地区进行的。妇女独立团的任务是在红四方面军总部驻地旺苍坝至苍溪县西部的永宁铺一线运送弹药和其他军需物资。张琴秋接到任务以后，立即召开会议，动员妇女独立团的全体人员，要求保证完成任务。从旺苍坝到永宁铺有70多公里，而且崇山峻岭，全是山路，行走十分艰难。张琴秋决定不分昼夜连续行动，有的背，有的扛，有的挑，有的抬，一个紧跟一个，到了晚上，点起火把，在崇山峻岭中形成一条火的长龙，十分壮观！张琴秋始终和妇女独立团的战士在一起，休息时，她指挥大家唱歌，让歌声驱祛战士的疲劳，振奋红军战士的精神。所以尽管任务艰巨，这些女战士斗志十分高昂。最后，妇女独立团圆满完成了红四方面军交给的任务。

张琴秋在川陕革命根据地的岁月，是她革命生涯中的一个重要阶段，在这个阶段中，张琴秋看清了张国焘的本性，她从红四方面军政治部主任降到红江县县委书记，从红江县县委书记转到红军总医院政治部主任，到妇女独立团团长，丈夫沈泽民牺牲在鄂豫皖苏区，等等这些，让30岁不到的张琴秋经受了一次次的考验。张琴秋这位红军女将领，为了工农大众的解放，为了自己的马克思主义革命信仰，她把自己全部交给共产党的革命事业了。张琴秋在川陕革命根据地留下的不朽功勋，人民永远不会忘记的。

第五章　艰苦卓绝的西路军时代

最苦西路军。

长征途中，张琴秋和陈昌浩结为夫妻。作为西路军政治部的组织部长，张琴秋身怀六甲，依然转战在河西走廊的崇山峻岭，经历了强渡嘉陵江和艰苦卓绝的长征。经历了红四方面军的惨败和隐姓埋名的逃亡，本来风华正茂三十多岁的张琴秋，在血雨腥风的岁月里，成为一位连熟人都不敢相认的老媪！都是革命的意志，共产党人的信仰，为民族解放的理想，在张琴秋心中燃烧，所以，兵败祁连山以后的张琴秋依然矢志不渝！

一、强渡嘉陵江前后

1934 年 10 月 10 日，党中央率领中央红军主力五个军团以及中央、军委机关和直属部队共 8.6 万人，分别从瑞金、雩都地区出发，撤离江西中央苏区，被迫实行战略大转移，开始了举世闻名的红军万里长征。长征途中，红军突破国民党的层层包围，打破了敌人的四道封锁线，进入贵州，并继续北上。1935 年 1 月中旬，中央红军抵达贵州省的遵义，中共中央在那里举行政治局扩大会议，毛泽东、周恩来、朱德、陈云、张闻天、秦邦宪、刘少奇、王嫁祥、彭德怀、邓小平等20多人参加会议，会议总结了前段时间的工作，批评了第五次反“围剿”和长征以来中共中央在军事领导上的错误，肯定了毛泽东等人关于红军作战的基本原则。会议取消了博古、李德的最高军事指挥权，“决定以洛甫同志代替博古同志负总的责任。”决定军事由周恩来负责，毛泽东协助，之后又形成了由周恩来、毛泽东、王稼祥组成的三人小组，负责军事行动。这次会议结束了王明“左”倾冒险主义在中央的统治，确立了以毛泽东为代表的新的党中央的正确领导，在极端危险的历史关头，挽救了党，挽救了中央红军。

此时的红四方面军风头正健，从1933年12月到1934年9月，红四方面军经过十个月的奋战，粉碎了刘湘等敌人的六路围攻，打死打伤敌人6万，俘虏敌人2万余人。缴获枪3万余枝，炮百余门，击落敌人飞机一架。①这些红四方面军广大指战员用鲜血换来的战斗成果，让野心勃勃的张国焘更加刚愎自用，内心充满了自负！11月1日，红四方面军总部在通江县毛浴镇召开党政工作会议，连以上政治工作干部800多人参加会议。陈昌浩主持会议，张国焘作形势和任务的政治报告和总结，陈昌浩作党政工作报告，徐向前作军事工作报告。会议开了9天。明确了红四方面军目前的中心任务：“在坚决的进攻路线之下，彻底消灭刘湘，冲破川陕反革命的‘川陕会剿’来汇会红二、六集团军、中央苏区红军，争取苏维埃新中国的实现。”②后来，又

① 姚金果、苏杭：《张国焘传》，陕西人民出版社2000年6月版，第429页。

② 《中国工农红军第四方面军战史资料选编》（川陕时期·下），解放军出版社1993年版，第316页。

在清江渡召开会议，进一步明确军事行动计划。这两次会议，张琴秋应该都参加了。所以从此以后，红四方面军的主要任务，就是配合中央红军行动。后来在广昭战役开始时，中央来电，希望红四方面军钳制刘敌，集中红军全力向西线进攻。并且要求“于最近时期,实行向嘉陵江以西进攻。”[①] 由于广昭战役并不容易，收到电报以后，徐向前和陈昌浩思考再三，决定放弃原定战役企图，下令撤广、昭之围，执行西北革命军事委员会的决定,准备强渡嘉陵江,策应中央红军。后来,徐向前回忆说:“这就是说，红四方面军的主力，将离开川陕根据地，向嘉陵江以西发展。”[②] 紧接着,1935 年 2 月,红四方面军开始发动陕南战役,消灭敌人 4 个多团以及一批地方民团，俘虏 4000 余人，缴获枪支 5000 余枝。同时，开始为渡江作准备，秘密造船，在“打过嘉陵江，扩大根据地”“为迎接中央和中央红军加快造船”等口号鼓舞下，群众的积极性得到空前高涨，许多技术工人不分昼夜工作，经过一个月的奋战，造了 100 多艘木船，其中大船 30 多艘。为红军渡江作好了充分的准备。

嘉陵江是四川境内的四大河流之一，江面开阔，水深流急，两岸都是悬崖峭壁，形势非常险要。据当时指挥渡江的红三十军副军长程世才回忆:“横在我们面前的嘉陵江，就像一匹放任不羁的野马，奔腾不息，一泻千里。又像一条巨龙，被周围的高山挤压得发了怒，它咆哮着、怒吼着，扬起一个个浪头，狠

① 《中国工农红军第四方面军战史资料选编》（川陕时期 · 下），解放军出版社 1993 年版，第 379 页。

② 徐向前：《历史的回顾》，解放军出版社 1988 年版，第 393 页。

劲儿地拍打着岸边的峭崖。宽阔的江面上，大大小小的漩涡一个套着一个，向前奔流而去。两岸多是高山峭壁和崎岖的羊肠小道。”① 可见嘉陵江的天险！

1935年3月28日晚上，嘉陵江战役开始，红军乘着夜黑风大，强行渡江，在敌人的炮火攻击之下，红军不畏艰难不怕牺牲，终于在拂晓前到达嘉陵江西岸，并立即向纵深和两翼展开，一天之内向前推进70多公里，消灭刘汉雄一个旅。嘉陵江战役历时24天，总消灭敌人12个团，约1万余人。同时，红四方面军的队伍得到发展，此时的红四方面军大概已经达到十万人！

当时，根据总部的部署，在嘉陵江战役中，张琴秋带领的妇女独立团的任务是提供后勤保障服务。具体任务就是把储存在王家坝的大批军需物资运送到60公里外的永宁铺，在转移过程中，红四方面军总部又把转移几千名红军伤病员的任务交给张琴秋她们的妇女独立团。这同样是一个非常艰巨的任务，在崇山峻岭里面转移，都是羊肠小道甚至没有什么路，这些妇女独立团的红军战士，克服一个又一个困难。但是毕竟是年轻的女战士，她们在转移过程中保证红军伤病员安全的同时，自己的体力渐渐透支了，面对无穷无尽的崇山峻岭，没完没了的羊肠小道，饥肠辘辘，队伍中的战士开始有些闹情绪了。张琴秋发现这一情况以后，连忙召开会议，与营长、连长商量，认为除了各级干部带头挑重担，帮助那些体力弱小的同志之外，还要加强行军、运输军需品过程中的宣传思想工作，宣传“伤员

① 程世才：《强渡嘉陵江》，刊《艰苦的历程》，人民出版社1984年12月版，第21页。

们在前方杀敌，负了伤，流了血，我们现在吃点苦，流点汗，都是为了取得革命战争的胜利”的道理，并且安排女红军中的文艺骨干，沿途唱歌鼓劲。所以，张琴秋她们妇女独立团经过的地方，留下了艰难困苦的身影之外，也留下了她们的歌声。当时，张琴秋的这种在艰难困苦中的革命乐观主义精神，极大地鼓舞了这些女红军战士，也为嘉陵江战役取得胜利作出了贡献。

渡过嘉陵江以后，张琴秋率领的妇女独立团继续往西进军，1935 年 5 月，妇女独立团来到四川、西康两省交界的杂谷脑镇（今四川省理县城关镇），根据红四方面军总部的要求，在杂谷脑镇一带筹集粮食、食盐、茶叶、牛羊等部队生活用品。为迎接即将到来的中央红军作准备。当时这个地方都是藏民族集聚区，由于国民党和地方反动武装对红军的污蔑宣传，致使藏民群众对红军的到来非常不配合，甚至有抵触情绪。所以，给张琴秋她们妇女独立团开展工作带来困难。张琴秋针对这种情况，组织妇女独立团的女红军深入藏民中间了解情况，宣传红军的民族政策，解除藏民的顾虑。这时不少女战士向张琴秋反映，杂谷脑西北方向 2.5 公里的地方，有一座喇嘛庙被四川军阀的残余势力和地方上反动武装控制着，还常常要藏民向喇嘛庙进贡粮食等用品，拉老百姓当民伕，为他们卖命。如果不从，就施之酷刑，所以当地藏民不敢与红军接近。张琴秋决定先派人去侦查一下这个喇嘛庙。结果，侦查员回来报告说，她们看到了喇嘛庙里确实有一股残匪盘踞在那里，并且无恶不作，常常滥杀无辜。战士们都纷纷要求消灭这股残余匪徒。张琴秋认真听取了大家的意见以后，觉得红军在藏区工作，需要充分重视民族政策，她便亲自去向红四方面军总部领导汇报喇嘛庙的情况。总部领导听了张琴秋的汇报以后，决定把解决喇嘛庙的战斗，交给张琴秋的妇女独立团去完成，同时派了红三十三军军长王维舟与张琴秋共同指挥战斗。所以回到妇女独立团以后，张琴秋和王维舟一起召开动员大会，布置战斗计划。王维舟在动员会议上说：“你们都是女同志，但你们都是战斗经验丰富的红军战士，所以红四方面军总部领导相信你们，相信你们在张琴秋团长的领导指挥下，一定能够拿下喇嘛庙，消灭这些敌人！”同时王军长还强调了民族政策以及注意的事项。认为“我们攻打喇嘛庙，是要打潜伏在里面的反动军队，不是针对藏民同胞”。然后，王军长让张琴秋下达作战命令。

为了打好这一场战斗，张琴秋作了周密的部署，因为敌人在山上的喇嘛庙里，居高临下，而且喇嘛庙的工事坚固，武器弹药充足，敌人的数量虽然不多，但决不可小觑！于是张琴秋兵分三路，两路从正面佯攻，准备把敌人从喇嘛庙里面引出来打，另外一路迂回到喇嘛庙的背后，由上往下打，准备进入庙里面打。同时，为了一举消灭敌人，张琴秋选择了一个月黑风高的晚上，让红军女战士悄悄地进入阵地。为了让敌人摸不清红军的底数，张琴秋布置战斗时就告诉大家，不要说话，不让敌人知道是一批妇女独立团的红军在与他们打仗。战斗在第二天打响以后，果然不出张琴秋所料，敌人朝正面佯攻的红军进攻，一时枪声大作，敌人从喇嘛庙里冲了出来，正好不出张琴秋的预料，正当喇嘛庙里的敌人出大门打红军时，庙后面的山上也开始枪声大作，红军从后面杀出来，让庙里的敌人措手不及。已经冲出庙门的敌人回不去了，背腹受到红军的进攻，顿时敌人的阵地大乱。妇女独立团的红军士气大增，很快就将喇嘛庙里的敌人全部消灭。一场战斗，在张琴秋、王维舟的指挥下，以最小的代价取得了胜利。

战斗结束，张琴秋在总结大会上，表扬了一批女英雄，极大地鼓舞了妇女独立团的红军战士。王维舟在总结大会上，也十分感慨地说：“这次战斗打得非常漂亮，你们完成了任务，我也完成了任务。在到你们这里之前，总部领导特意关照我，让我注意两件事，一件是帮助你们避免不必要的牺牲，但是在战斗中我看到了你们张琴秋团长和你们每个战士，都非常机智勇敢，张团长指挥有方，所以取得这么大的胜利；第二件事是保护文物和执行民族政策，这次战斗中，你们做得非常好！这样，我可以向总部领导汇报了。”王军长的鼓励，让妇女独立团的红军战士受到极大的鼓舞。

二、长征，长征

强渡嘉陵江以后，红四方面军进入长征。其间，红四方面军在张国焘的领导之下，经历了艰难曲折的过程，张国焘凭着红四方面军的战斗成果，独断专行，心狠手辣，狂妄、阴险而充满着野心。张琴秋自从鄂豫皖苏区后期开始，就明白张国焘是怎么样的一个人了，她知道丈夫沈泽民也是在革命的实践中，逐步认识张国焘这个人的。所以在后期工作上，不再言听计从，而是针锋相对，对张国焘的野心和狂妄自大进行了尖锐的批评和斗争。张琴秋同样清楚，如果沈泽民随着红四方面军一起转移，说不定什么时候也是会被张国焘以莫须有的罪名清除掉。张琴秋也清楚，如果自己对张国焘的种种罪行什么时候都挺身而出，进行斗争，恐怕迟早会被张国焘清除。张国焘的一会儿抬举，一会儿打击，目的就是要让聪明能干的张琴秋“臣服”，否则就清除她！张琴秋经过与张国焘几年的相处，太了解张国焘的为人了！所以，在坚持自己的革命信仰底线时，某些场合，张琴秋也开始讲究相处艺术，尽量不让张国焘恨之入骨，张国焘布置的工作，无论是权力大还是权力小，无论是领导工作还是具体工作，张琴秋都尽量去完成，尽量去做好，让张国焘抓不住什么把柄。

同样，在长征途中，陈昌浩和张琴秋结合以后，我们也能够体会到张琴秋对陈昌浩的影响，向来对张国焘崇拜得言听计从的陈昌浩，在原则问题上，也敢于向张国焘说“不”！敢于表达自己的观点和想法。陈昌浩是红四方面军的一位高级领导人，是一位不怕死、冲锋在前的革命者，是一位对党忠心耿耿的共产党员！但是他对领导的忠心，使其成为张国焘推行自己的野心的忠实执行者。但是自从和张琴秋结合以后，陈昌浩发生了明显的变化，他对张国焘的错误，从不认识到认识，从认识到时不时反对，经历了一个明显的变化。这是张琴秋和陈昌浩在常人难以忍受的长征中于思想认识上得到的另一种收获。

张琴秋随红四方面军的长征，经历了常人难以忍受的苦难，她常常在希望和苦难中穿行，常常与死亡擦肩而过，如果没有坚定的理想信仰，没有革命必胜的信念，张琴秋恐怕是另一种人生了。

1935年5月中旬，红四方面军控制了以茂县、理番为中心的广大地区，总部就设在茂县。而同时，中央红军已经进入川康边，正经会理、冕宁北上，所以已经到达茂县的红四方面军的主要任务，就是策应红军北上，并做好迎接中央红军的准备。6月25日，张国焘率领红四方面军到达两河口镇，与毛泽东、周恩来、朱德、张闻天、博古、刘伯承等红一方面军的中央领导会师。据说，下午五时，正当大家列队隆重欢迎张国焘一行时，突然天降滂沱大雨，毛泽东和张国焘在滂沱大雨中拥抱，大家唱起了《两大主力会合歌》。第二天，中央政治局扩大会议开幕，周恩来代表党中央和中央军委作关于战略方针和军事行动方案的报告，其基本内容是夺取松潘，建立川陕甘根据地。张国焘在会上提出了自己对一、四方面军会师以后的三个所谓的战略计划，[①] 明显依仗自己人多势众，向中央提出不同意见。会上，毛泽东批评了张国焘的计划。会议一致同意了周恩来代表中央提出的战略方针。所以会后，朱德还和张国焘作彻夜长谈。6月29日，中央政治局常委会召开，决定张国焘担任中央军委副主席，徐向前、陈昌浩为军委委员。同一天还制定了下一步的行动计划。30日，中共中央和中央军委离开两河口北进。张国焘同一天返回茂县。

在两河口，张国焘对中央安排他担任军委副主席并不满意。他在两河口镇拉拉扯扯，对一方面军的主力格外热情，邀请聂荣臻、彭德怀吃饭，并且在席间主动向聂荣臻表示要拨两个团

① 姚金果、苏杭：《张国焘传》，陕西人民出版社2000年6月版，第455页。

的兵力给一方面军，补充兵员。聂荣臻事后回忆说：“两河口会议是张国焘野心暴露的起点。这时经过万里之行的中央红军，军衣破破烂烂，在张国焘眼里，还不如‘他的’队伍有战斗力。本来不管哪个方面军，都是中国工农红军，都是党的队伍，谁有战斗力都是好事，可是张国焘他动了野心。我们当时看到四方面军的队伍人员比较充足，除5万多部队外，还从川北带来一些帮助他们运东西的男男女女，总共约有8万人。张国焘把这些看成他闹独立的资本。另外，在两个方面军会合以后，一方面军中也确有人从一种不正确的动机出发，歪曲地把一方面军的情况和遵义会议的情况，偷偷地告诉了张国焘，也使张国焘起了歹心，认为中央红军不团结，他有机可乘。对张国焘这个人，过去我是了解的。他狡猾阴险，个人野心很大。所以，我对他是有警惕的。”①两河口会师以后，原来的中央战略计划因为张国焘的耽误，没有能够及时实施，延误了战机。与此同时，张国焘不断向中央要权，并且在战略问题上和中央唱反调，当时中央分析形势以后，认为张国焘率领的左路军在占领阿坝以后，要迅速向右路军靠拢，以便集中兵力消灭敌人，速出甘南。但是，张国焘不同意。当时陈昌浩和徐向前分别给张国焘发电报，认为中央的决策是对的，“目前箭已在弦，非进不可。”“弟意右路军单独行动不能彻底消灭已备之敌，必须左路军马上向右路军靠近，或速走班佑，以便两路军集中向夏、洮前进。主力合而后分，兵家大忌，前途所关，盼立决立复示，迟疑则误尽中国大事”。张国焘对陈昌浩、徐向前的电报，依然不予理睬！在

① 聂荣臻：《聂荣臻回忆录》，解放军出版社1983年版，第277至278页。

万分紧急的情况下，徐向前再三致电张国焘，认为“再延实令人痛心”！9月9日，张国焘背着中共中央，电令陈昌浩率领右路军南下，接到张国焘的命令以后，陈昌浩向毛泽东提出改变行动路线。毛泽东告诉陈昌浩，这是中央的决定，他们两个人不好推翻。于是只好召开会议，商量研究张国焘提出改变行动计划的问题，会议分析以后，还是决定北上。因为张国焘是坚决不同意两路军集中北上的，所以毛泽东把会议坚持北上的决定拟成电报，其中有“以上所陈，纯多大局前途及利害关系上着想，万望兄等当机立断，则革命之福”等语。毛泽东话语诚恳，张国焘依然不肯北上，坚持南下，可见斗争之激烈。

对此，毛泽东非常焦虑，他发现张国焘一而再，再而三和党中央背道而驰，反对党中央北上的决策，同时张国焘还在进行分裂党和红军的活动，如果再这样下去，红军内部很有可能发生冲突，一旦发生冲突，红军处境将十分危险。为迅速脱离险境，毛泽东当机立断，连夜率领红一、三军北上而去。毛泽东北上以后，张国焘更加肆无忌惮，命令徐向前、陈昌浩南下，部队又回头重新穿越茫茫草地，上一次走过时牺牲的红军战士的尸体，依然在草地里。因为张国焘的错误，红四方面军前后三次过草地，给红四方面军指战员造成巨大损失。

1935年夏天，长征途中，张琴秋领导的妇女独立团被撤销，张琴秋调任川陕省委妇女部工作。1935年8月，红四方面军第一次过草地，9月5日，又第二次过草地，就在这艰难的长征途中，张琴秋又被任命为红四方面军政治部组织部长。在政治部的组织部长岗位上，张琴秋更多地直接感受到张国焘的野心，她知道张国焘是容不下反对过他的人的，张国焘在政治上是个不正派的人，他曾经想拉拢朱德总司令，被朱德坚决拒绝。他反对党中央的战略决策，却想拉拢刘伯承，为刘伯承当场驳斥，认为张国焘这种做法不光明正大，背后搞小动作，不是正人君子所为！张国焘在分裂红军、分裂党中央的路上越走越远。1935年10月5日的卓木碉会议上，张国焘不顾朱德、刘伯承等同志的反对，另立中央，自任主席，开出一个临时中央委员的名单，还宣布开除毛泽东、周恩来、洛甫、博古的党籍。还煞有介事地要毛泽东他们将行动计划报到自己那里，以便“中央”研究。张国焘还提出“打到成都吃大米”的口号,鼓动红军指战员南下。但是，正当张国焘为南下的胜利沾沾自喜时，蒋介石以六个旅的兵力反扑，百丈关一战，张国焘的成都大米吃不到了。实践证明，毛泽东关于南下是没有出路的论断是正确的。1935年的冬天,红四方面军面临着十分残酷的环境,南下的错误日渐明显,当红军被蒋介石的包围封锁之后,10月24日,红军翻越夹金山,不少红军战士冻死在雪山上,或者得了雪盲症，什么都看不见,张琴秋为红军目前的这种状况感到无比痛心。南下的代价太大了。

所以她在工作上和陈昌浩的接触，有了更多的话题，尤其是关于南下还是北上问题上，陈昌浩也是主张北上的，但是在张国焘的命令下，陈昌浩只好服从张国焘的南下命令，但是南下的失败事实教训了陈昌浩。所以当时毛泽东率领红一、三军北上时，徐向前、陈昌浩的态度是红军坚决不打红军。后来张国焘另立中央时，一向支持张国焘的陈昌浩也没有推波助澜。张琴秋也看到了陈昌浩的另一面。此时，林育英带着共产国际的“八一宣言”回到国内，这个“八一宣言”，就是《为抗日救国告全体同胞书》，但张国焘依然不改其错误，继续向党中央叫板，十分狂妄。党中央在1936年1月22日作出决定，取消张国焘的所谓“中央”，认为他的这种做法，“无异于自绝于党，自绝于中国革命”。林育英也致电张国焘、朱德，明确指出：“共产国际完全同意于中国党中央的政治路线。”瓦窑堡会议以后，中央向张国焘转达了会议精神。事实已经证明，张国焘搞分裂另立中央是不得人心的，当时与他一起南下的朱德、刘伯承、徐向前一致反对，连过去支持他的陈昌浩也改变态度。2月14日，中央再次指示张国焘北上，红四方面军领导讨论结果，同意北上。张国焘看到共产国际的态度也是让他北上，于是只好同意北上。1936年2月中旬，南下的红军分三路撤离天全、芦山、宝兴地区，向道孚、炉霍、甘孜方向进发。红军翻过夹金山，跨过铁索桥，爬过大雪山，历尽千辛万苦，于3月1日到达道孚县，3月15日攻克炉霍，红四方面军总部机关就驻扎在炉霍县。此时，红二、六军团正在向红四方面军总部靠近，于是红四方面军开始迎接红二、六军团的红军指战员。5月25日，中央致电张国焘，分析了当前的形势，希望红四方面军会合红二、六军团以后，迅速北上。6月6日，张国焘召开会议，宣布取消第二“中央”，至此，张国焘的闹剧才收场。1936年7月1日，任弼时、贺龙、关向应率领的由红二、六军团组成的第二方面军集结于甘孜，与红四方面军胜利会师。7月初，红二方面军和红四方面军先后开始北上。对红四方面军而言，这是第三次过草地了！作为红四方面军政治部的组织部长，和陈昌浩结婚以后，张琴秋依然和以前一样，关心同志甚于关心自己。当时的红军女战士王定国，在过草地时掉队了，随时都有牺牲的可能。正在进退两难时，张琴秋骑着马过来，看见这个小红军，赶快下马，让王定国将背包等东西给她，让王定国拉住马的尾巴，随着马一起拖过去。突然，马也陷入草地的泥沼里，王定国渐渐体力不支，张琴秋自己也精疲力尽，但是，张琴秋在这危急之时，情急之中，让王定国紧紧拉住马尾巴，自己突然朝马身上猛抽一鞭，军马立刻一跃而起，终于跃出泥沼，让王定国脱离了险境。这时，张琴秋的警卫员从后面赶来，见张琴秋和王定国两个人浑身上下都是烂泥，连忙从包里取出衣服给张琴秋换，张琴秋看看王定国瘦小的身体和湿透的衣服，连忙把衣服给了王定国，要她赶快换上。王定国在晚年回忆这件事时说：

记得1936年，红军长征过草地的时候，一次，我面前出现了一大块泥沼，前边的同志已经过去了，我个子矮，又背着行李，担心没进泥潭，正望着黑水为难时，张琴秋同志恰好骑马过来。她下马来帮我想法子。最后决定，她骑着马驮着我的行李，在前面探着路走；我空身在后面揪住马尾巴走，双脚探不到底时，就漂浮着行进。并一再叮嘱我，不要慌。我们就这么小心翼翼地开始行进了。没想到，马匹涉过深水区向浅泥处爬坡时，马蹄打滑，几次都上不去。我紧紧揪住马尾巴，身上已经湿透，脸上也溅满了泥浆，我倒没慌，张琴秋同志却慌了，她担心我松手被泥潭暗流冲走，回身探着手来拉我上去。我们两个人一匹马，在泥浆中挣扎了好半天，终于爬了上去，脱险后，互相望着满身满脸泥浆，不禁相对大笑。她的警卫员寻过来，脱下自己的干衣服要她换上；她为了把干衣服让给我，便说自己身体“结实”，我太“单薄”，她是领导，又是大姐。推让了半天，我低头忍着泪，还是按命令换上了。张琴秋同志就是这样克己让人，爱护同志如同手足。时隔半个世纪了，直到今天我一想起这件事，心里还是酸酸的。①

艰苦的红军长征，已经是八十多年前的往事了，但是在当年这些红军指战员的记忆里，是永远抹不去的。曾经是张琴秋勤务员的赵瑛是一位经过长征的女战士，她曾经回忆说，当时红军战士不知道草地的危险，后来发现人在草地上一旦陷下去，就无法拔出来，“开始时不知道往下陷，有的同志陷下去无法营救”，只能眼睁睁地看着自己的战友陷在草地里，牺牲了。

1936 年 7 月，红四方面军在阿木柯河畔，接到中央来电，7 月 27 日，批准成立中共西北局，西北局的委员有 20 名，张琴秋也是其中一名委员。西北局的成立，打破了张国焘的个人专权，维护了党的领导地位，保证党中央方针的贯彻和北上部署的顺利实施。②

在长征途中，红军要经过藏区，为了让红军指战员能够了解藏民族的生活习惯，宗教风俗习惯等，红军专门利用打仗的

① 王定国：《跃马持枪女将军》，刊《人民日报》，1988 年 5 月 26 日。

② 傅钟：《回忆长征中的张琴秋》，刊《中共党史资料》第 44 期，见浙江省桐乡市政协编《张琴秋纪念文集》，第 72 页。

空隙组织红军战士学习这方面的知识，以便在藏区更好地开展工作。张琴秋利用自己在莫斯科中山大学学习过的马克思主义宗教理论，专门在红军组织的学习中作辅导讲解，受到红军指战员的欢迎。据说，当时红军会师以后，川陕省委书记周纯全通知张琴秋，组织上调她去党中央，另行分配工作。其时，党中央派来李富春、林伯渠等慰问团慰问四方面军，省委书记告诉她，慰问团回去时，张琴秋可以和他们一起走。但是，整天在根据地忙碌着筹集军粮的张琴秋竟然错过了时间，慰问团回去了，她还没有回来。让她失去了一个离开红四方面军的机会。如果张琴秋去了党中央工作，她后来的人生历史将会重新书写。

在长征中，张琴秋既要经历草地、雪山的苦难，还要在张国焘这个人的领导下工作，委屈，斗争，保护红军的力量，她用自己的智慧，反对张国焘的野心和阴谋。当时，一方面军的红五军，三十二军随红四方面军一起行动，张国焘对一方面军的红军指战员极不信任，多次企图拆散兼并之，三十二军政委何长工专门找到政治部组织部长张琴秋，希望张琴秋做陈昌浩、周纯全的工作，不要让张国焘的阴谋得逞。后来在张琴秋的努力下，张国焘的阴谋没有得逞。何长工同志晚年曾经说："长征期间，多亏张琴秋同志不露声色、细致耐心地做工作，才使红三十二军的2600多人得以完整保存下来，在后来红四方面军和红二方面军会师时，划归红二方面军建制，继续为中国革命作出贡献。我们三十二军了解这个情况的同志都十分感激张琴秋同志。"①

① 谢燕：《张琴秋的一生》，浙江人民出版社2018年5月版，第100页。

在艰苦卓绝的战争环境里，张琴秋和陈昌浩朝夕相处一段时间以后，终于走在一起了，1936年7月，也就是中央来电成立西北局前后，两人有了正式的夫妻名义。然而，两人依然忙碌于军事政治工作，并没有多少时间在一起，只是两人在艰苦环境中建立起来的爱情，相互又多些牵挂。况且当时张琴秋已经有了陈昌浩的孩子,有了身孕。因为紧接着红军要再次过草地，作为政治部组织部长的张琴秋依然日理万机，无暇顾及自己的身体。而陈昌浩也马不停蹄地奔波在阵地上，因此，两人聚少离多，只有相知，无法浪漫。

1936年9月16日至18日，西北局在岷州三十里铺的红军总部召开会议，讨论军事行动问题。朱德、陈昌浩主张北上静宁、会宁地区，会合一方面军，一起与敌人决战;张国焘则认为，既然一方面军主力不能南下，四方面军单独在西兰大道地区作战，十分不利，所以他主张西渡黄河，进据古浪、红城子一带，伺机策应一方面军渡河，夺取宁夏，实现冬季打通苏联的计划。当时双方争论不下，只好将两种意见报告中央。后来，经过争论，张国焘也同意了北上的计划，1935年9月18日，朱德、张国焘、陈昌浩联名向在漳县的四方面军前敌总指挥部发布《静会战役纲领》，但是，张国焘虽然同意这个计划，但是在实际行动中，又另搞一套,擅自命令已经北上的部队转向西进。据陈昌浩回忆:

岷州会议是西进与北上的争论。张国焘是不会合的。会议开了好几天，张国焘坚决主张向青海之西宁进军，怕会合后他就垮台了。我们坚决反对西进，与他争。他最后以总政委的身份决定西进，决定后就调动部队。那时，我和朱总司令、刘伯承都谈过了，无论如何要会合，甘孜会议的决定不能在半路上违反。向前那时不在，可能他先到的漳县。我认为张国焘的决定是错误的，我有权推翻他的决定，即以四方面军总指挥部的名义下达命令，左翼部队停止西进，准备待命；右翼部队也停止西撤。

命令下达后，张国焘就知道了。他深夜三点多钟找我来了，谈了三点：(1)我无权改变他的计划；(2)命令是错误的，今天革命形势应该保存四方面军；(3)会合后一切都完了，要我们交出兵权，开除我们的党籍，军法从事。说到这里就痛哭起来。我当时表示：(1)谁有权决定，要看是否符合中央要求，而你的决定是错误的；(2)必须去会合，会合后就有办法了，分裂对中国革命是不利的。我们是党员，错误要向中央承认，听候中央处理，哭是没有用的。①

这是陈昌浩与张国焘共事以来，第一次发生尖锐的冲突。但是张国焘还是坚持自己的行动方案，并且告诉朱德，要朱德同意。为此，朱德又和张国焘发生激烈争论，并且正告张国焘，要张国焘对自己的决定负责。后来因为黄河对岸已经开始大雪封山，西进已经不是时候，才放弃这个行动计划。从1936年9月30日开始，红四方面军分五个纵队，先后由岷州、漳县等地向通渭、庄浪、会宁、静宁方向进军。10月2日，一方面军攻

① 《中国工农红军第四方面军战史资料选编》（长征时期），解放军出版社1992年版，第763页。

占会宁县城。10月8日，红四方面军先头部队在会宁与第一方面军会师。10月9日、10日，徐向前、朱德、张国焘分别率领红四方面军总部到达会宁。与一方面军部队会师，受到红一师陈赓师长等红军兄弟部队的欢迎。

会宁会师，结束了红四方面军历尽艰辛和曲折的长征！

长征胜利结束了，张琴秋的更大的磨难，才刚刚开始！

三、西路军惨痛的日子

张琴秋在西路军的日子，是她一生中最难以忘怀的日子！

陈昌浩，西路军的负责人之一，在河西走廊，自己指挥的二万多红军几乎全军覆没，愤怒无以复加，即将“生产”的妻子组织部长张琴秋浴血奋战，最后战场流产，血染战马，茫茫戈壁，在战友、姐妹的尸体边爬过，还是没有逃过马步芳搜山绝招！

长征结束以后，为了打通国际路线，争取国际对红军的支持，配合红一方面军夺取宁夏，红四方面军总指挥部根据中共中央军委制定的《十月份作战纲要》，朱德、张国焘召集徐向前、陈昌浩、李先念传达中央的战略方针，明确规定红四方面军的作战任务：一是南向西兰通道地区，形成扇形运动防御，拒阻南敌的进攻；二是迅速完成造船任务，以三个军渡河攻宁。造船任务由三十军政委李先念负责。[①]面对严重的敌情和中共中央的要求，让红四方面军面临着严峻的考验，这意味着红四方面军的5个

① 见《徐向前传》，当代中国出版社1992年3月版，第259页。

军将处于多面对敌、前后作战的艰难地位。一头失败，全局皆输。陈昌浩、徐向前、李先念都是久战沙场的军事家，深知任务的分量。当然，当时红军部队的士气十分高涨，广大红军指战员因为有党中央的领导，求战心情十分迫切，决心打好会师以后的第一仗！陈昌浩与徐向前研究决定，以三十军为抢渡黄河的先头部队，迅速做好一切准备，在李先念、代军长程世才的带领下，迅速开展抢渡黄河的准备工作。经过几次激烈战斗，到10月27日拂晓，红三十军、红九军、红五军以及红四方面军指挥部共21800人，全部渡过黄河，本来红三十一军紧跟着渡黄河，但因彭德怀建议将三十一军留在河东作战，于是军委改变命令，着已经开到黄河边上的三十一军折向麻春堡开进。这样，就意味着2万多名红军指战员将在河西走廊的荒漠戈壁滩上孤军奋战了！后来的实际情况，也正是这样。

11月1日，朱德、张国焘会见林育英，2日，朱德、张国焘就致电徐向前、陈昌浩，说苏联援助红军的军用物资已经准备好了，何时到达定远营等待通知；河西部队要做好准备单独北进宁夏，去定远营取得苏联援助物资。这又意味着已经渡河的红军部队不能马上行动，然而，从11月2日起，马步芳、马步青已经纠集5个步骑旅直接冲向一条山地区，向红九军、三十军的阵地猛攻，守在一条山地区的三个团在李先念的指挥下沉着应战，红军英勇顽强，面对凶恶的敌人毫不畏惧，与敌人进行肉搏战，一次次打退敌人的进攻。11月3日，中央书记处收到共产国际中共代表团来电，称从宁夏运送物资已经不可能，可否派部队从新疆方向接运物资。于是中央军委致电陈昌浩、徐向前，要求他们消灭马步芳等部，独立开展新的局面。此时，陈昌浩、徐向前正在与马步芳、马步青部进行激烈交战，看到中央的几次来电，他们又紧急研究如何落实中央的来电要求时，11月8日中央及中央军委又提出《作战新计划》，改变了原来的"宁夏战役计划"，其中决定：河西部队组成西路军，在河西建立根据地，直接打通远方为任务，准备以一年完成之。但是，这个根本性改变，陈昌浩、徐向前在事先事后都"一无所知"。[1]1936年11月11日，中央正式命令河西部队组成西路军，成立西路军军政委员会，陈昌浩任西路军军政委员会主席，徐向前任副主席。

此时，河西走廊已经进入寒冬季节，红军部队虽然精神饱满，战斗力旺盛，但是部队指战员还是衣衫褴褛，原来以为打过去以后，直接可以取得军事物资供应，包括武器弹药，粮食和衣服，但是在河西走廊的荒山秃岭，加上马步芳的宣传，群众纷纷逃离村寨，本来人烟稀少的地方，更是很少见到群众。部队的减员非常严重，敌人的兵力数倍于红军，而且敌人的骑兵部队在荒漠戈壁滩上运动自如。"西安事变"以后，军阀马步芳欣喜如狂，叫嚣对西路军"死力堵截，阻止西进和东进"，"消灭共匪于河西走廊"。气焰十分嚣张。所以在"古浪"一仗，红军西路军已经大伤元气。1937年1月中旬，红五军在军长董振堂的带领下，在高台的红军英勇无比，高喊"坚决守住高台，我们人在阵地在，誓与高台共存亡"，最后，激战9个小时，军长董振堂、政治部主任杨克明以下3000多人全部壮烈牺牲。当时徐向前得知高台

① 见《徐向前传》，当代中国出版社1992年3月版，第273页。

危急，立即派出骑兵师500多人星夜驰援，结果在途中被马步芳的骑兵截击，血战一场，红军骑兵师大部分伤亡，师长、政委都壮烈牺牲。噩耗传来，西路军指战员都沉浸在极度的愤怒和悲痛之中，一种拼命主义、复仇主义情绪在西路军部队中蔓延开来，徐向前和陈昌浩深感这种情绪的危险，便以异常坚定严厉的态度命令部队指战员保持冷静，决不能轻举妄动。同时强调部队的思想工作。

在西路军生死存亡的时刻，张琴秋却面临着即将分娩，她腆着大肚子，依然在战场上履行着一个组织部长的职责，不分昼夜地为红军队伍的建设操劳，在战斗空隙找干部谈话，鼓励红军指战员。而且张琴秋在红军战士面前，从来没有表示出悲观失望的情绪，总是给人一种力量、一种阳光。然而，毕竟是在战争的恶劣环境里，张琴秋每天在与死亡打交道，身边的红军战友一个一个倒下去，他们都是20多岁的年轻人，为了革命的事业牺牲在荒漠之中，张琴秋早已没有眼泪，现在只剩下一个信念，就是无论如何要夺取中国革命的胜利！陈昌浩虽然是一位久战沙场的红军将领，但他同时也是一个男人、一个父亲，在战斗空隙，陈昌浩想起怀孕的妻子张琴秋快生产了，他写了一封信，让警卫员送到西路军总政治部主任李卓然那里，要张琴秋立即去红军总医院待产，并且让这个警卫员随张琴秋行动，负责保护她的安全。而张琴秋还在临泽城里，已经被马步芳包围。而临泽城内红军，除了一个警卫连以外，都是机关后勤人员，妇女竟然占了一半，还有不少伤病员。所以面对敌人的疯狂进攻，红军中的机关干部、医务人员、修械工、饲养员等所有红军队伍的人，都拿起各种武器投入战斗，作为组织部长的张琴秋，带领红军女战士，与敌人作殊死战斗。

三天三夜的战斗，张琴秋精疲力尽，过度劳累，张琴秋忽然发现自己可能早产了。在撤出临泽向倪家营子突围的过程中，张琴秋在总部军医黄志亭的搀扶下，强忍着疼痛，指挥被冲散的红军重新结集突围，刚刚冲出第一道包围圈，走到一个叫三沙里嘴子的地方，张琴秋再也无法忍受了，早产的婴儿就在这寒风刺骨的戈壁滩上降生了！卫生员小林连忙脱下自己的衣服接过孩子，用仅有的棉花包了一下，张琴秋继续和部队一起突围。这时，敌人的火力更加猛烈，黄志亭流着泪请张琴秋骑着马突围，张琴秋坚决拒绝，并命令黄志亭不要管她，快去抢救伤员。还命令将自己的马送去给伤员骑。在激烈的突围过程中，张琴秋因为流血过多昏了过去。而那个诞生在枪炮声里的小生命，也在突围过程中夭折了。突围出来以后，在倪家营子与红五军余部的红军会合，陈昌浩才见到脸色苍白的妻子张琴秋，张琴秋告诉他，让他去看看原来那些妇女独立团女战士，她们的表现，是真正的红军英雄！

倪家营子位于临泽东南，南北长 16 公里，东西宽 3 公里，其中散落着几十个大大小小的土围子，一个围子里住着几户人家，有钱人家的围子厚三、五尺，高的像城墙，筑有垛口和望楼，当地人叫“屯庄”；而大部分人家住的是一般的围子，墙比较薄，没有望楼等。这些围子之间，往往隔着田野、沟渠和树木。倪家营子的地势南面高，北面低，所以人们习惯把南半部叫上营子，北半部叫下营子。当时西路军占据着下营子全部和上营子的几

个土围子，红三十军、红九军两个军共10个团驻扎在倪家营子，还有西路军总直属队和红五军剩下的部分指战员，驻扎在下营子的土围子里。西路军总政治部设在曹家屯庄，张琴秋的组织部也在那里。所以在陈昌浩那里休息几天，张琴秋就急于回到组织部去工作。当时徐向前把1.4万多人的部队集中在倪家营子，目的是突破马步芳的重兵围堵，执行西路军东进任务。然而，此时，马步芳军阀紧紧跟着西路军，纠集了4个骑兵旅，4个步兵团以及青海宪兵团共约73000多兵力，直扑倪家营子地区，7万多敌人对付1万多红军，红军明显处在劣势，而且红军的1万多指战员中，妇女、伤病员不少。但是红军英勇顽强，和数倍于自己的敌人血战了40天！张琴秋就是在这个时候拖着虚弱的身体，冒着枪林弹雨，带领组织部的同志和妇女独立团的女战士，抬伤员，送饭，和红军指战员一起参加战斗。当时战斗之残酷血腥，史无前例，整个倪家营子地区弥漫着火药味和血腥味！而且当时正值河西走廊一年之中最寒冷的季节，气温常常降下几十度，滴水成冰，穿着单薄而且衣衫不整的红军战士，晚上甚至相互背靠背取暖。据当时在倪家营子浴血奋战的三十军代军长程世才后来回忆：他所在的阵地是敌人进攻的目标之一，“敌首先用猛烈炮火轰击，炮声一停，敌军在督战队的威逼下，就像羊群似的毛着腰冲上来。我们的战士从坍塌的工事里、弹坑里钻出来，冒着敌人轻、重机枪的弹雨，沉着地坚守在阵地上，瞄准射击，杀伤敌人。当敌人进到离我们阵地二三十米的时候，一声号令，手榴弹像雨点般地飞向敌群，战士们像猛虎扑食似地跳出工事，眼冒怒火，手挥战刀，立时，阵地上刀枪铿锵，血浆飞溅，直杀得天昏地暗，鬼哭狼嚎。直到敌人抛下满地尸体，狼狈逃去，我军才回到原阵地”。[①]西路军虽然有英勇顽强的战斗精神，但是没有给养补充，没有兄弟部队的支援，遇到了前所未有的困难。在倪家营子地区的每个屯庄周围，要水没有水，要粮食没有粮食，要衣服没有衣服，枪支弹药一天比一天少，所以西路军战士子弹打光了，就用大刀、长矛、木棍、石头和敌人拼搏。围墙被炮火轰倒了，血肉就是屏障，前面的人倒下去，后面的人堵上来，负伤倒在地上，仍紧握武器，等敌人来到跟前，拼上最后的力气和敌人搏杀。武器没有了，就抱住敌人用牙齿咬，用手撕，掐敌人的喉咙，咬掉敌人的耳朵，鼻子，手指，战场上已经分不清男女，分不清伤员还是卫生员，都在战场上和敌人搏斗厮杀！血战在继续，到1937年2月中旬，西路军击毙马步芳军阀敌人万余人，取得惊人的成绩！但是西路军自己也伤亡很大，牺牲不少，此时的兵力只剩下不足万人，而且三分之一是伤病员，西路军进入十分危险的境地！西路军军政委员会召开紧急会议，讨论当前的处境和行动方针。除陈昌浩外，都一致同意徐向前的突围自救的意见。最后陈昌浩也同意徐向前的意见，作出突围的决定。但是，在突围过程中受到敌人的阻击，徐向前主张向祁连山转移，陈昌浩却认为不符合中央的指示，这是“右倾逃跑”，又连夜决定回师倪家营子，固守倪家营子地区，希望在那里建立甘北根据地。陈昌浩的这个决策，注定了西路军最后失败的命运！2月26日，西路军重返倪家营子，又重新

① 程世才:《血战倪家营子》，刊《艰苦的历程》，人民出版社1984年12月版，第287页。

陷入敌人的重兵包围之中。从2月27日到3月初，西路军与马步芳部激战七昼夜，双方损失巨大。但是敌人有援兵，而西路军只是孤军奋战，损失的兵力补充不上，形势万分危急！此时陈昌浩感到重返倪家营子是一个错误决策，于是和徐向前研究，再次作出突围、向祁连山转移的决定。当陈昌浩和徐向前带领的西路军突围到临泽以南的三道流沟地区，又被大批敌人包围，剩下的西路军8000多名红军战士又浴血奋战了5天！随后西路军又继续突围往冰雪覆盖的祁连山深处转移。在与敌追兵的激战中，敌人的骑兵部队运动自如，而红军战士衣不遮体，在寒风刺骨的祁连山里和敌人拼杀，25岁的九军政委陈海松带领800多名红军战士和敌人厮杀了几个小时，全部壮烈牺牲；三十军的263团、264团的指战员为掩护西路军总指挥部和其余部队，和敌人马步芳的部队在阵地上激战，和敌人扭成一团，杀声震天，大刀砍卷了，刺刀折断了，子弹打光了，刀光剑影中血腥冲天，鲜血染红了祁连山的峡谷！西路军战士的衣服撕光了，几乎一丝不挂，继续同凶恶的敌人搏斗，甚至抱住敌人，一同滚下山去，264团全部壮烈牺牲，263团也大部分牺牲了，这些年轻的红军战士，用自己的鲜血和生命保卫总指挥部和兄弟部队的安全。这时，敌人仍在疯狂地追杀西路军转移的部队，徐向前带领的西路军只剩下3000多人，而且敌人还在一路追杀，红军战士连喘口气的时间都没有！进入康龙寺地区时，部队已经被敌人冲散，纷纷越过徐向前的指挥位置，向祁连山深处败走。

1937年3月14日，陈昌浩在康龙寺南石窝山顶召开有部分领导人参加的西路军军政委员会紧急会议，会议提出现有部队分散行动，坚持斗争；徐（徐向前）陈（陈昌浩）脱离部队，返回陕北向党中央汇报情况；组成西路军工作委员会，统一领导各支队行动。徐向前是中途赶到会议上来的，当他知道让他在这个时候离开部队去陕北汇报情况，他表示不同意，认为大家都是同生死、共患难过来的，要死也要死在一起！因为两个西路军主要领导一走，影响很明显。但是当时参加会议的同志，都同意徐、陈离开部队去陕北。会议决定由李卓然、李先念等8人组成西路军工作委员会，由李先念统一军事指挥。部队的其余人员编成3个支队，分两路行动，一路由王树声等带领，由康龙寺向北，依托祁连山打游击；一路由李先念带领，由康龙寺向南进入祁连山，寻找机会西进新疆。对红军中伤病员和妇女等就地分散。但是，这最后一个决定怎么去向同甘共苦的战友去说？这些一起过草地、爬雪山、渡黄河、九死一生过来的红军战友，现在把他们分散在河西走廊的戈壁滩上，作为组织部长的张琴秋无论如何无法忍心说这个决定！但是张琴秋只能是张琴秋，她痛苦地、默默地担起西路军军政委员会交给的这个任务。

陈昌浩和徐向前已经消失在祁连山的暮色里。此时，李先念、苏井观过来，希望张琴秋随他们的支队行动，一起向祁连山新疆方向转移。身体虚弱的张琴秋望着这些衣衫褴褛的红军女战友和那些不能行动但意志坚强的红军伤病员，果断地谢绝了李先念的好意，坚持留下来和政治部那些红军战士一起行动。西路军军政委员会为了就地疏散的红军，留下一个步兵排，还留下林春芳带领的几个医务人员。当张琴秋征求留下疏散的红军

战士的意见时，她们希望给她们几发子弹，万不得已时可以结束自己的生命用。这是西路军历史上最悲壮的一幕，永远烙在西路军战士的记忆里，永世不忘！据西路军一位战士回忆：

1937年3月中旬一个傍晚，部队撤到祁连山的石窝山腰原地休息，军、师领导们在山上开会，部队已分不出建制单位，石窝的山坡上大都是相互搀扶的伤员和妇女团的部分同志，大约四五百人，还有婴儿的哭声，乱糟糟的。我因三处负伤，筋疲力尽，在山坡上一躺下就晕沉沉地睡着了。天快亮时，我被呜……呜……巨大哭声伴着凄惨的嚎啕惊醒，石窝山谷近500人都在痛哭，那个声音震颤人心呀。我询问怎么回事？旁边的战士泣不成声地对我说："他们都走了，部队不要我们了。"我扭头向山上望去，已空无人影，我看到身边已有人用石头自杀了。参加红军以来打过那么多残酷的仗我没有怕过，此时，迷茫和恐惧笼罩了全身。一路征战我亲眼见识了灭绝人性的马家军的行为，在古浪他们用刀把我们牺牲的红军肠子挑出来喂狗，二返倪家营子时我看到他们把我们来不及撤退的战友和伤员尸首分离，把头颅穿起来挂在马柱上……现在我身负重伤，连枪也没有，我决定自杀！但身边摸到的都是一些碎石。突然，一个熟悉的声音大声呼喊："同志们！同志们！大家不要哭！大家不要哭！"从身影我已认出来她是张（琴秋）部长。我跟张部长很熟悉，在四川江油扩红时，我被评为模范，张部长亲自给我戴的大红花，还给我谈过话，她人很好，我还见过几次张部长非常感人的事迹，很是敬佩她。张部长步子艰难地走到山坡上，估计她也受伤了。张部长大声喊话：同志们！不要哭，我们的部队虽然失败了，但虽败犹荣！我们没有补充，没有后援，但一路上我们打得很英勇，很顽强，我们战斗到了最后！失败是暂时的、局部的。现在敌人还在围堵我们，为了保存力量，缩小西路军的目标，部队要分散转移。有一部分同志继续向西，去完成我们最后的任务，他们一定能替我们完成任务！现在剩下的同志有三条路可以选择：

愿意回部队的可以向东去找中央派来接应我们的“援西军”。

在当地打游击等待部队打回来，相信我们的部队一定会打回来的！

各自可以回家，但是现在也没有路费发给大家。

大家还要记住，无论在什么时候我们都不能叛变革命，叛变红军！共产党员、共青团员在任何艰难困苦的情况下，都要自觉地遵守纪律！生命是可贵的，枪林弹雨我们都闯过来了，我们决不能自杀！只要我们在，西路军就会重新发展壮大，要记住——我们永远是红军！！

张部长讲完话，大家擦抹着满脸泪水，三三两两，陆陆续续搀扶着向大山深处走去，一字形的长队走着走着逐渐的分散了。[①]

这悲壮的一幕，张琴秋的坚强和临危不惧的忠诚，深深地刻在战友记忆里。

---

① 西路军后人提供。

此时，党中央也在牵挂西路军。就在石窝会议前2天，即1937年3月12日，中央书记处致电在西安的周恩来，要求国民党之马家军立即对西路军停战；3月27日，延安的洛甫、毛泽东、朱德、张国焘又致电周恩来并彭德怀、任弼时，指示他们为解救西路军的危局，可与马步芳等讲和，愿以巨量代价请马家军停止对西路军的进攻，并且要求尽快办妥此事；4月3日，毛泽东、朱德等人又致电正在和国民党谈判的叶剑英，要求向国民党就西路军一事提出质问，并且要求将被俘的6000名西路军指战员回归四方面军。徐向前、陈昌浩和其他干部如果被俘，应严令不得加以任何残害；4月13日、15日，毛泽东等又两次致电叶剑英，要求顾祝同下令，不得追击左支队。①

但是，这一切努力，正在祁连山血战的西路军战士没有感到丝毫的效果。

四、隐名埋姓与周恩来的营救

身体虚弱的张琴秋随着张荣带领的西路军干部支队一起行动，张琴秋被任命为干部支队的军政委员会委员。这支七零八落的干部队伍已经被马步芳追杀得精疲力尽，200人左右的队伍，只有一个步兵排来掩护，经过马步芳的几次追击堵截，人员已经越来越少，一些骨干也陆陆续续牺牲了，政治部的曾日三部长牺牲了，吴永康部长也牺牲了，起初200来人的队伍，几天下来，只剩下几十人，而且敌人依然不依不饶地在祁连山地区

① 李蕾、杨雪燕：《张琴秋传》，长征出版社2012年4月版，第158页。

地毯式搜捕西路军战士，山高地荒的戈壁滩上，到处是被马步芳残杀的红军的尸体，鲜血染红了河西走廊的每一寸土地。这支队伍开始几天大家还在一起，还会到山沟沟里捡死马的肉来吃，后来连死马都找不到了，原来带着的干粮早已吃光，戈壁滩上，祁连山里，哪有什么可以当粮吃的植物？此时的寒冬季节，冰天雪地，连草都没有，哪里能找到可以果腹的野果子之类？几天下来，饿死的，被敌人打死的，在山崖上掉下去的，被突如其来的搜捕冲散的，队伍的人员渐渐不见了。张琴秋突然发现自己的队伍没有人了！顿时一种失败感充盈全身，她曾经想拿身边仅有的武器——手枪，来结束自己的生命！但是望着苍凉的祁连山，想着祁连山的山梁上和山沟里，数以万计年轻的红军战士牺牲在这里，让张琴秋心痛不能自已，没有被敌人打死，自己为什么要自杀？一种不甘心失败的斗志，让张琴秋毅然决然重新走出自己的悲观情绪，她要活下去！她一定要想办法走出祁连山！外面有党中央，有红军！她紧了紧腰带，戴着破帽子，鞋子早已连底都没有了，她从身上扯下一片棉布，绑在脚上。她认准一个方向，又步履蹒跚地去寻找红军。此时，马步芳在河西走廊的乡村里，重新加强了反动力量，成立了反共自卫团，协助马步芳搜捕已经被打散的西路军战士。张琴秋只能边走边躲，尽量避开那些反动民团的眼睛，所以现在张琴秋都不敢进村庄去寻找吃的东西。太阳下山了，祁连山寒冷刺骨，张琴秋一个人走走停停，发现前面有个可以避风的山洞，她摸黑走进去，突然，发现里面仿佛有个人坐在那里，张琴秋轻轻地叫了几声，没有人答应。她过去一看，原来是一个失散的红军战士在里面，但是已经死了。她摸了摸牺牲了的战士，发现还有几块硬邦邦的玉米饼。饿极了的张琴秋，也顾不得什么了，拿起来就啃。啃着啃着张琴秋就在牺牲了的战士边上睡着了。第二天早上，张琴秋离开山洞又走在崎岖山路上。

这时，马步芳为了邀功，已经指名道姓要搜捕张琴秋！而且有重赏！所以张琴秋事实上已经成为马家军搜捕的重要对象。因此在逃离过程中，十分注意格外小心。即使见到认识的人，也保持高度的警惕，据当时任红三十军的营政委潘峰回忆："我们在山上兜圈子时，先后碰到过王树声、张琴秋、徐立清这些大人物。他们见到我，都表现得很窘迫，本来认识我，却连招呼也不打，只是挤挤眼睛就擦身而过了。"[①]后来，张琴秋一个人在大山里遇到原红五军政治部宣传科的科长孔繁彬，她也是和部队失散以后，一个人在大山里转悠，想寻找去陕北的道路。张琴秋从孔繁彬那里，知道了马家军是如何残杀红军战士的，尤其对女红军战士的惨无人道的残杀，听着这些耸人听闻的消息，张琴秋的心在流血！张琴秋想了解西路军其他部队的情况，孔繁彬也不知道了。就这样，两个人走到太阳快下山时，突然前面出现一队人马，张琴秋她们躲避不及，这些人就包围过来。张琴秋对孔繁彬悄悄地说了一句："不要慌！"这些人一看是两个女红军，立刻围过来，问："你是不是张金秋？"因为他们发现这两个女红军都是大脚，就唬着问。张琴秋和孔繁彬都摇摇头，表示听不懂。于是这些反共自卫团把张琴秋她们押到山下的几间土屋里，张琴秋发现那边已经关了好几个西路军的同志，

① 参见谢燕：《张琴秋的一生》，浙江人民出版社2018年5月版，第117页。

一个个都蓬头垢面、衣衫褴褛的。晚上，张琴秋见这些民团看守并不严格，趁无人之机，招呼大家赶快跑。张琴秋拉着孔繁彬，两个人一口气跑到山里，在一个小山洞里躲了起来。天亮以后，追击的反共自卫团很快又把饥寒交迫的张琴秋她们抓获。这次，这些反共自卫团不敢将她们押到自己的土屋去关押了，直接押到乡公所，立马又转到区公所，第二天，张琴秋就被押到甘州（今张掖）。此时，张琴秋已经不知道孔繁彬被关押在哪里。和张琴秋同时被俘的孔繁彬，曾经在“文革”期间回忆这两次被俘经过：

西路军被敌人打垮了，就在祁连山里边组织了干部游击队，毕占云是队长，下面有三个连，这几个连活动在一起，这时我才认识张琴秋。

干部游击队在祁连山活动，被敌人骑兵旅冲垮，下山时就跑散了，光剩下我一个人。我走了两三天，在山沟里碰上张琴秋。我说:“跟我一起走吧！”走了一会，到太阳快落山时，

我们就被反共自卫团抓住了。这大约是1937年3月间。天黑了，我们被关在一个屋子里。夜里两点多，我们这些人只有两人没有跑，其余都跑了。张琴秋跟我走，没有散，后来找到一个山洞，我们在里面躲了一天。第二天，出了山沟，来到一个小村子，村边有个庙，我们想找人问路，没想到这里有反共自卫团，开门就把我们抓住了。关了一夜，天亮就押我们两人去乡公所，第三天押到区公所，住了三四天，又押我们两人（还有另外两人）到甘州（今张掖），又过了两天，就转解到城里韩起功的旅部。韩起功亲自问话。问得很简单。

以后我和张琴秋分开了。住了几天，我见到了吴仲廉。吴告诉我，她和张琴秋第二天就要去青海。①

这是三十多年以后的当事人回忆，应该说是事实。

就在张琴秋刚刚被俘的不久，国民党的《青海日报》1937年3月20日新闻版有一条新闻，其中说：

徐向前身负重伤。

张琴秋（陈昌浩之妻），20多岁，苏联毕业，任总部组织部部长，在3月17日被打死。②

这条新闻，尽管是假新闻，但是对隐名埋姓的张琴秋来说，倒是一层保护色，让马步芳他们知道，张琴秋已经不在了，用不着全力去搜捕了。当然，事实上马步芳他们也不相信这些新闻，但是有了这样的“新闻”，马步芳他们对于搜不搜捕得到张琴秋也无所谓了。所以韩起功看到张琴秋的脚，张口就问：“你是张琴秋！”蓬头垢面的张琴秋一副病态，她用四川话坦然回答：“我叫苟秀英，当伙夫的。”韩起功一看张琴秋的模样、神态、口音，无论如何和指挥千军万马的红军女将军联系不起来，无论如何和江南美女联系不起来！据说，张琴秋随口说自己是苟秀英，并非精心设计，而是她确实认识一个叫苟秀英的四川籍女红军，当时苟秀英是一个20多岁的红军战士，有一次她在转运伤病员时

①② 谢燕：《张琴秋的一生》，浙江人民出版社2018年5月版，第117至118页，第126页。

遇到敌人飞机的轰炸，伤病员来不及躲避，苟秀英奋不顾身掩护伤员，自己却在敌人的轰炸中壮烈牺牲。一个阳光灿烂的年轻姑娘、红军女战士就这样没有了！当时张琴秋亲眼目睹了这壮烈的一幕，所以“苟秀英”这个名字，牢牢地铭刻在张琴秋的心中。因此，当韩起功审问时，“苟秀英”这个名字张琴秋脱口而出了。

张琴秋被关押在韩起功300旅旅部营房附近的土屋里，这些土屋是临时用来关押被俘的西路军战士的。其中一间是专门用来关押女红军的。在张琴秋押进去之前，里面已经有不少女战士被俘虏以后关押在这里了。所以当张琴秋被推进去的时候，里面的红军女战士都大吃一惊！张琴秋没等她们开口，就用四川话先说：“我这个苟秀英，连伙夫也当不成了。”这些受过被俘虏滋味的女红军，一听张琴秋的话语，立刻心领神会，附和着：“苟秀英来了？”当张琴秋挤在这些年轻落难的红军战士中间，才发现这些女红军大都是妇女先锋团的战士，还有西路军政治部前进剧团的一些演员。虽然张琴秋叫不出她们每个人的名字，但是在这样黑暗环境里，能够感受得到她们的感情。这些被俘虏的红军女战士在黑暗中，看清楚是组织部张部长时，惊讶之余，囚禁之中感到有一种依靠！

不久，张琴秋和其他的西路军被俘虏人员一起，被马步芳全副武装的部队从甘肃张掖押送至青海省的西宁。此时的张掖，是马家军屠杀西路军战士的地方，每天晚上，韩起功从关押西路军的地方，拉走被俘虏的西路军，拉到挖好的万人坑，残杀这些年轻的西路军战士。后来知道，当时，张掖的万人坑里，有2609人被活埋；有575人被枪杀；还有80多人被挖心、挑喉、断颈，残杀以后扔进万人坑的。[1]还有，马家军看到西路军的一些女战士年轻，便被马步芳当作“礼品”送给那些残杀西路军的反动军官去蹂躏！那些凄惨的哭喊声，常常在那些土坯房子外面传来，而那些被马家军抢去所谓“成亲”的西路军女战士，就这样永远消失在茫茫戈壁滩！张琴秋看着这西路军失败的场面，心痛如绞！张琴秋是一位有勇有谋，有情有义的人！但是在这样的局面下，她只能隐忍着，隐忍着才能为西路军的这些姐妹报仇！

张琴秋随着其他女俘一起被押解去青海西宁。她依然叫苟秀英。一副病恹恹的样子，穿着破破烂烂的衣服和一顶破帽子，“苟秀英”成为名副其实的老妈子。因为当时有不少被俘虏的西路军战士被押往西宁，张琴秋她们这一批共有13个人，最小的只有15岁。押送的有4个人，一个军法官，一个副官，一个是副官的弟弟，还有一个看守。据当时和张琴秋一起被押送去西宁的蔡元贞回忆：

> 在解押往青海途中，我们红军（被俘）战士共13个人，有张琴秋、苏贵连、苏碧珍、龚德义、张水清。年纪大的在路上走，我们5个小姑娘（蔡元贞当时才15岁）坐在一辆破旧的大车上。
>
> 我们都知道张琴秋是西路军总部的领导干部，是总部领导人陈昌浩的爱人。她身体虚弱，加上生了小孩后又得不到好好休息，所以走路走得很慢，走了几天路，脚上起了泡。一天傍晚，我听见押解我们的大眼睛副官对军法官说：“这老

[1] 李蕾、杨雪燕：《张琴秋传》，长征出版社2012年4月版，第171页。

太婆走不动了，明早杠过去！”我懂的，“杠过去”就是用枪打掉的意思。敌人要对张琴秋下毒手了。

从张掖出发，一路上，敌人并不知道张琴秋在红军中的身份。当时张琴秋穿着一身又破又脏的衣服，脸和手也很脏，头发蓬乱，看起来像个四十多岁的农村妇女。第二天清早，为了掩护张琴秋，我和几个同志商量了一下，让张琴秋平躺在大车上，身上盖一条单子，我们5个小姑娘坐大车两边，使敌人看不见她。晚上，她就睡在大车里。敌人看不见这个走不动的“老太婆”，也没有追查。

到了西宁以后，敌人把我们几个年纪小的送到新剧团（即马步芳的100师跳舞团）。我把张琴秋被俘并押来西宁的消息，详详细细地告诉了新剧团的难友们。孙桂英（她曾经当过张琴秋的警卫员）说：“要想办法帮助张琴秋逃出青海。只要到了兰州，马步芳就迫害不了她了。”[①]

当时蔡元贞还是15岁的小姑娘，但是她们都怀着对张琴秋的敬爱，在极端危险的情况下，依然千方百计地保护张琴秋！可见张琴秋的人格魅力。但是，到了西宁，除了一些年轻的原来在剧团的演员被送进马步芳的新剧团以外，有的被俘西路军女红军如吴仲廉等被送去西宁中山医院当勤杂工，而张琴秋被押送到了西宁东关的义源羊毛厂，让她在那里整理羊毛。大概在这个时候，即1937年4月27日，《河西日报》上有一条新闻，披露了张琴秋被押解西宁的消息，题目就是“陈昌浩夫人被擒

① 谢燕：《张琴秋的一生》，浙江人民出版社，2018年5月版，第121页。

解青”，其中说到：

> 前防归客谈：徐向前、陈昌浩二匪首在梨园口被我骑五师、一〇〇师各部队击溃后，二匪痛哭失声，狼狈逃窜，迄今生死未卜。该部官员，遂已抛枪四散，纷纷向我军投诚，剿匪军事随而结束。当陈昌浩逃窜时，将其妻子张琴秋遗弃于乱军中，被一〇〇师生擒，解押青海。按张琴秋，系俄国留学生，在伪第四军司令部任妇女部长，兼组织部长，精通五国文字，现年二十多岁，在倪家营战役中，曾产一小孩云。[①]

这个新闻报道无疑给隐名埋姓的张琴秋增添了极大的风险，等于间接提醒、告诉马步芳，张琴秋已经在西宁了，让马步芳赶快去搜捕！果然，马步芳得到这个情报以后，在西宁市内加大了搜查力度，新剧团，医院里，羊毛厂里，不断有人去查问：“有没有20多岁的漂亮女人？”由于张琴秋经过西路军失败的痛苦以及自己生孩子以后的虚弱，早已像形如枯槁的老媪！她一口四川话。而且西路军被俘女红军即使认识张琴秋，也是千方百计地替她保密，千方百计地保护她，尽量让她免遭毒手。她在羊毛厂里捡羊毛做苦力，大家都知道她叫苟秀英。乍一看，就是一个四五十岁的来自四川农村的衣衫褴褛的老太太。所以，马步芳部队搜查张琴秋的下落一直没有结果。

当时，马步芳将被俘的西路军演员组成40多人的新剧团，剧团的物质条件比其他被俘的人要好一些，每人每月可以领到

---

① 李蕾、杨雪燕：《张琴秋传》，长征出版社2012年4月版，第174至175页。

30 多斤粮食，但是这些新剧团的演员，有的就是原来张琴秋部下的女战士，她们被马步芳俘虏以后，心依然是向着红军、向着革命的，尤其是张琴秋像大姐一般关心她们，让她们在革命中成长，所以这些苦孩子出身的红军女战士，对张琴秋的感情非常深厚。因此当她们听说张琴秋也押到西宁了，而且知道了张琴秋在羊毛厂做苦力，心里都非常难过。其中的几个骨干商量着怎么样能够把张琴秋救出来，让她安全地回到党的怀抱。后来，赵文秀、黄光秀、赵全贞向负责管理新剧团的赵仰天提出来，他们剧团的伙食不符合她们这些四川人的口味，她们想让羊毛厂的一个老乡过来烧饭。赵仰天一听，马上同意了，并且写了条子，让她们去羊毛厂调人。于是蔡元贞带路，和王定国、黄光秀一起到义源羊毛厂找“苟秀英”。结果找了半天，终于在一堆臭气熏天的羊毛堆里找到衣衫褴褛而且挂满羊毛的张琴秋。几个人悄悄地告诉张琴秋，让张琴秋离开这里去新剧团，这样大家可以保护她。不料，张琴秋淡淡地看了她们一眼，说：“我哪里也不去。”因为，当时西路军失败以后的情况比较复杂，有的人经不起诱惑，投降了；有的人经不起严刑敲打，叛变了。所以张琴秋始终保持高度警惕。后来蔡元贞她们又悄悄地向张琴秋说了她们的打算计划，告诉她，不是让她去新剧团抛头露面，而是让她去帮助烧烧饭，这样她们可以直接掩护她，还告诉她新剧团里面还有哪些人。后来，张琴秋同意了。就这样，在义源羊毛厂待了一段时间以后，张琴秋去了新剧团当伙夫，给新剧团的演职人员烧饭。

当时，马步芳虽然搜查张琴秋的下落还在进行，但是时间一长，也无奈放松一点。而且新剧团的小女孩经过一段时间的演出，也变得白净和红润起来。但是，她们对张琴秋的保护营救，一刻也没有放松。这时，新剧团的情况突然发生变化，马步芳忽然要把新剧团解散，强令将一些女演员嫁给马家军中的一些军官，一些女演员送到甘肃张掖。这样，给张琴秋的保护和营救带来极大的不确定性，张琴秋随时都有暴露的危险。于是，孙桂英和王定国、张琴秋她们悄悄地商量：让已经无奈做了马步芳小老婆的黄光秀出面，向新剧团的负责人赵仰天提出来，让赵全珍和西路军的杨万才结婚，理由是，他们从小就已经订婚，现在不打仗了，应该让他们结婚。黄光秀出面，赵仰天既碍于马步芳的面子，又想巴结马步芳，所以对马步芳小老婆的要求，自然同意了。后来赵仰天请示了马步芳，马步芳不仅同意了赵全珍和杨万才的婚姻，还要赵仰天收赵全珍为干女儿。这在马步芳这里，因为要面对国内舆论对他毫无人性屠杀西路军的指责，故要向外界表示自己的“慈心善意”。赵仰天发现“干女婿”杨万才是一个很机灵的青年，被整天带着在外面跑，给赵仰天当“勤务兵”。赵全珍常常一个人在家里，所以赵全珍向“干爹”赵仰天提出，想把新剧团的四川人“苟秀英”要过来当老妈子。“干爹”自然同意。于是张琴秋被她们转移到了赵全珍家里。当时，因为赵全珍家里没有什么其他人，所以许多西路军被俘的女红军，也来串门聊天。张琴秋来到赵全珍家里以后，从杨万才取回来的旧报纸中知道了国内的形势，知道了西安事变以后中国的大体形势，也了解了中国共产党抗日的立场和态度。张琴秋在赵全珍家里，见到了曾日三的夫人吴仲廉，她也是西路军失败以后被俘的。原来在红九军政治部工作，所以和张琴秋很熟。她也是一位老革命，当年“古田会议”的决议，就是她刻写、印刷、分发，得以传播的。吴仲廉告诉张琴秋：现在她住在西宁中山医院的医生罗承训家里，这个医生曾经当过红军的俘虏，当时是吴仲廉负责管理这些俘虏，根据政策，经过教育以后，每人发 8 个银元释放了他们。不料现在吴仲廉成为俘虏，而且分配到罗医生工作的医院当勤杂工。罗医生为了报答红军的不杀之恩，他通过努力，将吴仲廉带回家保护起来，并且准备寻找机会让吴仲廉回到党的怀抱。张琴秋认为这个医生还是可靠的，并且与吴仲廉一起和罗医生见了面。准备寻找机会逃离青海。

正在等待和寻找机会离开西宁时，有一个张琴秋的熟人突然来到赵全珍家里，这就是原来红四方面军妇女独立团的排长杨绍德，她被俘虏以后被迫嫁给国民党青海省党部宣传科长卢澄，她见到张琴秋在赵家，感到很突然。而张琴秋因为和她很熟，无法再用“苟秀英”来伪装。但是杨绍德也是觉得在这里遇见张琴秋，感到有些激动也有些遗憾。所以回到家里，在确定丈夫卢澄不加害张琴秋以后，便告诉了卢澄。她后来到赵家时，还告诉张琴秋，她男人是个好人，给赵全珍、杨万才当证婚人的李晓钟处长也是好人，他们对马步芳残杀红军的做法也不满意。因此，张琴秋和吴仲廉等人商量以后，决定利用他们的关系，尽量早日离开青海。为此，张琴秋专门到杨绍德家里回访，亲自了解一下卢澄和李晓钟的情况。后来张琴秋将了解到的情况及时告诉了吴仲廉。

现在张琴秋在赵全珍家里似乎已经很不安全，知道的人越来越多，而且开始杂乱起来。这让张琴秋十分焦急。这时，杨万才想了一个办法，就说张琴秋得了杨梅大疮，并且去告诉赵仰天：“荀秀英得了杨梅大疮！”赵仰天让他们赶快送医院。于是他们就让张琴秋去了医院躲避。临走，张琴秋给杨万才和赵全珍说：“你们要相信革命一定会成功的。一定要想方设法回到红军队伍去，现在虽然被俘虏了，但是我们红军战士的气节不可丧失。”张琴秋要走了，杨万才也对赵全珍说：“张部长走了，我们的这台戏也可以落幕了，我要去找红军了。”据说杨万才和赵全珍这对假夫妻，后来走上了不同的道路，杨万才到了延安，赵全珍被迫嫁给了马步芳的弟弟马步銮为妻，1949 年去了台湾，后来随丈夫去了阿拉伯的某个国家。当然这是后话。

张琴秋住在医院期间，罗承训医生、卢澄以及杨绍德认识介绍的国民党青海省党部党务特派员李晓钟他们专门商量如何不让马步芳知道，又怎样能够将张琴秋、吴仲廉她们送出青海。为此，他们分别与张琴秋和吴仲廉有过接触。这时，张琴秋和周恩来派来的张文彬、刘秉琳有过秘密会见，知道了国共合作的一些情况和政策。张琴秋只是考虑如何更加稳妥安全地走出青海，不敢在没有十分把握的情况下随张文彬他们离开青海。否则一着不慎，全盘皆输！所以，现在张琴秋和吴仲廉一致认为，应该利用李晓钟、卢澄他们和马步芳之间的矛盾和利益关系，尽快稳妥地离开西宁。于是，在此后的一段时间，张琴秋、吴仲廉和李晓钟、卢澄、杨绍德的关系，似乎更加热络，常常一起打麻将，一起吃饭，张琴秋和吴仲廉都表现出一种落落大方的姿态。

1937 年夏天是中华民族面临着生死存亡的时期，7 月 7 日发生了震惊中外的卢沟桥事变，日本拉开了全面侵略中国的大幕，一场全民族抗战正在全国各地如火如荼地开展！此时，国民党政府在庐山分期分批地集中训练国民党的中高级干部，同时也有避暑的意味。所以国民党那些大大小小的政治投机分子，都愿意去庐山参加集训。正好青海省的国民党党务特派员李晓钟和卢澄也接到集训的通知。而西宁中山医院的院长谢刚杰的女儿谢宗珞、侄女谢宗璠要回上海，谢刚杰便让去庐山受训的李晓钟顺路照顾，李晓钟认为这是张琴秋、吴仲廉离开青海的最好的机会，张琴秋也认为可以一起走。与他们一起走的还有曾任红四方面军妇女独立团团长的陶万荣。当时，她们也商量了分头出西宁，在小峡口集合的计划。

那天李晓钟等人出发时，因为李是青海省国民党党务特派员去庐山受训的代表，所以马步芳自然要亲自来送行。此外秘密来送行的，还有流落在中山医院做苦力的红军女战士闫秀文等。闫秀文在20世纪80年代回忆说：

> 张琴秋和陶万荣在中山医院住了一个多月。有一天她俩告诉我："我们准备走了，十年后来接你们。"
>
> 第二天黎明，张琴秋、陶万荣和我从窗子上跳出去，到了人民街（今名）一个院子里。那里是杨绍德的家。她的男人也在家。这时我看到了吴仲廉。
>
> 从清晨到中午，我们都是在杨绍德家。午饭很丰盛，炒了许多菜。吃了午饭，张琴秋、陶万荣让我回中山医院去。张琴秋拉着我的手说："你回去，十年以后，我们来给你们报仇！"①

① 谢燕：《张琴秋的一生》，浙江人民出版社 2018 年 5 月版，第 140 页。

与张琴秋一起走的谢宗璠在“文化大革命”中回忆说：

> 我于1937年6月间到西宁。到后不久，伯父谢刚杰便将马匪步芳的一些罪行告诉我，并叫我早日离开西宁。7月间，国民党驻青海省党部人员李晓钟等人要调到庐山去受训。伯父得到这个消息后，便叫我和他们一道走，路上好有人照顾。我同意伯父的意见。
>
> 临行前，伯父才对我说，这里有几名女共产党员，都是红军高级将领的家属。你这次离开西宁，名义上就说她们是你和宗珞的丫头。只要掩护她们离开了青海省境就行，就没有你们事了。当时我答应这样做。
>
> 动身时，我和宗珞一起走的。我们走了一点路以后，发现马步芳等人正在给国民党党部李晓钟等人送行。马匪等人是否看到我们，不得而知……离开西宁城，到了一个名叫小峡口的地方，我们才看到“苟女士”从夹窝子里出来。同行的有国民党党部李晓钟、卢澄还有原春辉等人。他们三人给我的印象较深。另外还有人，但记不清姓名了。①

张琴秋她们在西宁往东的必经之路——小峡口与李晓钟他们会合，终于可以离开马步芳的魔掌，一步一步地走向延安，走向党的怀抱！但是，充满期待的明天，依然还有风雨，还有曲折。李晓钟带着张琴秋、吴仲廉她们一路向甘肃方向走。他们路过青海与甘肃交界的乐都县时，当地政府出于礼貌，专门

① 谢燕：《张琴秋的一生》，浙江人民出版社2018年5月版，第141页。

宴请了李晓钟他们。然后李晓钟一行直接去了兰州。此时,“七七事变”已经发生,兰州同样群情激奋,抗日的浪潮十分高涨。同行的两位谢小姐急于回上海,于是,李晓钟给她们弄来机票,陪她们先飞西安。而张琴秋、吴仲廉、陶万荣她们则由卢澄陪同坐汽车从兰州去西安。

在去兰州的路上,张琴秋在平凉曾经碰到过一位红军采购员。据说当时汽车抛锚在平凉,张琴秋和吴仲廉中午吃过饭以后,去平凉的街上走走。无意中看到一位红军采购员。张琴秋非常兴奋,不断地向这位红军采购员打听红军的情况。什么部队的?现在在什么地方驻扎?

部队的领导是谁?离开部队那么长时间,张琴秋恨不得立刻回到红军队伍里去啊!可是,此时只有她和吴仲廉两个人,陶万荣没有出来,一个人留在旅店里,张琴秋她们不能两个人悄悄地跟了红军采购员走的。于是,张琴秋赶快到店里买了文具,给萧克和郭述申写了一封信,说现在她们三人将被押送到西安,请想办法营救,等等。写好以后,交给那个叫朱兆林的红军采购员带去。

关于此事,这位红军采购员几十年以后回忆说:

我记得是在1937年快麦收期间,国共刚合作,我在红31军政治部宣传队任副队长,我和敌军工作部干事两人到平凉去买一些乐器、宣传用品等。我从一个商店出来,到书店去买口琴,在街上遇到了两个女的,一个三十多岁,一个年轻点。岁数大的那个(张琴秋)问:“你认识我吗?”我想起了是在四川时从照片上见过。我问："你们不是被俘了吗？你们怎么出来的？"她们说："我们化装成家属跑出来的。"谈了一会儿，我们叫她们一起走。我们驻地离平凉六七十里，军长是萧克，政委是郭述申。我说："你们是不是跟我们回去？"她说不方便走。我们说："你先出城，到城外二十里地，我们在那里等你。"我们还出主意，要她们坐三轮车走。张琴秋说了不好走还是不敢走，记不清了，好像是不方便走。……①

朱兆林的回忆，证明当时张琴秋她们确实是遇到过红军的采购员，而且曾经想随这几个红军同志逃离平凉的，但是后来张琴秋她们还是没有走，什么原因？朱兆林不清楚了，他只记得张琴秋他们不方便走什么的。其实，这是因为张琴秋、吴仲廉她们觉得这时走了，留在旅店的陶万荣怎么办？所以，张琴秋、吴仲廉她们没有跟朱兆林他们走。陶万荣自己回忆说：

……走到平凉，在一个小旅馆里休息了几个小时。吃饭以后，我躺下就睡着了。等我醒来，张琴秋、吴仲廉不在了，等了一会儿，她们回来了。她们说："我们在街上碰到了一个红军战士，不是因为你，我们就跟着他走了。"我说，那你们为什么不想办法叫我一下。她们讲来不及，只好让那个战士带了一封信，叫他转告中央，请中央设法到西安或南京去营救我们。现在要走，有人跟着，被发现后还不一定能走得了。②

---

①② 谢燕：《张琴秋的一生》，浙江人民出版社 2018 年 5 月版，第 143 页。

可见当时张琴秋她们在平凉遇见红军是事实，而且谈到随朱兆林他们出走的问题。但是因为陶万荣没和她们在一起，不能留下她只顾自己走了。当然张琴秋她也知道如果这样走，依然是冒险的行动。因为周边都是敌人，如果卢澄发现以后，要抓她们是非常容易的事。因此张琴秋乘机给红军领导写信，请他们尽快来营救。应该说，这也是张琴秋唯一能做的事。

后来张琴秋、吴仲廉、陶万荣三人在卢澄的“陪同”下，到达西安。然而，先期到达西安的李晓钟没有露面，把张琴秋她们安排进旅馆以后，连卢澄也不见了。当张琴秋她们三个人在旅馆刚刚洗好澡想休息时，突然进来了几个全副武装的国民党西北行营的官兵，不由分说，将她们三个人押上火车，送往南京。到达当天，就被关进“首都反省院”。

此时，已是1937年8月14日。

其实，党中央一直在为寻找、营救张琴秋她们作努力，8月18日，正在南京与国民党谈判的周恩来、叶剑英来到南京的反省院，查看名单时，发现了张琴秋等人，周恩来立即要求放人。反省院的人说，张琴秋是西安行营送来的，释放张琴秋必须由西安行营代理主任蒋鼎文批准。[①] 这一天，张琴秋她们虽然没有被释放，但是在这里见到了周恩来、叶剑英他们，让张琴秋热泪盈眶。周恩来也激动地对张琴秋、吴仲廉、陶万荣说：“终于找到你们了！”据说当时叶剑英悄悄地递给张琴秋一张纸条，告诉张琴秋，让她放心，过几天会有人来接她们出去的。

① 当时，顾祝同已经在1937年7月8日卸任西安行营主任，西安行营主任一职已经由蒋鼎文代理。

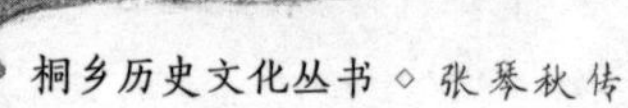

又过了一个星期，通过关系向西北行营办了手续以后，周恩来便派张文彬、钱之光到南京反省院接张琴秋、吴仲廉、陶万荣到南京傅厚岗66号的八路军办事处。此时，张琴秋身心才彻底放松！红军女将张琴秋四个多月来，经历了生生死死的苦难和考验！

1937年8月，张琴秋（前排左一）、夏之栩（前排左二）、熊天荆（前排左三）、帅孟奇（前排右二）、吴仲廉（前排右一）、陶万荣（后排左二）等在南京八路军办事处院内。

第六章 在延安的日子里

历尽千辛万苦的张琴秋在周恩来的营救下终于回到了党的怀抱！

实事求是地说，张琴秋这5个多月的痛苦经历以及她的所作所为，无论作为中共党员，还是作为领导干部；无论作为马步芳的俘虏，还是逃离马家军的魔掌；无论是行动还是方式，应该说还是非常理性的。在整个过程中，张琴秋始终坚持自己的共产主义理想和信仰，坚持一个共产党员的政治操守。隐名埋姓，不是贪生怕死，而是保存自己以便更好地为党工作；通过关系逃离马家军的魔掌，同样是为了回到党的怀抱。张琴秋在没有党组织任何的指示，没有任何人通知她应该怎么办的情况下，凭借自己的党性修养和坚强的信念，完全做到了无愧于党组织。不过，张琴秋见到过和经历过太多的党内斗争，尤其是张国焘玩政治手腕，对部下又打又拉以致损失一大批红军优秀干部的事实，也让张琴秋想起来就有点心寒！不过，张琴秋是光明磊落的，她没有对不起党组织，也没有辜负组织上的培养和希望。现在走出南京国民党反省院的大门，要去延安了，张琴秋想得很多。

一、从安吴堡到延安抗大

张琴秋离开反省院大门，立刻想到要给沈雁冰（茅盾）他们写一封信，告诉他们自己的近况。此时的张琴秋似乎还没有觉得有多少委屈要向亲人倾诉，自己能够活着回到党的怀抱，已经上上大吉了！所以张琴秋此时只觉得要尽快告诉茅盾他们自己的行踪，少让他们担心。1937 年 8 月 27 日，张琴秋在八路军南京办事处给茅盾夫妇写了一封信：

茅哥、沚姐：

很久没有和你们见面了，而且很久没有和你们通讯了。我心中时常想念你们，时常打听你们的消息，问及你们的近状。但是，始终没有得着你们真实的情形和探得你们的通讯地址。今天遇见王君烈文——他是我过去的旧同学，谈到了你们的近况，得着了同你们通讯的机会，真使我兴奋万分！据王君说，二月前曾经在沪看见过你们，曾到过你们的家。

我知道你们一定也在问及我，关心我，你们或许已经在报上看到，知道我已被杀死。因为这个消息传得很普遍的。不错，我此次能来南京，确实是死中逃生。我已于今年四月中旬在甘北被马步芳的军队所俘，当时被俘去男女几千人，杀死者过半。被俘后解送青海西宁，易名隐匿，帮人煮饭，有三月光景。后觅得同乡一名，才把我设法带至西安。抵西安后又由行营押送到南京，由中央党部送我们入“反省院”，住了两个星期。最近有周先生把我保出来，才得着了自由，准备明日起程归家。

我最近半年来经过的大概情形是如此。本想到沪上来看你们一次，奈因战争关系交通不便，同时经费亦是艰难，所以只作罢论。日后有机会还是想来看你们！！

母亲在沪抑或在乌？她老人家的身体是否强健？阿双、阿南等都长得很大，一定不认得我了吧？！我很想念他们！

民的消息，想必你们已经知道了吧！可怜他的一生，为解放人类的痛苦而奋斗，历尽艰苦，抛弃了私人的利益，日夜工作，积劳成疾，终于辞去我们而长逝了。唉！我没有见他最后的一面，实在使我心痛！！

以后有机会，我可寄相片给你们。

到达家乡后再给你们写信。

沪上战况很紧急，你们一定是很受惊吓吧！！

祝你们

近好！

凤生　27号夜于南京[①]

在上海的茅盾收到张琴秋发自南京的这封信时，“八一三”战争刚刚爆发，驻上海的中国军队奋起抗战，大上海正处在一片抗战的热情之中，同时也处在一片混乱之中。此时正是开学的时候，因为战争，上海的学校无法正常开学了。茅盾正在安排孩子去后方读书，夫人孔德沚正在整理东西，准备送孩子回

① 据韦韬同志生前提供的手稿。

乌镇老家，同时拜托乌镇的熟人照顾不肯随茅盾他们逃难的母亲。所以，这些天茅盾他们一家非常忙乱。这时茅盾突然收到张琴秋的来信。茅盾在回忆录中说："就在这忙乱中，突然收到从南京寄来的信，拆开一看，竟是张琴秋写来的！琴秋已经有几年杳无音信了，传闻已战死在甘肃，现在忽然收到她的信，真是喜出望外。……德沚看了信，又哭了一场，我也感慨万端，是啊，泽民的死，以及千万个像泽民这样的志士的牺牲，总算换来了和点燃了抗日烽火！"[①]

张琴秋在8月27日那一天，在拿到的照片背后，写了几个字，赠送给吴仲廉、陶万荣："患难姐妹仲廉万荣。阿娜　于南京，一九三七，八，二七"。照片上三个人开心地在一起，她们经历生死之后即将获得自由，即将回到党的怀抱，能不开心吗？

张琴秋回到延安，已经是秋高气爽的九月了。延安的天是那样的蓝，延安的人是那样的亲，虽然张琴秋到达延安时，没有欢迎队伍，也没有人出来给她接风洗尘。但是张琴秋依然义无反顾全身心地投入到延安的革命洪流里，依然是一身正气的共产党员！

张琴秋回到延安以后，组织上让张琴秋先到延安中央党校短训班学习，这时，张琴秋才知道，中共中央已经在1937年3月开始发动干部群众批判张国焘的错误。3月23日至31日，中共中央政治局在延安召开扩大会议，其中27日开始集中批判张国焘的错误。张国焘在会议上作检查，承认自己犯了"路线的

① 茅盾：《我走过的道路》（下），人民文学出版社1997年12月版，第146至147页。

错误，是退却逃跑的错误，是反党反中央的错误。”[①]3 月 31 日，中央作出《关于张国焘同志错误的决议》，4 月 24 日的《党的工作》副刊上刊登了《反对张国焘路线讨论大纲》。所以，张琴秋回到延安时，批判张国焘错误的第一个高潮已经过去，但是大家对张国焘的错误的批判还在继续中。而且，张琴秋到延安时，陈昌浩已经在中共中央宣传部工作，所以两人在延安相逢，张琴秋悲喜交集！陈昌浩同样也是经历了九死一生才到达延安的，此时在抗大、陕北公学、马列学院讲课。虽然心情并不好，工作还是相对轻松的。张琴秋在组织的安排下去中央党校学习，此时，一些同志对张琴秋的归来抱着某些成见，认为张国焘是红四方面军的领导人，犯了严重错误，那么红四方面军的其他领导呢？陈昌浩自然逃不掉，张琴秋呢？她曾经担任过红四方面军政治部主任呢，有没有和张国焘一起犯路线错误呢？所以有人提出：“不能便宜了张琴秋，得给她补补课。对其他人可以不整，唯独对张琴秋不能不整。”[②]因此张琴秋在开会讨论时，常常受到一些人的围攻，一度受到党内同志粗暴的对待。但是张琴秋从维护党的利益出发，胸怀坦荡，严于律己，始终表现出极大的理智和克制，一方面认真总结自己的经验教训，另一方面实事求是剖析当时的情况，批判张国焘另立中央的严重错误。认为自己在张国焘的领导下工作，曾经也附和过张国焘的错误主张，也当面反对过张国焘的一些错误思想、错误方针，自己也曾经受到过张国焘的重用，也遭受过张国焘的打压，还差一

① 路海江：《张国焘传记和年谱》，中共党史出版社 2003 年版，第 174 页。

② 谢燕：《张琴秋的一生》，浙江人民出版社 2018 年 5 月版，第 155 页。

点被张国焘清除掉。总体上，张琴秋自己认为是和张国焘斗争，立场是坚定的，对党是忠心耿耿的，对党的信仰是坚定不移的，对毛泽东等党中央的领导是尊重的。同时，张琴秋也诚恳接受同志们的批评。当时，在批判张国焘的过程中，有着严重的过火的扩大化行为，以至于出现以许世友为首的“反革命事件”，后来以毛泽东为首的党中央及时发觉并纠正这种扩大化的行为，“决定只批张国焘的错误，不能批对张国焘路线本来就不应负责的四方面军干部，更不能去批战士”。①所以当时中央党校校长李维汉回忆说：“鉴于党校有许多四方面军的干部，我们在批判张国焘的错误中，按中央的方针，把四方面的干部和张国焘的个人错误严格区别，四方面军的干部要保护，张国焘的错误要批判，并发动四方面军干部一起批判。陈昌浩和张琴秋在党校就参加了批判并作过自我批评。”②

1937年11月，为了进一步清算张国焘的错误，党中央在延安召开了几次批判张国焘错误的党的活动分子会议，经过两个多月的学习，张琴秋对张国焘的错误有了更深刻的认识，所以在批判张国焘错误的会议上，张琴秋以自己的亲身经历揭发批判张国焘的错误。批判张国焘错误的会议，开了7天，11月24日召开的最后一天批判张国焘错误的会议上，张闻天代表党中央作了会议总结报告。张闻天运用唯物辩证法和客观存在的历史事实，深刻地驳斥了张国焘为自己错误辩护的种种谬论和借口，指出：退却路线、军阀主义与反党反中央，是张国焘路线的三位一体。又规劝张国焘必须痛下决心改正自己的错误，严

①② 谢燕：《张琴秋的一生》，浙江人民出版社2018年5月版，第155页。

肃指出：犯了错误的同志要不走到党外去，变为党的叛徒，只有自己下决心同自己的错误作斗争。不改正自己的错误，坚持自己的错误，结果必然会走到叛徒的道路上去。[①]张闻天的规劝，张国焘没有听进去，后来不幸而言中。在这次会议上，张闻天在总结中还赞扬了张琴秋批判张国焘的错误并认真进行自我批评的表现。张闻天认为，红四方面军的广大干部战士，经过这场斗争，已经坚定地站到了以毛泽东为代表的正确路线上来了，全党的团结得到空前的加强。据说当时张琴秋见到朱德总司令时，主动向朱德总司令表示歉意，这是指当时红四方面军召开的一次会议上，张国焘指使一些人围攻朱德同志，要他表态支持南下，反对北上。当时张琴秋也曾经跟着起哄。这件事，张琴秋内心非常歉疚，所以一有机会，就向朱德总司令表示道歉。后来朱德非常诚恳地对张琴秋说："我从来没有计较你们说过什么话。我知道你们当时的处境，不跟着说几句，张国焘是不会饶过你们的。这件事已经过去了，不要再放在心上了，不要再说了。"朱德总司令的话让张琴秋感到温暖，同时，张琴秋也从朱德身上学到了更加严格要求自己的精神。

中央党校的培训班结束以后，张琴秋留在中央党校的马列主义研究室工作，研究室主任是方仲如。王若飞的夫人李培之也在马列主义研究室工作，李培之是张琴秋在莫斯科中山大学的同学。研究室的工作，主要是讲授《联共党史》，这对张琴秋来说并不是难事。然而，张琴秋感到为难的是，发现陈昌浩已经热情不再，像换了一个人似的，两个人在一起，以

① 程中原：《张闻天传》当代中国出版社 1993 年 7 月版。第 409 页。

前陈昌浩仿佛有说不完的话似的，而现在却没有什么话。张琴秋知道陈昌浩在政治方面面临着巨大的压力，心情并不好，进而影响到家庭生活。因此，张琴秋虽然过着这样清汤寡水一般的生活，依然理解陈昌浩。这时，1938 年 2 月，根据组织的安排，从中央党校抽调张琴秋去安吴堡青年训练班工作。

安吴堡青年训练班的全称是:“西北青年救国联合会安吴堡战时青年训练班”。这是在抗日战争初期，中共中央青年工作委员会（先是中央青年部）为适应抗战需要和广大爱国青年抗日要求，由西北青年救国联合会出面，在国民党统治区陕西泾阳县安吴堡创办的一所战时青年干部学校。安吴堡青训班采取开放式办短班的方式，面向不同信仰的人，只要是爱国青年愿意来学习，都欢迎。所以，当时来安吴堡学习的人中，各种各样的人都有。后来随着形势的发展，来安吴堡青训班学习的人越来越多。在民族生死存亡的关键时刻，大批爱国热血青年涌向西安，向往延安，寻求抗战救国的真理。所以，在 1937 年底，毛泽东亲自听取冯文彬在安吴堡办青训班的情况的汇报，充分肯定青训班这种形式，肯定青训班在培训抗日爱国青年方面的革命意义，指示要扩大规模，来者不拒。所以在党中央毛泽东的重视下，中央从干部、教员力量、物资等方面给予大力支持。中央组织部从 1937 年 12 月至 1938 年 2 月，陆续从抗大、陕北公学、中央党校抽调了一批经过长征的红军干部和具有一定文化、理论水平的党政干部作为骨干充实到安吴堡青训班工作。张琴秋就是 1938 年 2 月由中央组织部选调到安吴堡青训班的。张琴秋到安吴堡青训班工作时，正值青训班鼎盛时期。一年之中办了十期，训练了上万名青年。与张琴秋同时调安吴堡的还有刘瑞龙、李东潮、朱致平、史洛文等十多个人。他们都是有经验有文化的红军时期的干部。安吴堡青训班的名誉班主任是朱德，班主任是冯文彬，副主任先后是胡乔木、刘瑞龙。青训班下设秘书处、教务处、生活指导处、总务处、党总支委员会、职工大队、印刷厂、青年农场等。张琴秋为生活指导处处长，副处长是史洛文。生活指导处是青训班里的一个重要的处，下面有社会工作科、民运科、地方工作科、组织科、人事科、保卫科、文娱科、宣传科、俱乐部、学生会等，是有着几十个人的一个处。其中史洛文还秘密兼任党总支委员会书记，直属中央组织部领导。当时，安吴堡青训班在毛泽东的文章中，是和抗大、鲁迅艺术学院、女大等同样地位的。所以，当时张琴秋她们一批红军出身的知识分子干部来到安吴堡青训班以后，根据毛泽东的要求，制定了一系列规章制度，使整个教学、训练、生活规范起来了，精神风貌也发生了深刻变化。张琴秋在1938年曾经写过一篇《生活指导处是怎样工作着的》，详细介绍了当时学员的精神面貌。她介绍说："说到上课的光景就与普通学校更不同了。课堂一般都是露天的，凳子就是一块砖或几块砖，或根本没有砖，也没有讲台，不过有时有一块黑板，可是讲的人总能够眉飞色舞，听的人也总能够聚精会神。再往后就是吃饭。饭在寒天吃两顿，热天吃三顿，就是除了早晚两顿干饭以外另加中午的一顿稀粥，……可是一般同学却能了解和原谅我们的困难，不但很愉快的吃而且很有秩序的吃，抬饭洗碗都是自己来，从没有出过一句怨言。”[①] 从这些生活小事上，可以看到青训班学员的精神风貌。也可以看出张琴秋为培养抗日救国的青年，是付出了巨大的心血的。曾经是青训班负责人也是兼任教务处长的刘瑞龙在20世纪80年代回忆说：

> 青训班除教务处外，还有一个生活指导处，实际上是政治工作处。当时张琴秋同志担任生活指导处处长，和教务处的工作配合是很协调的。她的工作方针就是要发挥学生自己在学习中间的自觉性和主动性，她认为战时教育的目的，不在于造成多少架服务抗战的机器，而在于造成真正英勇而有才干的民族解放干部。她提倡采用全新的教育方法，不要去限制青年的发展，而是要去帮助他们。生活指导处的基本任务就是要从日常生活上帮助青年的发展，来达到保证完成教育计划的目的。琴秋同志在思想政治工作方面，灵活运用红军政治工作经验，按照青年的特点和当地许可的条件，同全处同志进行了出色的工作，她把工作重心总是放在积极的一面，认为千百青年在我们面前等待着我们去武装他们的意识，锻炼他们的意志，帮助他们克服他们的弱点，养成战斗的和科学的，热情的和实际的，大智不疑，大仁不扰，大勇不惧和富贵不淫，贫贱不移，威武不屈的人生观。她认为这是一

① 张琴秋：《生活指导处是怎样工作着的》，刊《西青救与青训班》，1938年8月15日西北青年救国联合会出版。

宗无比神圣使命。[①]

从刘瑞龙的回忆看，当时张琴秋对培养什么样的抗日青年是有她自己的想法的，而且在实践中积极实施，取得了很好的效果。即使今天来看，张琴秋这种培养青年的观点和方法，还是有着积极意义的。从中也可以看出张琴秋的能力和工作水平。

张琴秋在安吴堡青训班工作时，应该是从西路军失败以来心情最为愉快的一个时期。一些老同事仿佛又回到充满激情的岁月，刘瑞龙曾经是张琴秋的部下，担任过红四方面军总政治部宣传部长，是川陕省委的同事，担任过省委宣传部长；也是西路军政治部的宣传部长，是与张琴秋同患难的战友。还有在红四方面军三十一军担任过团委书记的朱致平，也从抗大到了安吴堡青训班工作。和这些战友同志现在在一起工作，张琴秋的智慧得到发挥，所以张琴秋在安吴堡青训班里，工作非常出色，心情也是最为愉快的。但是，就在张琴秋在安吴堡一心一意抓青训班管理的基本建设时，1938 年清明节发生了张国焘叛逃事件！消息传来，让张琴秋感到震惊，但仔细一想，张琴秋觉得张国焘的叛逃是他的本性决定的。因为党中央对张国焘的路线错误进行批判的同时，对张国焘个人也多次进行帮助挽救，希望他认识错误，振作精神，继续为党努力工作。但是张国焘依然萎靡不振，消极对待同志们的帮助。1937 年 12 月，王明和张国焘谈话，并告诉张国焘，原红四方面军参谋长李特和原红四

① 刘瑞龙：《纪念安吴青训班创办四十八周年》，刊《安吴古堡的钟声》，中共党史资料出版社 1987 年 1 月版，第 177 页。

方面军秘书长黄超是“托派”。张国焘知道王明的话的分量，对苏联肃反中对待“托派”的手段，张国焘是清楚的，所以张国焘经过这一刺激，觉得王明下一步要整他了，他“经过一番考虑，最后决定脱离中共”。[①]不过，张国焘的叛逃，并没有影响中国共产党的抗日热情和决心。

1938 年下半年，延安的革命形势十分高涨，来抗日军政大学学习的革命青年越来越多，先后成立了 8 个大队，43 个小队。学员达到 5500 多人。其中女学员有 654 人。成为“抗大”历史上的黄金时期。此时，管理、教育这些女学员，成为抗大领导的一个新课题。于是，抗大领导决定将 654 名女学员单独编为一个大队，为第八大队。并要求中央派一位既是知识分子，又是在红军中担任过领导的女同志来负责这个第八大队。抗大的要求得到中央的肯定，于是，这个任务又落到张琴秋身上。经请示中共中央军委，张琴秋被任命为抗日军政大学第八大队大队长；王明的夫人孟庆树被任命为大队政

1938 年，任延安抗日军政大学第八大队大队长时的张琴秋。

① 张国焘：《我的回忆》（第三册），现代史料编刊社 1989 年 3 月版，第 428 页。

治处主任。因此，张琴秋在1938年11月回到延安，进入抗日军政大学第八大队工作。

从1938年2月到10月，张琴秋在安吴堡青训班心情舒畅地工作了八个月。

张琴秋回到延安到抗大报到时，正是中国共产党六届六中全会在延安桥儿沟召开，会议上，毛泽东作了《中国共产党在民族战争中的地位》的报告，明确了共产党在抗日战争中的重大历史责任。同时，中央建立了中央妇女运动委员会，王明为主任。中共中央在1939年2月20日做出了《关于开展妇女工作的决定》，提出“立刻建立与健全各级党的委员会下的妇女部与妇女运动委员会，认真的经常检查与帮助其工作，使之成为各级党的委员会内最重要的工作部门之一。”[①]3月3日，经中央书记处讨论通过，中央妇女运动委员会又发出了《关于目前妇女运动的方针和任务的指示信》，提出“只有加强全党对妇女工作的注意和克服党内许多党员轻视妇女工作的现象，才能把妇女工作提高到应有的地位，才能转变党内工作最薄弱的这一环。共产党是要解放全人类的政党，首先是代表最受压迫最受剥削的一切人民的利益的政党。因此，共产党对于妇女解放事业的同情，忠实和有办法，是任何其他党派所不及的。”[②]所以，当张琴秋到抗大担任第八大队队长时（据说当时张琴秋还在中共中央组织部妇女科帮助工作），正是党中央对妇女工作十分重视

① 中央档案馆编：《中共中央文件选集》第11集，中共中央党校出版社1989年8月版，第25页。

② 同上，第35页。

的时候，做妇女工作的环境还是好的。因此，当时中央调张琴秋去抗大做妇女工作，是对张琴秋在安吴堡从事教育工作成绩的肯定，也是党中央对张琴秋的重视。到任以后，张琴秋又全身心地投入到抗大妇女工作了。1939年春，张琴秋作为妇女代表，参加了祭黄帝陵活动。在林伯渠带领下，和高岗、莫文华、艾思奇、毛齐华一起，从延安出发到黄陵。本来国共双方约定，共同祭奠。但国民党方面不顾基本的尊重和礼仪，不等延安来的代表到达，提前开始祭奠仪式。后来，林伯渠等延安来的中共代表重新开始祭奠仪式，并且宣读毛泽东写的祭文。毛齐华同志回忆说："我们只赶上了向黄帝陵鞠躬致敬仪式并与国民党的人共同行了三鞠躬后，他们就先走了。我们重新再来。我们代表中国共产党和陕甘宁边区各界举行了祭祀仪式，并宣读了毛主席亲自撰写的祭文（此文的碑刻，现立在黄帝陵内）。"①

1939年7月，中国女子大学建立，张琴秋和抗大第八大队的学员一起转入延安中国女子大学。张琴秋被任命为中国女子大学教育长，继续从事妇女教育工作。

二、中国女子大学的教育长

张琴秋在延安从事妇女教育、教学工作时期，应该是我们党非常重视妇女工作的好时期之一。首先毛泽东非常重视抗日战争中的妇女工作，重视妇女社会地位的提高。他在1939年

① 毛齐华：《风雨征程七十春——毛齐华回忆录》，当代中国出版社1997年6月版，第145页。

三八妇女节上讲话中，明确提出："我们抗日不仅为求民族平等，而且要在抗日战争中求得妇女地位的平等。"后来，在毛泽东的倡议下，中共中央决定在延安创办中国女子大学。同时决定将抗大第八大队的全体女学生全部归到中国女子大学。所以张琴秋随第八大队到了中国女子大学。

中国女子大学在延安城北门外，与中共中央党校隔河相望，在王家坪、杨家岭之间的山坡上。1939 年春天，当地民主政府动员几百名民工，根据中国女子大学筹备组的规划要求，挖了 100 多孔窑洞，每一孔窑洞 14 至 20 平方米不等，可以住 8 到 10 个人。同时还修建了 3 个教室、一个礼堂以及山洼处的食堂。在山坡下面延河岸边的沙滩上，稍加整理，平整出一个操场，可以供女子大学的学生活动。学校周围还打了土围墙。当时用了 3 个月的时间，一个全新的大学在延河边建成了。中央很快任命王明为中国女子大学校长（后由李富春担任）；副校长为柯庆施、林沙；政治部主任为孟庆树，教育长为张琴秋，总务处长为吴朝祥。1939 年 7 月 20 日，中国女子大学在王家坪举行隆重的开学典礼，在延安的全体中央委员和各界代表近万人参加了大会。开学典礼上，王明作为校长讲话，毛泽东在开学典礼上作了重要讲话，指出：女大的成立，在政治上有着非常重大的意义。提出，全国妇女起来之日，就是抗战胜利之时。右臂受伤的周恩来也在开学典礼上讲话，强调：当着全国妇女起来，风起云涌之际，希望女大赶快培养造就大批的女干部，到全国各地去领导广大的妇女运动。在中央领导讲话以后，女大的学生代表向毛泽东、邓小平、张鼎丞献旗。之后还进行文艺演出。

1939年7月中国女子大学成立的时候，500多名学生，根据文化程度分8个班。其中普通班6个，高级研究班和特别班各1个。普通班中一、二班是妇女训练班，三、四班是抗大第八大队归并过来的，五、六班是普通班。这些女大的学生来自21个省以及海外的一些华侨青年。年纪最大的41岁（1人），最小的14岁（2人）。女子大学开办时，有30多名专职教职员工，但是资格都很老，素质都很好。有大革命时期入党的，有在苏联学习过的，还有经过长征的，其中张琴秋是经历最丰富的一名负责人。当时经济条件有限，中央领导带头为中国女子大学募捐，毛泽东、周恩来夫妇、董必武等带头将在重庆参加国民参议会的薪水捐献给女子大学添置图书，林伯渠捐献了一批煤油灯，秦邦宪捐献了大礼堂用的幕布，八路军代表邓小平捐献了一批马，新四军代表张鼎丞捐献了一些战利品，另外，叶剑英、李克农也积极为女子大学募捐。中央领导带头和社会各界的积极支持，为中国女子大学筹备开办减轻了不少压力。

张琴秋在中国女子大学担任教育长，为中国女子大学制定了“以养成具有革命理论基础、革命工作方法、妇女运动专长和相当职业技能等抗战建国知识的妇女干部为目的”的教育方针。为女子大学的课程设计花了许多心血，普通班有社会发展史、政治经济学、中国革命问题、中国共产党问题、三民主义、妇女运动、生理卫生、外国语、速记技术、会计、医药等课程。既有马克思主义理论的学习，又有结合妇女实际设计的课程。有选修课和必修课。期间，在延安的一些领导和知名人士也多次到女子大学讲课。邓颖超、蔡畅、丁玲、陈伯达等都在女子大学讲过课。延安中国女子大学有一首校歌，王明作词，冼星海谱曲。当时女大的校风和抗大相似，工作学习都是团结紧张、严肃活泼的，在艰苦的条件下，保持一种奋发向上的精神风貌。因为条件的艰苦，女大学员平时吃饭、上课、听报告等都是在露天，但是学员们精神状态很好。女子大学学生郁文回忆说："每当上课的哨子一吹，整齐的行列便围成半圆；教室是露天的，或在窑洞前的平台上，或在茸茸的绿草地上，每人一个矮矮的凳子，甚至有的坐一块木板。膝盖是随身笔记的书桌，手不释卷，革命的理论与她们结下了不解之缘。"① 可见当时奋发向上的学习风气。

1939 年女大开学不久，正赶上延安的秋收季节，女大特别班的学员年纪都不大，革命经历丰富，文化程度低，但是劳动又是她们这些特别班学员的强项。所以张琴秋在带领她们上山劳动时，这些特别班的学员表现特别优秀。据说当时全校师生上山收割粮食，只用了两天半时间，300 亩谷子就收割完成了。特别班学员的劳动表现为大家称道。后来女子大学有不少学员被评为劳动英雄。有时候，这些曾经和张琴秋一起出生入死的特别班学员产生了骄傲情绪，有时候产生文化学习的畏难情绪。张琴秋知道以后，主动找她们中间有思想包袱的人做思想政治工作。要求她们不要骄傲，不要看不起国统区来的知识分子同学，否则会影响同学之间的团结的。这些女子大学的学生见到张琴秋，都非常敬重，所以张琴秋找她们谈心，她们心悦诚服，早

① 郁文:《革命女战士的熔炉——延安中国女子大学》，刊 1939 年 8 月 30 日《新华日报》。

已释然了。据说后来这些特别班学员一想起张琴秋给她们做思想工作时慈祥而亲切的形象，直到晚年依然感到温暖！因为张琴秋总是积极发掘这些同事、学生积极的一面，和她谈话，有一种如坐春风的感觉。女子大学教务处的李晋昭回忆：

> 我初到教务处时，琴秋同志叫我起草一个通知，先教我起草内容和方法，写好后再由她修改。只要形成文字的东西，她都要过目，并加以细心修改。她喜欢用毛笔书写文稿，在她的办公桌上文房四宝齐全。当我第一次见到她用毛笔给我修改文字时，我惊喜地发现她的字端庄秀丽中透着刚劲挺拔，体现出一位女革命家的骨气。……我在琴秋同志身边工作两年，不仅学习她的工作方法和作风，更重要的是学习她对革命坚贞不屈的意志，严于律己宽以待人，以培养教育干部为己任的高贵品格。我很庆幸在踏上革命征途不久就遇到了这样一个好领导。[①]

李晋昭还记得：

> 我每次进入琴秋同志连宿舍带办公室的窑洞，总见她不是工作便是学习。有几次熄灯号已吹过，我有事找她，她还在看书。她学习时总不离笔记本，边看边记。有一回我说：琴秋同志，灯油快完了，光线不好，你何必这样吃苦。她揉揉

① 李晋昭：《忆琴秋大姐二三事》，载《张琴秋纪念文集》（内刊），桐乡市政协文教卫体与文史资料委员会编，2006年8月版，第84页。

眼睛笑笑说："明天讨论会上要发言，我不能夸夸其谈说空话，你说对吗？"我只好给她在灯内加满油，然后退了出来。[①]

1939年11月，张琴秋和孟庆树作为中国女子大学的代表，参加了以毛泽东为首的延安各界宪政促进委员会。1940年1月，以中国女子大学为主，由丁玲等女界名人发起，在延安中国女子大学的食堂召开延安妇女界宪政促进委员会。张琴秋当选为理事。在中国女子大学工作期间，张琴秋同样充分发挥自己的聪明才智，尽可能多地为党工作，从来不计较个人的得失。同时还处处维护组织的威信，维护党的团结。据说当时女子大学校长王明曾经和女子大学秘书长兼秘书处处长郭靖谈话时，私下对她说："张琴秋这个人是四方面军来的，参加过张国焘的伪中央。你和她在一起工作要小心一点，有什么事随时向我汇报。"[②]郭靖觉得很诧异，因为在郭靖心里，张琴秋是她们的偶像，无论是革命经历还是革命意志，无论是理论水平还是工作水平，无论是人格力量还是为人处事，都是值得尊敬和学习的。而且在外人看来，王明和张琴秋是莫斯科中山大学同学，而且在中山大学时，别人都以为张琴秋包括沈泽民都是王明的人。王明竟然在背后说这些话。让年轻的郭靖感到王明校长的心理非常阴暗！后来，郭靖在工作中更加感到张琴秋的大度和正派。当时王明的老婆孟庆树妒贤嫉能，常常和郭靖过不去，在工作中

① 李晋昭：《忆琴秋大姐二三事》，载《张琴秋纪念文集》（内刊），桐乡市政协文教卫体与文史资料委员会编，2006年8月版，第84页。

② 谢燕：《张琴秋的一生》，浙江人民出版社2018年5月版，第163至165页。

给郭靖出难题。让郭靖常常感到无所适从，甚至向刘少奇要求调动工作，不愿意在王明和孟庆树那里工作。张琴秋知道后，安慰郭靖，给她做思想工作，要她正确看待党内斗争，要维护党内团结，处事要大处着眼，小事情不必斤斤计较。

张琴秋在女子大学工作时，虽然王明另眼看人，张琴秋依然为革命满腔热情勤奋工作，1940年的“国际三八妇女节”到了，延安的中国女子大学成为庆祝活动的主要场所，上午召开庆祝大会，毛泽东、朱德、林伯渠等中央领导参加大会，张琴秋在大会上致开幕词，朱德、林伯渠讲话。下午举行体育比赛，晚上进行文艺汇演，延安中国女子大学成为延安最热闹的地方。据说，晚上文艺汇演最让人开心的是张琴秋的节目。据当时在场的女子大学学员雪波回忆：“文娱演出最精彩的是张琴秋的交谊舞表演。她身着红绸衣，男舞伴是身着西装的稻草人。她手舞足蹈，引得全场前俯后仰，捧腹大笑，成了延安空前的大奇观。”①张琴秋担任陕甘宁边区参议员期间，积极为保障妇女权益献计献策，参政议政，为陕甘宁边区的妇女权益保障贡献自己的聪明才智。后来边区参议会换届选举时，积极让女子大学的学生去基层农村帮助工作，让女子大学学生在实际工作中得到锻炼。

1940年1月，延安陕甘宁边区文化协会第一次代表大会在中国女子大学大礼堂召开，到会的有在延安工作的文化工作者和延安各界人士近500人，张闻天、王明、吴玉章、艾思奇、周扬、李维汉等在会议上讲话作报告。1月9日，毛泽东专门到

① 谢燕：《张琴秋的一生》，浙江人民出版社2018年5月版，第163至165页。

会议上演讲，那天，毛泽东穿一身灰棉军衣，满面红光，神采奕奕，毛泽东演讲的题目是《新民主主义的政治和新民主主义的文化》，就是后来大家熟知的《新民主主义论》。毛泽东从下午一直讲到晚上点灯时分。他在演讲中回答了人们普遍关心的问题，如中国向何处去？我们要建立一个新中国，中国革命是世界革命的一部分，中国文化革命的历史特点，文化性质问题上的偏向等。毛泽东的高瞻远瞩和深刻的理论历史思考，让与会者深受感动！时不时掌声雷动！事后，张琴秋常常带着深厚的感情回忆起听毛泽东主席的这次报告，认为这是她听到的印象最深刻的一次报告。在这次陕甘宁边区文化协会第一次大会上，张琴秋、孟庆树、林纳作为女子大学的代表，当选为边区文协委员。

在这之前，即 1939 年 8 月，因为周恩来要去苏联治病，党中央批准了陈昌浩与周恩来同机去苏联治病的请求。陈昌浩 12 岁的儿子陈祖涛也吵着要去，所以陈昌浩和张琴秋商量以后，飞机正好有座位,陈祖涛就跟着父亲陈昌浩一起去了苏联。可是，陈昌浩刚刚走，陈昌浩老家的发妻刘秀珍从湖北老家到了延安，而且带了长子陈祖泽。一到延安，刘秀珍才知道陈昌浩已经离开延安去了苏联。千里寻夫，一路奔波，千辛万苦，终于到了延安,期盼一个家的温暖,不料,一路寻找的陈昌浩却去了外国！此时 32 岁的刘秀珍举目无亲、欲哭无泪。但是，延安毕竟是延安，当知道她是陈昌浩的结发妻子，就把她们母子俩安排在女子大学河对面的招待所，并且打电话把刘秀珍的情况告诉了陈昌浩现在的妻子张琴秋。招待所的同志担心张琴秋会有什么想

法，特地关照张琴秋，见还是不见？请张琴秋自己定。张琴秋接到电话，二话不说，立刻赶到招待所去接刘秀珍母子。落落大方的张琴秋见到刘秀珍母子，非常高兴，见到陈祖泽，知道这就是陈昌浩的长子，忙说："这就是柏生吧？"柏生是陈祖泽的小名。几句话，刘秀珍也放松了自己的紧张和不安。张琴秋让她们到家里去住。于是张琴秋带着刘秀珍，牵着柏生往回走。路上要经过延河，当时水浅，没有桥，来来往往都是涉水而过。但是对小脚刘秀珍来说，却是难事。见刘秀珍站一边不动，被张琴秋发现了，张琴秋过去说："我背您过去吧。"刘秀珍哪肯，张琴秋再三说没事，直到感动刘秀珍，她才让张琴秋背过河去。这事，给少年陈祖泽留下了深刻的影响。后来，张琴秋又安排她们母子俩住在自己窑洞里，让柏生进学校读书，刘秀珍先去安塞小学妇女识字班学习，后来安排刘秀珍去保育院当保育员。此时，刘秀珍已经熟悉延安，已经把张琴秋当亲人，陈祖泽也非常亲切地叫张琴秋为"张妈妈"，而且一直这样叫。据说陈祖泽直到现在，每每说起张琴秋，常常热泪盈眶，感恩之情，真正做到没齿不忘！后来刘秀珍就在女子大学帮助工作，有一天，刘秀珍站岗，挡住了一个没有路条证明的老八路，闹了笑话。原来刘秀珍挡住的是朱德总司令。不过朱德总司令没有不高兴，反而表扬她站岗责任心强。当知道她就是陈昌浩的结发妻子时，总司令还邀请刘秀珍到家里吃饭。有一次，毛泽东到女子大学讲课，在休息时找到刘秀珍，和她握手聊天。在保育院工作时，毛泽东又见到刘秀珍，问她在延安生活习惯不习惯？有什么要求？刘秀珍只是说，其他都好，就是伙房不让南方来的妇女打开水。毛泽东听了点点头。后来这个问题很快解决了。让刘秀珍体会到共产党领袖的伟大之处就是想老百姓之所想。

1940 年 5 月，茅盾一家逃出盛世才的魔掌，辗转兰州、西安来到延安。5 月 26 日下午，茅盾一家抵达延安，张闻天和陈云专门到延安南郊七里铺迎接茅盾一家。张琴秋同样怀着激动的心情，到南门外迎接亲人！亲人相见，自然有着说不完的话。茅盾一家在南门外交际处安顿好以后，张琴秋向茅盾他们介绍了延安的一些情况，茅盾告诉张琴秋，自己想在延安参加工作，同时走访一些地方，有机会，还想去前方看看。张琴秋建议茅盾的女儿沈霞可以去中国女子大学学习；儿子沈霜（后改名为韦韬）去泽东青年干部学校。但是沈霜却要去陕北公学。后来毛泽东也亲自到交际处看望茅盾一家，并建议茅盾去鲁迅艺术学院："鲁艺需要一面旗帜，你去当这面旗帜吧。"茅盾连忙说："旗帜我不够资格，搬去住我乐意，因为我是搞文学的。"所以，后来茅盾一家就搬到鲁艺去住了。这段时间，张琴秋有时间向茅盾详细介绍她和沈泽民是怎样到鄂豫皖苏区的，沈泽民又是怎样工作的，又是怎样和张国焘斗争的，以及她自己的在川陕革命根据地的经历和西路军失败以后如何逃出来的情况。让茅盾夫妇嘘唏不已！茅盾也向弟媳张琴秋讲了自己这些年的经历，以及上个月刚刚去世的母亲的情况，让张琴秋对自己的婆婆有了更深的了解。1940 年 10 月，茅盾夫妇奉周恩来之召，离开延安去重庆担任文化工作委员会的专任委员，走的时候把两个儿女留在延安读书。所以毛泽东曾经和茅盾开玩笑说："你现在把两个包袱扔在这里，可以轻装上阵了。"茅盾回忆说："过了几天，我们辞别了鲁艺的朋友们，搬到南门外交际处。我们拜托琴秋和仲实照顾两个孩子，给孩子留下了足够的衣物，再三叮嘱他们应注意的事情。四个月来，孩子们已在集体环境中生活得融洽无间，对我们的离去并不留恋，倒是德沚哭了两场。”① 这里的仲实，就是张仲实。刚刚和茅盾一家从新疆逃出来，是一位马克思主义理论家。因为在新疆的患难与共，与茅盾一家结下了深厚的友谊。所以茅盾让女儿和儿子生活上有什么事，可以去找张仲实。而张琴秋则不用多说，自己家里人，照顾茅盾的两个孩子是义不容辞的事情。所以，张琴秋在延安期间，关心照顾茅盾的两个孩子，成为张琴秋的一份充满亲情的责任。无论在女子大学当教育长，还是在中央妇委期间，她始终把茅盾留在延安的两个孩子的事，当作自己的事。

在女子大学工作期间，张琴秋还要顶住来自方方面面的压力，茅盾他们离开延安不久，王明主持召开女大校务委员会，决定免去政治处副处长林纳的职务，调到教务处工作。因为林纳的丈夫在苏联肃反时被带走了，所以现在女子大学要审查林纳。而被审查的同志分配到教务处工作，引起一些人趁机议论，说教务处的人都是有问题的。张琴秋心中明白，这些谣言和不负责任的议论，都是冲着她来的。连教务处的同志也有些想法了。于是张琴秋主动找她们做思想工作，告诉她们：“这是一种不负责任的议论，与你们没有关系，你们不要把它放在心上，你们要照常做好各人分管的工作。”当时具体负责审查林纳的是政治处处长孟庆树和政治处干部科长叶群。教务处里许多同志同情

① 茅盾：《我走过的道路》（下），人民文学出版社1997年12月版，第380页。

林纳，对叶群动不动就到教务处找林纳谈话非常反感，所以有时候叶群到教务处找林纳谈话，其他同志就说林纳不在，出去了。去哪儿了？不知道。故意让叶群白跑一趟。这件事让张琴秋知道以后，张琴秋对有关同志给予批评，严肃地告诉她们："这样的玩笑开不得！"她告诉她们说："她来找林纳，肯定是有事情要找她了解情况，不是叶群个人的主意，你们这样做，可能会耽误事情的。"其实，张琴秋对林纳也非常关心，她经常去找林纳谈心，鼓励她：要相信党会把问题搞清楚的。越是在处境困难的时候，越要增强对革命事业的信念，这样你就会增添力量克服困难。同时，张琴秋还告诉她：谈情况时一定要实事求是，不要胡编乱造，以免犯欺骗组织的错误。张琴秋的安慰和鼓励，让林纳坚定了信心。后来在中央组织部的过问下，女子大学对林纳的审查作出"林纳无问题"的结论。

张琴秋在延安期间，年轻时的女性朋友陈学昭以记者身份携丈夫何穆、儿子到延安，她到延安采访在延安的中共领导人。丈夫是"海归"医学博士，到延安以后，参与筹建延安的医院。陈学昭在来延安前，知道张琴秋已经在延安，便给张琴秋写信，表达自己投奔延安的强烈愿望。本来以为多年不见且一直在想念的张琴秋会对她有充满热情的欢迎。不料，陈学昭却收到张琴秋冰冷的回信，认为她不必到延安，在外面同样可以为国家工作。"现在国共合作，抗日不一定要到延安！"让陈学昭以为张琴秋担心她吃不起延安的艰苦，不让她来延安。所以，陈学昭还是下决心到延安。当张琴秋从安吴堡回到延安，陈学昭已经在延安等待与张琴秋相聚。两位年轻时的小姐妹在延安相见，

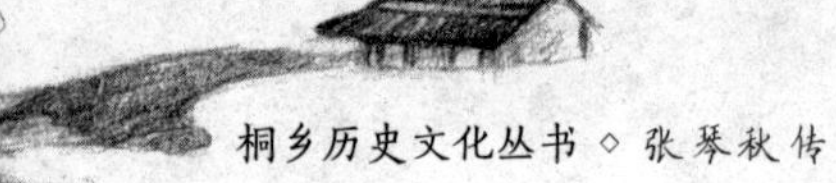

张琴秋并没有表现出多少热情，有些冷淡，陈学昭问一句，张琴秋答一句。其实，陈学昭已经不了解此时的张琴秋了，经历过生死考验和复杂党内斗争的张琴秋，自己所面临的处境，怎么向这位留学归来的书生气很重的朋友说呢？张琴秋对陈学昭的感情是很深的。陈学昭来延安以后，张琴秋常常为她担心，担心她因为不了解延安的实际情况而遇到麻烦。因为自己是经历过组织风浪的，陈学昭却从来没有过。所以张琴秋对陈学昭表达出“冷漠”恰恰是另一种关心，让她知道革命的不易和艰辛。后来，陈学昭随着经历的丰富，对张琴秋在延安相见的表现，以及自己在延安的遭遇，更加能够充分理解，也更加敬重张琴秋，事实也说明，陈学昭和张琴秋是一辈子的好姐妹。

在离开女大前，张琴秋依然很关心那些年轻人，在教务处工作的李晋昭见到张琴秋，张琴秋问她，是想工作还是去延大学习？李晋昭说，先考大学，考不上再工作。张琴秋表示肯定。并让她就住在女大宿舍复习，还找了一些参考书给她。后来李晋昭考取了延安大学俄文系。

三、在中共中央妇女运动委员会

1941年7月30日，随着形势的发展，中共中央决定将泽东青年干部学校、中国女子大学、陕北公学三所学校合并，建立延安大学。吴玉章为延安大学校长，赵毅敏为副校长。8月28日，《解放日报》公开发布消息称：“中共中央决定将陕北公学、中国女子大学、泽东干部学校合并成立延安大学，以吴玉章同志为校长、赵毅敏同志为副校长，校址设在女大原址，限于8月底将原有三校结束。并将延大筹备就绪，闻延大学制将延长，使成正规大学，并附设中学部，现正积极进行筹备工作，约于9月中旬正式开学之。”[①] 延安大学是这一年9月22日开学的。张琴秋在中国女子大学的工作结束以后，1941年9月，奉命调至中共中央妇女运动委员会工作，担任中共中央妇女运动委员会委员兼任副秘书长。此时，王明不再担任中共中央妇女运动委员会书记，由蔡畅担任书记。据说，蔡畅当时曾对张琴秋说：“你们来得正是时候，现在有许多工作需要你们这些有丰富妇女工作经验的同志来帮助我做……我对这次中央确定的新的妇委组成人员名单很满意，我相信我们一定会合作得很好，能切切实实地为中国妇女做点有益的事。”[②] 所以，张琴秋到妇女运动委员会工作以后，保持她一贯的工作作风，满怀信心、卓有成效地开展妇女工作，得到妇委同事的高度评价。

张琴秋刚到中共中央妇女运动委员会工作，第一个任务，就是和西北局同志一起，组织妇委机关的同志下基层调查研究。据当时妇委干部王云回忆：1941年秋，女大结束后，中央妇委、西北局联合组织了十多人的妇女生活调查团，毛泽东为调查团成员作农村调查的报告，蔡畅亲自部署，张琴秋具体负责联系这个任务。王云说：“在一年多的农村生活中，我们受到了深刻的教育启示。琴秋同志从开始到结束，都给了我们很多具体帮

① 《陕公、女大、青干三校合并成立延安大学》，刊《解放日报》，1941年8月28日。

② 谢燕：《张琴秋的一生》，浙江人民出版社2018年5月版，第169页。

助。当我们对这次调查工作的意义体会不深时，她及时指出：'这是学会做党的群众工作的基本功锻炼。你们大都是来自大城市的学生，只凭热情是不够的，必须了解农民，特别是农村妇女。只坐在高级机关是学不会做妇女群众工作的。'又说：'满足于对中央指示的一知半解，不与群众的要求结合起来，不深知群众在想什么，要求什么，就不知有针对性地切实地贯彻中央指示精神。'这些道理明白后，我们更自觉地努力接受这次教育学习实践。"①后来，当王云她们调查团在农村工作中碰到难题时，张琴秋又及时给以指导，让这些来自城市的年轻干部受到深刻教育。王云回忆说："当时我们的求知欲很高，也有深入实际锻炼的决心，但与农村妇女交心的办法少，方式也简单生硬，当一接触实际，很难得到群众的真心话。就产生了急躁情绪。这时琴秋同志又及时地指出我们的毛病，告诉我们调查方法。她说：'你们这样做不行，必须先让妇女了解你们的来意，感觉你们是真心实意来向她们学习；为了解她们的要求，尽可能地帮助她们解决困难问题。'于是我们就帮她们搞家务、带孩子、挑水、做饭，在与她们共同劳动中建立感情，以拉家常的方式，使她们自愿和我们讲心里话，避免拿着'提纲'生硬的一问一答的做法。这样，我们了解到许多'提纲'上并没有提到的情况和问题。"②

张琴秋长期积累的革命工作经验，在延安妇女运动史上留下了浓重的一笔。当时，国民党对陕甘宁边区实行经济封锁，致使边区军民的吃饭穿衣都成为问题，于是党中央发动群众开

①② 王云：《在中央妇委和女大工作时的张琴秋》，见《张琴秋纪念文集》（内部资料），桐乡市政协文教卫体与文史资料委员会编，2006年8月版，第90页。

展生产自救，毛泽东号召大家“自己动手，丰衣足食”。一时间，延安军民都发动起来，学校的，机关的，部队的，纷纷走出教室，走出办公室，走出军营，开荒种地，种粮种棉，纺纱织布，一种热气腾腾的大生产运动在延安的土地上蓬蓬勃勃地开展起来了。参加劳动的妇女，是当时陕甘宁边区的一支重要力量，作为中共中央妇女运动委员会成员，组织发动妇女起来投入大生产运动，是义不容辞的责任。蔡畅把这个任务交给张琴秋、区梦觉等人去研究组织。

张琴秋发挥她善于调查研究的作风，深入基层，发现妇女参加大生产运动的经验和典型。张琴秋在陕甘宁边区妇女联合会那里，了解到延安南区合作社主任刘建章组织妇女参加大生产的经验，值得陕甘宁边区推广。原来，延安南区柳林二乡的农村妇女从来没有纺纱织布的习惯，合作社主任刘建章在走村串户调查了解过程中，发现南庄河村农民李国泰的妻子会纺织，于是刘建章就把这户人家培养成生产能手，让李国泰穿着妻子纺织的衣服到处宣传，于是，一传十，十传百，全村38户农民家里的妇女都陆陆续续到李国泰妻子那里去学习纺织，妇女学到了纺织技术，家里增加了收入，这个村农民的精神面貌发生了很大的变化。张琴秋及时帮助陕甘宁边区妇联总结了这个村的经验，召开会议推广这个村的做法。并且帮助她们办起了纺织厂，妇女纺织赚了钱，家庭生活改善了，夫妻关系、婆媳关系和睦了，妇女的社会地位也有了很大提高。而且，妇女的文化生活需求也有了很大的变化，这些年轻的妇女要和合作社打交道，深深感到自己没有文化不行，于是妇女学习文化的热情

也得到提高。张琴秋她们的及时总结推广，使陕甘宁边区的妇女在大生产运动中发挥了积极作用。

在中共中央妇女运动委员会工作时，张琴秋在中央妇委领导下，一方面十分注意从基层发现和培养典型，推动妇女在延安大生产运动中得到经济上的解放，让农村妇女学文化、积极参加社会活动；同时十分注意从制度上研究建立妇女解放的工作机制，制定一些切合延安妇女工作实际的方针政策，1942 年，根据中央要求，张琴秋参与以党中央名义发布的《关于各抗日根据地目前妇女工作方针的决定》酝酿、讨论、起草、修改的全过程，为全国抗日根据地的妇女工作建设贡献了自己的聪明才智。后来，这个文件在 1943 年 2 月 26 日在延安《解放日报》上全文发表，在中国妇女运动史上称为“四三决定”。其中包含了张琴秋的智慧和心血。所以，张琴秋在中共中央妇女运动委员会工作，一如既往，充满革命的热情和激情，并以她宽厚的胸怀，丰富的经验，坚定的党性赢得了“妇委”上上下下同事的尊重。

四、真爱，与苏井观结成连理

张琴秋在中共中央妇女运动委员会工作时，一方面要做好千头万绪的妇女工作，这些工作虽然零零碎碎，但是非常重要，关系到大生产运动能否取得实效，关系到党中央的对妇女工作的关心能否落到实处。所以，张琴秋依然和过去一样，全心全意为妇女工作努力；同时，张琴秋为陈昌浩的结发妻子刘秀珍以及孩子的事操劳，她付出的真心真情，得到刘秀珍和陈祖泽的尊重，这，也让张琴秋心里多少有些安慰。还有，茅盾夫妇离开延安以后，张琴秋的窑洞，成为侄女、侄儿的家，他们时不时来到张琴秋的住处，过个星期天。在延安，张琴秋还有许多红四方面军的老战友、老部下，他们对张琴秋都充满感情，他们敬佩张琴秋的人格，敬佩她的大度，敬佩她对党的忠诚！其中，在鄂豫皖苏区时期就熟悉的医生苏井观，对张琴秋就一直怀着一种敬佩之情，他在川陕革命根据地和西路军时期，在硝烟弥漫的艰苦战争中，见证了张琴秋的勇敢、坚毅和大度，也知道年轻的张琴秋失去丈夫沈泽民后的痛苦，知道她在战争环境下与陈昌浩同甘共苦的岁月，所以在苏井观的内心深处，抱着对张琴秋的深深敬佩的同时，也深深地爱戴着张琴秋！而张琴秋对比自己年纪小的苏井观同样非常了解，苏井观对革命事业忠贞不渝，医术高明，救治了无数的红军战士，在红军总医院工作时，张琴秋和院长苏井观配合得很好，为红军医院的发展一起努力作出过很大的贡献。而且苏井观为人厚道，待人真诚，是红军中难得的知识分子。张琴秋还知道，苏井观是河南潢川人，原名炳达，字静观。1905 年 3 月出生在一个个体手工业劳动者家庭。毕业于天津海军军医学校。1929 年党组织派遣苏井观进入鄂豫皖苏区，参加红军。后来在苏区担任医院院长、卫生学校校长等职务。所以张琴秋和沈泽民到鄂豫皖苏区以后，就和苏井观认识了。在西路军失败以后，苏井观随李先念部队西进新疆，逃出一条生路；部队被马步芳打败后，张琴秋最后一个人困在祁连山的冰天雪地里，被俘虏以后解到南京，周恩来得知后，将张琴秋从南京反省院解救出来。后来，张琴秋到了延安，苏井观也从新疆回到延安。和大部分四方面军战友一样，他们又在延安见面。

当时，陈昌浩和儿子去了苏联以后，虽然一直没有音信，但是张琴秋还是一直盼望陈昌浩能够早点回来团聚的。然而，一直没有消息，而一旦得到消息，却让张琴秋心里凉透了，陈昌浩在苏联与原来相识的姑娘格兰娜同居了！消息是确实的。这时，刘秀珍和陈祖泽已经随陈昌浩老部下周怡去了敌后抗日根据地。张琴秋面对空荡荡的窑洞，冷静思考以后，果断地向中共中央组织部提出解除她与陈昌浩的名存实亡的夫妻关系。中共中央组织部很快同意了张琴秋的请求，批准张琴秋和陈昌浩解除婚姻关系。

此后的时间里，有一个人常常出现在张琴秋的脑海里，挥之不去。他就是相识多年的老战友苏井观。因为身体原因，张琴秋和苏井观的见面机会不少，苏井观对张琴秋十分关心，嘘寒问暖，常常让张琴秋有一种温暖洋溢在心头，有时见面间隔时间长了，自然而然会想念对方。但是，张琴秋毕竟是有过两次婚姻的人，沈泽民的牺牲，让张琴秋刻骨铭心，永远无法忘怀，她和沈泽民的爱情结晶——玛娅，还留在苏联的孤儿院，她还不知道她的爸爸已经牺牲，这也是让张琴秋日夜牵挂的心事；而陈昌浩的离去和背叛，作为女人，张琴秋心里自然有些愤恨，但是陈昌浩在苏联，张琴秋鞭长莫及，只好请求党组织给予明断。好在中央组织部很快有了态度，让张琴秋松了一口气。现在，面对苏井观的温暖和传达出来的情感，张琴秋格外慎重。

然而张琴秋明显感觉到，随着时间的推移，苏井观对她的感情似乎越来越浓烈，有时候，苏井观没有见到张琴秋，便给张琴秋写信，而且信越来越多，几乎是隔几天一封信，隔几天一封信，让张琴秋无法回避。几个月过去了，面对苏井观充满爱意的来信，张琴秋回了充满感激之情的几句话："祁连山下若能同行，今日情况恐又不同，至今想来，确是憾事。不过，当时情况很难，死的机会不知有多少次。死于山壑中，河水中，刀枪下，都有可能。静：这些事情只能把它当作故事来看，将来有机会讲给我们的下一代人听，倒也蛮有味道的。"大概苏井观来信中，又在说起当时在祁连山石窝会议以后，西路军分散行动，陈昌浩和徐向前回延安，李先念带着一支队伍向新疆进发，苏井观见张琴秋产后病弱的身体，担心她随三十军余部战斗在祁连山不放心，曾经建议李先念带着张琴秋西进新疆，李先念同意了也问过张琴秋，希望她与他们一起西进。当时张琴秋坚持留在祁连山和那些红军战士一起战斗，于是失去了和李先念、苏井观一起西进的机会，而自己差一点牺牲在祁连山，经过千辛万苦才捡回一条命！所以苏井观说起当时的情景，张琴秋苦笑之后百感交集！

在一次一次的见面和通信中，张琴秋和苏井观渐渐地坠入爱河，两位年纪不大的老革命开始他们甜蜜的恋爱。期间，苏井观工作在柳树店的陕甘宁晋绥五省联防军卫生部，而张琴秋在中共中央妇女运动委员会，两个地方还有点距离，所以只有节假日，两人才能够见见面，平时，张琴秋和苏井观相互牵挂和思念，只能写信沟通。苏井观和张琴秋相互之间的通信有 50 多封，但是经过"文革"，被付之一炬，仅仅留下一两封内容残

缺不全的信。其中一封张琴秋给苏井观的信是这样写的：

静：

一日不见，如隔三秋。的确，别后快一星期了，尤其是下雨天，时间感到格外慢些，不知道你是否有同感？……

你以前说愿意把你的心献给我。我丝毫没有怀疑。我们彼此只有真诚，没有虚伪。我们是十年之交，是深情、是真情、是姻缘（莫笑我的唯心观念）。

……

虽则我们不是初恋，虽则我们都已半老，然而奇怪，这种热情不知从何而来。有时我觉得这是不应该似的，可是我不愿意放弃人生的快乐，我应该找我的知音。我相信我们能得到幸福，而且能幸福到底，不会中途起变化。万一发生了意外，不让我们活在人世，那是无法，不然决不会有所变动。

我翻开破皮包，数了你的信，有四五页，写得又细致，又讲究，满纸涂着真诚，到处可以感到温暖。它给我的精神帮助太大，使我从孤苦烦恼中找到快乐。啊！可见世界上的深情似海是真的。我现在真正尝到了这种滋味。它超过山珍海味，也超过了葡萄美酒。

不错，我们人生为革命更重要，我们的事业更伟大。可是，除此以外，注意一点私生活，只要不妨碍我们的事业，我想没有什么不好的。有了真诚的爱，有了精神上的愉快，可以增强工作效能，相互鼓励，相互帮助，这不是坏事，是好事。

我们并不是恋爱至上主义者，否则，我们就可以不顾一切环境，也可以不做工作而整天来谈恋爱。我们决不敢轻易放松我们的事业，我们也不会妨害工作，我们只在业余时间来深思和偶尔的会谈，我们亦能彼此鼓励着鞭策着上进。……[①]

张琴秋追求幸福的情感世界，如此丰富而又理性，真诚而又炽热！

经过一年多的恋爱，张琴秋和苏井观的婚姻也水到渠成，经中共中央组织部批准，1943年五一节，苏井观和张琴秋结为夫妻。[②]那一天，苏井观住的窑洞里布置一新，里里外外，干干净净，喜气洋洋，徐向前和红四方面军的老战友和张琴秋工作单位的同志知道消息后，都赶来祝贺道喜。卫生部政委饶正锡和夫人，美国医生马海德和夫人都来到苏井观的住处道喜祝贺。那些老战友还在红纸写了一副对联：

两位老家伙，一对新夫妻。

名正言顺，情深意笃，名至实归，因为两位都是经过长征的老革命，经过艰难曲折的战争洗礼，两人的年纪都已经不小，苏井观38岁，张琴秋比苏井观还大1岁呢。所以他们的结合，老战友们都看在眼里，都打心眼里为他们高兴，为他们祝福！

---

① 见《张琴秋纪念文集》（内部资料），桐乡市政协文教卫体与文史资料委员会编，2006年8月版，第370至371页。

② 一些传记中写到张琴秋和苏井观结婚的时间，都是说1943年春，没有具体的时间。笔者在茅盾女儿沈霞1943年5月7日的日记中，发现有“琴秋‘五一’结婚了”的记载。所以可以认定：张琴秋和苏井观的结婚时间是1943年五一节。

此后，张琴秋和苏井观在人生的路上，无论张琴秋受到委屈，还是受到重用，两人一直相依相伴，相敬如宾。

张琴秋与苏井观

张琴秋和苏井观的结合，得到周恩来夫妇的肯定，1943 年 7 月间，周恩来夫妇回到延安以后，特地在一家饭馆设家宴，宴请苏井观、张琴秋夫妇，还请了陈学昭作陪。席间，周恩来频频举杯，祝贺张琴秋有了一个好归宿。

1943 年 3 月 20 日，中共中央政治局召开会议，决定中央书记处由毛泽东、刘少奇、任弼时组成，毛泽东任中央委员会、中央政治局、中央书记处的主席，同时兼任中央党校校长。同时中央决定调整及精简中央的有关机构，“决定将现有的职工运动委员会、妇女运动委员会、青年运动委员会合并，成立中央民运工作委员会，设书记和副书记各一人”。[①] 邓发为书记，蔡

① 曹仲彬、戴茂林：《王明传》，吉林文史出版社 1991 年 5 月版，第 351 页。

畅为副书记。机构调整以后，组织上安排张琴秋进中央党校学习，并且参加整风运动。

延安整风运动，是从1942年2月开始在中共范围内自上而下进行的思想政治建设。时间达3年3个月之久。毛泽东作了《改造我们的学习》《反对党八股》和《整顿党的作风》等报告，提出："反对主观主义以整顿学风，反对宗派主义以整顿党风，反对党八股以整顿文风，这是我们的任务。"全党通过批评和自我批评来学习马克思主义。但是，当时在实际进行过程中，出现一些偏差，人人过关，康生还在1943年7月15日召开中共中央机关干部大会，做"抢救失足者"的报告，宣布延安已经逮捕200多人。将一些同志打成"特务""叛徒""奸细"等罪名，相互之间揭发、攻击，批判，斗争。后来幸亏毛泽东发觉以后，及时纠正，解放了一大批同志。张琴秋在中央党校学习、整风期间，同样需要交代自己的经历，说清楚自己在红四方面军西进时和张国焘的关系，交代自己是如何逃出马步芳的魔掌的。张琴秋在会议上讲完自己的经历后，一些人连珠炮一般地提出疑问：当年红四方面军西进时，曾中生、旷继勋准备去中央告发张国焘，你为什么要把消息告诉陈昌浩？你这是出卖同志！西路军那么多人牺牲了，你为什么能够活着回来？你是不是叛变了？口气之严厉，简直可以置人于死地！其实，张琴秋心里十分坦荡，对这些无知的问题，张琴秋回忆起来，也清清楚楚。当初小河口会议之前，大家对张国焘的做法十分不满，对红四方面军的军事行动，张国焘从来不告诉大家，一味地指挥部队往西行进，大家的感觉是离鄂豫皖革命根据地越来越远，部队上下已经产生怨言，这时曾中生、旷继勋等人商量如何向中央反映张国焘的问题。而张琴秋知道领导层这些想法以后，她也不希望在红四方面军危难时刻出现领导层之间的矛盾，她就和总政治部副主任傅钟商量，希望领导人矛盾不要激化，况且去上海找中央解决，效果还不一定好，所以两个人认为，还是内部商量解决。同时认为陈昌浩当时是红四方面军总政委，由张琴秋把大家的想法告诉陈昌浩，建议他从中协调。后来，张国焘在小河口会议上，还是听取大家的意见，旷继勋他们也认为张国焘对他们的意见有所采纳。当时大家没有觉得这样的措施有什么不对。至于后来张国焘玩弄政治手腕，整肃曾中生、旷继勋等同志，自己后来又跑到国民党那边去，背叛革命，那是另外性质的问题。况且张琴秋在张国焘手下工作，也还时不时受到打击报复！至于张琴秋从马步芳的魔掌中逃出来，九死一生，一言难尽！其中有张琴秋隐姓埋名斗智斗勇，也有利用敌人的矛盾，在夹缝中找到一条可能生还的路。期间，当敌人知道张琴秋的身份时，曾策划动员张琴秋登报声明脱离共产党，被张琴秋严词拒绝！保持了一个共产党人的气节！所以在延安整风、抢救运动中，张琴秋自己光明磊落！至于当时审查以后强加到张琴秋身上的那些不实之词，张琴秋保留自己的意见。如说张琴秋“把个人生还的希望，寄托在李晓钟、卢澄这样的国民党分子身上，说明她在思想上解除武装，政治上严重动摇，坚持共产主义气节不够”。这样的审查结论表述，完全离开当时的背景，也不顾残酷的事实，确实让人无语，似乎好像张琴秋就不应该活着回来。

好在当时在整风审查过程中，张琴秋已经有了一个温暖的家，回到家里，苏井观给她安慰和鼓励，加上毛泽东等中央领导还是了解张琴秋的，所以，经历过生死考验的张琴秋，在延安整风运动中，依然能够坦然面对，她相信党，相信党组织！

五、侄女沈霞的意外去世

在延安时期，张琴秋心里感到最大的痛苦，不是自己受委屈，也不是陈昌浩背叛自己，而是自己的侄女沈霞的意外去世！

沈霞是文学巨匠茅盾的女儿。1921年出生在上海，后在上海读小学、中学，1937年上海发生八一三事件以后，茅盾一家逃难到长沙，沈霞进了长沙有名的周南女中读书，茅盾的儿子沈霜（韦韬）进了岳云中学。后来又随茅盾去香港，在香港的华南中学读书。1939年，茅盾去新疆工作，为了女儿的安全，茅盾让沈霞在家自学。1940年5月，茅盾一家逃出新疆，离开了盛世才的魔掌，辗转到了延安。根据张琴秋的建议，沈霞进入中国女子大学六班学习。本来茅盾想在延安长住下去，后来周恩来在重庆把茅盾叫过去，从事国共合作时期的文化工作。茅盾去了重庆以后，女儿沈霞和儿子沈霜都留在延安继续读书，而照顾茅盾一双儿女的任务，天然地落到张琴秋的肩上。沈霞是个聪明绝顶的人，而且受到家庭的影响，从小就有远大志向，初中时的作文常常为国文老师所激赏，在《值得纪念的一件事》一文中，国文老师评价沈霞的作文："理直气壮，大有怒发冲冠之势。民气如此，何患强梁。"据沈霞的弟弟沈霜回忆，沈霞小时候就会唱《国际歌》。在长沙读书时，就开始悄悄地写小说。

沈霞的聪明，茅盾夫人曾经对人说，女儿遗传了茅盾的文学因子。在中国女子大学读书时，沈霞就是六班的骨干，据女大同学、著名摄影家侯波告诉笔者：“沈霞同志在班上性情活泼，学习上生活上和同学的关系都很好，长得很漂亮，但没有骄气，大家很喜欢她，学校组织一些活动，她都积极参加，所以大家都认识她。”[①]女大合并以后，沈霞进入延安大学俄语系继续读书。1942年12月10日，21岁的沈霞在延安大学加入了中国共产党，次年4月，沈霞转入军委的俄文学校学习。在延安大学时，与同学萧逸恋爱。1945年春节在延安乡下萧逸的窑洞举行了简朴的婚礼。

沈霞姐弟在延安时，把婶婶张琴秋的家当作自己的家，星期天，他们就往张琴秋那里跑，而张琴秋作为长辈，总是尽心尽力地为他们弄一点好吃的，让正在长身体的沈霞姐弟俩改善一下伙食。所以，张琴秋不仅从政治上关心沈霞他们，也从生活上照顾他们。正因为有张琴秋在延安的关系，茅盾夫妇虽然非常想念这对儿女，但是从沈霞的来信中，知道她在延安健康成长，加上张琴秋、张仲实、张闻天三位长辈在延安照顾，也就放心了。事实也正如此。沈霞有什么想法时，常常去张琴秋家里，听听婶婶的意见，有时候，还在张琴秋家里住上一两天，听张琴秋讲沈霞所不知道的家事往事，在张琴秋那里，沈霞知道了自己的父亲、母亲的革命经历，也知道了叔叔沈泽民的革命经历，认识到了真正的共产党员！1942年2月2日，沈霞在日记中写道：“夜里睡得很坏，老醒。大约因为临睡时，张先

① 据侯波同志2005年11月5日致笔者手笺。

生和我讲了许多关于她幼年时的事，讲了二爸[①]、爸爸、娘娘[②]，因此尽梦着他们。一个个幻影在眼前出现着，甚至使我在最后一次醒来后，再也不想睡了。到天明时，才又迷糊过去。”所以，在家庭的熏陶下，沈霞从小就树立了自己的革命理想和信念，尤其是心中的共产党人的偶像，就是像叔父沈泽民那样的人。她在 1942 年 12 月 25 日的日记里，写了这样一些想法：“在活的人间，我觉得只有一个共产党人，如我爸爸常和我说及的，如我所看见的爸爸的一些朋友，自己的叔叔那样的人物，才是合乎自己要求的，才是自己值得模仿的。这样，在我的富于幻想的心目中就确定了这样一个观念——共产党人是世界上的完人，我要成为那样一个人，要像共产党人一样为人类、为民族牺牲自己，要像所有的共产党人一样，为着自己的信仰而艰苦奋斗。……很自然地选择这一条路，是与我家的一贯影响脱不开的。”沈霞在延安断断续续的日记里，常常随手写点与张琴秋有关的交往。如 1943 年 6 月 27 日，沈霞去了杨家岭，“看见了琴秋，在那里和她玩了半天，吃过午饭就匆匆地回来了，没有迟一分钟我按时地到了校内”。沈霞和同学萧逸谈恋爱，当时正是延安整风审查时期，所以张琴秋劝沈霞暂时不要那么热恋，为此成为沈霞思想上的一个负担。1943 年 12 月 4 日晚上，沈霞去杨家岭周恩来家里，周恩来对沈霞说：“你爸爸很满意你现在的对象。”当时沈霞告诉周恩来：“还没有确定关系，在被审查呢。”不久萧逸的问题审查清楚了，两个人又回到正常的工作交往中

① 二爸：乌镇对叔父的一种叫法。此处指沈霞的叔父沈泽民。

② 娘娘：乌镇对奶奶的称呼。此处指沈霞的奶奶陈爱珠。

了。当时，张琴秋和苏井观不在一个地方，有时候，张琴秋要去苏井观工作的地方——柳树店，张琴秋就带了沈霞和萧逸一起去。所以，萧逸和沈霞、沈霜两个姐弟，在延安学习和生活的那段日子中，张琴秋是他们最亲近的人，而张琴秋也一直把他们的健康成长作为自己的责任，付出了不少心血。张琴秋在1943年4月19日给茅盾夫妇的信中，详细报告沈霞他们的情况，其中说到："我们能谈在一起玩在一起，我尽量帮助他们。我现在有了家，准备放假节日接他们出去玩，亦很方便。我的朋友是个医生，以后他们若有什么病痛都可好好帮助治疗，医药亦可找到，他们生活上的一切照顾，都由我负完全责任。请你们不必挂念！"[①]当时张琴秋在延安，因为通信困难，所以很少写信，两年间仅给茅盾夫妇去过一封信，是托邓颖超带到重庆的。而茅盾给沈霞的信，同样也是茅盾托周恩来夫妇去延安时托带的，这些信常常是由张琴秋转交给沈霞的。所以，沈霞、沈霜的情况，张琴秋是清楚的。1945年2月28日，张琴秋又给茅盾夫妇写了一封信，报告沈霞他们的近况：

沚姐、冰哥：

很久很久没有给您们写信了，实在因为过分的懒惰所致，祈原谅！

前次托周兄[②]带来的信，内附有给霞霜[③]两人的信已于去

① 见《张琴秋纪念文集》（内部资料），桐乡市政协文教卫体与文史资料委员会编，2006年8月版，第354页。

② 周兄：即周恩来。

③ 霞：沈霞；霜：即沈霜（后改名韦韬）。

年11月间收到。今年周兄由渝归来带来了给霞的一信，亦已收到，当即送给霞去了。

霞与逸已于阴历年假结婚，因为在乡下我们都未去道贺！同时霞喜欢朴素不愿铺张，故未在校举行婚礼，因当时逸在离城20多里路之乡下做事，霞便下乡同居。本来在此地对婚事是十分简单的，至多也不过邀些亲友团聚作乐庆贺一番便罢了，没什么仪式，原曾邀她和逸到我家结婚，请些熟人玩玩，但霞亦不愿意，故后我随她意，横直重实际的人也不在乎这些形式，只要他俩感情好就好了。结婚前后二人感情多还浓，肖[①]亦年轻，还聪敏，很可造就。他们相识甚久，彼此也了解，既是志同道合，有感情，我当然也赞同他们。肖的体质比较弱些，没什么病，前信说心脏扩大，那是早几年的事，现在早已好了，请您俩勿念！

霞曾于去年8月间痔疮复发了，经医生检查需要割除，便入院行手续，住了将近两星期接到我家去休养了约三个星期，返校后又继续休息，曾便过一个短时期血，后来完全好了，现在长得很胖。

霜没有什么病过，体质坚实，比前胖且长高了些。对自己的学业和生活上的管理都进步。他因为读书不多，科学基础较差，这是比较吃亏的。不过好在又得到了其他的新知识，对一个青年人也同样的重要。

最近要写民[②]的传记，用集体创作的办法，对他出国前的

① 肖，即萧逸。沈霞的丈夫。

② 民：即沈泽民。

一切情形，我知道的不详，冰哥如能得闲的话请写点材料托妥人带来，以补不足。如何？

我准备了一点毛线和狐皮送给你们，奈因狐皮至今未硝好，故只好下次再托人带给你们了，好在去冬已过，今冬尚早，会赶得上的。

附上霞肖的像片（照的技术不甚好）一张，霞霜信各一，请查收！

遥祝

您俩新年康健

秋妹

2月28日

玛娅自苏德战争开始至今未曾得到过信，今年快满19岁了，想必也能做点事情了。据说她个性刚强，很多地方，像她爸爸。我也很希望她能替她爸爸多干一番事业。[①]

沈霞和萧逸结婚以后，因为都忙于学习和工作，也是聚少离多。半年以后，即7月下旬，沈霞发现自己怀孕了。这对视工作、前途为生命的沈霞来说，是一个措手不及突然降临的问题。况且抗日战争马上就要胜利了，党中央已经在考虑全局的问题了，向往已久的实际工作，马上就在眼前，沈霞怎么能够看着同学们一个个走上工作岗位，而自己却腆着大肚子在家里养儿育女呢？年轻的沈霞有些惊恐，有些愤怒！她去找婶婶张琴秋，告诉婶婶，自己怀孕了，并谈了自己的想法，认为现在革命形

① 据手稿。

势这么好，自己怀孕不是时候，必须去堕胎，做人工流产。张琴秋劝说她："没有关系的，不会影响前途，也不会影响工作学习的。只不过怀孕期间辛苦一点，将来孩子生下来，可以由我来带，或者让你妈去带。所以不会影响你工作的。"

沈霞坚决要求张琴秋帮助联系医院去做人工流产。张琴秋说："亚男，这事你要慎重考虑，虽然人流不是什么大事，但是对你，对萧逸，对你爸爸妈妈是一件大事！"沈霞气呼呼地说："这事我可以作主，萧逸，我还骂他一顿呢！我妈妈不是在上海也做过吗？我想他们会支持我的，为了我的前途，我爸爸也会支持的。"

张琴秋没有能够说服沈霞。

萧逸从乡下赶回来，沈霞依然坚持。

这时，国内外形势已经非常明朗。1945 年 8 月 9 日，毛泽东在延安代表中国共产党发出《对日寇的最后一战》，认为："中国民族解放战争的新阶段已经到来了，全国人民应该加强团结，为夺取最后胜利而斗争。"8 月 10 日午夜，日本已接受投降的消息在延安不胫而走，延安的人们边走边喊，一个个山头、一个个机关都在"马拉松"式地传递着日本投降的消息！不多时，人们连夜从四面八方汇集到自己单位的地方，渴望胜利、想了八年的人们被这胜利的喜讯激动得欣喜若狂！清凉山、凤凰山、杨家岭、兰家坪、枣园、文化沟……到处都是举着火把欢庆胜利的人群，腰鼓队、秧歌队载歌载舞，锣鼓声和各种敲打声响彻延安！在延安，抗战以来苦苦奋斗的人们，家破人亡，流离失所，现在胜利了，人们以无法遏制的心情庆祝这期盼已久的

胜利！人们尽情地庆祝欢呼！我们胜利了！共产党万岁！

日本投降了，我们胜利了！沈霞此时更加坚定了自己的想法，她沉浸在胜利的兴奋中，她时时刻刻憧憬着美好的明天，等待着轻装上阵，期待着和阔别五年的父母见面！8月13日，沈霞充满激情地给母亲写了一封信：

妈妈：

你上次来的信已收到了，我现在很好，一切照旧。我们又照了一张相附上，你看，像不像？这次照得比真人瘦。

日本鬼子投降了。我们这里大家高兴得很，想你们那里也是罢！？我们很快就可以见面了，愿你们好好保健身体，战后可以做一些事。

我不需什么东西。《约翰·克利斯朵夫》，据说大后方出版了，如爸爸有的话，给我寄一本来吧！爸爸讲的军用语字典赶快设法带来，现在急用。

你们好！

女儿　霞

13/8①

谁又能想到，这封信竟是沈霞给父母的最后一封信！

当时，因为张琴秋和萧逸都说服不了沈霞，所以张琴秋12日就让沈霞住到自己家里，以便做些准备。8月14日，沈霞在张琴秋家里给丈夫萧逸写了一封信，高兴地告诉他，苏井观部

① 钟桂松：《茅盾和他女儿》，东方出版社2007年8月版，第240至241页。

长听了毛主席的报告，“毛主席说准备在半年内下山，我看你也该准备走了。真高兴”！同时让萧逸来时，带些鸡蛋、桃子来，鸡要煮好了带来等，她还告诉丈夫，她想吃西红柿。

同样没有想到，这是沈霞写给萧逸的最后的一封信！

两天以后，沈霞住进张琴秋联系好的延安有名的白求恩国际和平医院。那天早上，张琴秋把沈霞扶上马，让人送沈霞去医院。自己则去市场买鸡，买鸡蛋、红糖等。同时又去自己窑洞边上看房子，好让沈霞手术以后先在自己家边上住一段时间，以便照顾。第二天，即8月17日下午，白求恩国际和平医院的鲁子俊医生为沈霞做了人流手术，手术没有什么难处。这是鲁子俊做了多少例中的一例。但是，18日上午，张琴秋去医院看望沈霞时，沈霞告诉张琴秋，肚子胀痛，胃不舒服。张琴秋一听，不放心，就去问医生，医生说：“这是手术后反应，我们已打了止痛药。”显然，医生对沈霞的情况没有引起足够的重视。19日，是星期天，8月的延安，一场大雨，整条延河就发大水，住在延河另一边专程从文工团过来看望住在白求恩国际和平医院的姐姐的沈霜，因为河水汹涌而没有办法过去，只好待在婶婶张琴秋家里，到了下午，河水还是没有退去。沈霜只好先回到文工团。

不料，20日，延河水还是没有退去，依然汹涌奔腾，和平医院的医生十分慌张地给张琴秋打来电话，说沈霞发生休克，快让苏井观部长另派医生过去抢救。医院传来的情况，一下子让张琴秋不知所措，赶快回电话让医院全力抢救；同时让苏井观找医生赶快过去。苏井观一听，连忙去找医生，找到医生，警卫员也迅速牵着马过来，可是，延河依然波涛汹涌，请来的医生站在河边，张琴秋、苏井观望着过不去的延河，大家都心急如焚！这时张琴秋转身跑到家里打电话，想告诉医院，必须竭尽全力抢救沈霞！这时电话在响，张琴秋拿起来一听，是医院打来的，对方心情沉重地告诉张琴秋："沈霞抢救无效，于11时去世了。"张琴秋这位身经百战、经历过无数艰难困苦、从死人堆上过来的红军女将军，听到这个噩耗立刻瘫在椅子上，脑子一片空白！

她不顾一切地让人去通知沈霜和萧逸，一面心痛如绞地给周恩来副主席打电话，报告沈霞去世的消息。

太突然太意外了！连周恩来都无法相信这是真的！周恩来这几年来往于重庆延安之间，常常给茅盾和沈霞带信带东西。沈霞的聪明活泼和上进，让周恩来也很喜欢茅盾这个女儿！怎么好好的人就突然没了呢？

"一定要查清原因，严肃处理！"周恩来十分气愤！平静一下又说："沈先生那边，等我去重庆时亲自向他报告，向他道歉！他托付给我们，我们没有照看好，我们要向他道歉！"

"副主席，您是否先发个电报给茅盾他们，这是他们家里的大事啊！我要负责任，请中央就这件事给我处分吧，我没有照看好亚男，是我的错！"泪流满面的张琴秋向周恩来表示要承担责任。

"好吧。先去医院吧。这个医疗事故一定要查清，严肃处理。否则我们没有办法向沈先生交代啊！"

萧逸听到这突如其来的噩耗已经瘫在地上，让人扶着赶到和平医院，跪在沈霞的遗体前泣不成声。沈霜赶到医院，抱着姐姐的遗体，嘶哑着哭喊着：“姐姐，姐姐，你醒来啊！姐姐，醒来啊！”悲痛欲绝！张琴秋瘫坐在椅子上，整个人像做了一场噩梦！望着痛哭的人，望着躺在病床上已经没有呼吸的沈霞，无论如何不敢相信这是真的！张琴秋已经欲哭无泪！

8月的延安，高温让人们汗流浃背，张琴秋、苏井观、萧逸、沈霜以及沈霞的同学、老师，泪水和着汗水往下淌。8月21日，张琴秋、萧逸、沈霜三个人亲自用大车将沈霞的灵柩送到俄文学校，下午在学校的礼堂开追悼大会，会上是一片抽泣声，都在为这样一位优秀的党的女儿意外去世而悲伤！追悼大会以后，沈霞被安葬在俄文学校后面的山顶上，长眠在哺育她成长的延安土地上。

1945年8月22日，延安的《解放日报》发了一则题为《茅盾之女沈霞同志病逝》的短讯：

> [本报讯]老革命作家茅盾先生之爱女沈霞同志，不幸于本月20日病殁于和平医院。编译局全体同志21日曾举行追悼。

笔者曾在萧逸保存的沈霞在1945年用过的日记封面上，看到萧逸曾无限悲痛地记着几个简单的有关沈霞的日期：“7月9日—13日有了孩子”，“8.12送去”，“8.16入院”，“8.17下午施手术”，“1945.8.20.10:45分死”。

侄女沈霞的意外去世，这个痛彻心扉的意外，让张琴秋一下子老了许多，人也病倒了。但是这件事怎么向茅盾夫妇说？张琴秋心里有一种撕心裂肺的痛！茅盾弟弟沈泽民已经牺牲在鄂豫皖，才只有34岁！而沈霞才24岁呀！人生还没有开始就夭折在延安这块茅盾放心的土地上，而且在自己身边走掉了！这让张琴秋情何以堪！沈霞去世以后，组织上曾经给重庆发过一个电报，当时周恩来是想亲自告诉茅盾这件不幸的事，但是周恩来实在太忙，所以迟迟没有告诉茅盾。当时，张琴秋以为组织上已经将噩耗通知茅盾了，在8月24日就写了一封信：

沚姐

冰哥：

不幸的消息，想必你们已在电报中知道了，希望你们不要过分的悲伤！这种不幸的遭遇是不可能不使人难过的，是不能不令人惋惜的！我和霜、萧逸都二三日不能进食，不能安睡，后来又想只有更加努力更加保护自己的健康才对得起已离我们的阿囡！他们住在我这里，我时时劝他们。沚姐冰哥！希望你们心放宽些！因为现在事情已不能挽回了，你俩身体都不好，希望你们多加注意！

我对不起霞，也对不起您们！因为我没有尽最大的力量去照顾她！您们时常来信，同时我也应该多关顾她，可是这次不幸又发生这种突变啊？！详情除副主席当面和您们谈外，以后再告。因时间不容多写。附信及照片及东西，请收！

琴秋

八月廿四日[①]

① 据张琴秋原信件。

德沚
冰哥：

不幸的消息，想必你们已在电报中知道了。希望您俩不要过分的悲伤！这种不幸的遭遇是不可能不使人难过的，是不能不令人惋惜的！我和霜、方通们都三三日不能进食，不能安睡，後来又想起有更加努力更加保护自己的健康才对得起已离去我们的阿因！他们住在我这里，我时时劝他们。德沚、冰哥！希望你们心放宽些！因为既在事情已不能挽回了。您俩身体都不好，希望您们多加注意！

我对不起霞，也对不起您们！因为我没有尽最大的力量去照顾她！您们时常来信，同时我也应该多关照她，可是这次不幸又发生在我身边啊?!详情除对主席当面和您们谈外，以后再告。因时间不容多写。附信及照片及东西请收！

琴秋
八月廿四日

张琴秋手迹

后来，张琴秋又多次给周恩来和茅盾写信，表示自己要承担责任，对沈霞的意外去世表示无限悲痛！沈霞的去世，是张琴秋在延安时期心中最大的痛。其他的委屈，张琴秋都能够忍受，但是侄女沈霞的去世，是张琴秋一辈子无法解脱的纠结。

第七章　抗战胜利以后的奔波

张琴秋在抗战胜利以后，坚持在延安从事妇女运动工作，后来随着中央机关撤退以后，张琴秋围绕党的中心工作，参加解放区的土地改革，参加国际妇女代表大会，迎接新中国的到来。期间，张琴秋始终保持一个共产党人的本色，面对革命队伍里错综复杂的矛盾和问题，坦然面对各种各样的考验，张琴秋在新中国诞生之前，依然行走在艰难的前进道路上。

一、离开延安前的坚守

本来，无数中国人被日本的侵略战争摧残得妻离子散，数以千万计的家庭家破人亡，国家也是满目疮痍！现在抗战胜利了，无论是张琴秋还是沈霞姐弟俩，还是茅盾夫妇，都渴望团聚，渴望相见！没有想到，抗战胜利的锣鼓声还在延安山水间回响时，年轻有为的沈霞却因为医生工作的失误而去世了！沈霞年轻而有想为中华民族干一番事业的雄心壮志，现在竟然成为泡影！张琴秋欲哭无泪！9月18日、19日，因为张仲实要去重庆，张琴秋分别给茅盾和周恩来写了一封信，一并托张仲实带到重庆交给周恩来。因为延安关于沈霞去世的电报给了重庆转茅盾以后，茅盾还在给沈霞写信，似乎茅盾还不知道自己的女儿沈霞已经去世。所以张琴秋又给茅盾和周恩来写信，报告情况。其中给周恩来的信是这样的：

副主席：

前接茅盾9月2日来信，并未提及霞死的事，而且还给霞写了一信，可见他们尚未得知霞死的消息，现在我将霞死的情形详细地向他们写个信，请副主席看了之后认为妥当适时的话，再交给茅盾他们。因为迟早会把这消息传到他们耳边。我想还是早点据实报告他们为好。不知您觉得怎样？

霞的死，确系鲁子俊的严重错误，由于消毒不严而发生肠杆菌的传染，事后又未及时发觉，如早发觉尚可有救，实所痛惜！经检讨后已给鲁予处分并召开会议教育别的医生。

沈霞的爱人萧逸很快去华北工作，沈霜仍在文工团未允许其调动。副主席！您百忙中还要来麻烦您，真对不起！

敬礼　谈判顺利

琴秋

9月19日[①]

同时，张琴秋又给茅盾夫妇写了一封长信，详详细细报告了沈霞去世和安葬的经过。信，写得声泪俱下，其中有“日本投降了，整个世界快走向和平、团结、民主的时期，万想不到霞与我们永别了”！心酸如此，让人潸然泪下。而沈霞去世以后，

① 据原件。韦韬先生提供。

张琴秋还要安抚沈霞的爱人萧逸，萧逸在沈霞去世以后彻夜失眠，噩梦连连。闭上眼睛，沈霞又出现在萧逸眼前，萧逸立刻对沈霞说：“你又在骗我吧？你根本没有死！”其实萧逸心痛至极！他在8月25日的日记中说，沈霞去世以后自己“好像失了家的狗一样，找不着落”。他在日记中写道：“五年来心总有依托的地方的，现在却突然把依托的霞强拉走了。我想着想着就要哭，伤心啊，这都是我的罪过，我不让她打，最多让她骂我一辈子，即使打我一辈子也成，我怎么这样糊涂呢？她说：简直是梦想啊！现在真的应验了，她死了，我永远成了梦想了啊！”这种撕心裂肺的思念痛苦，让张琴秋更加心痛不已！

此时，张琴秋在延安整风运动中遭受的种种不公，以及在中共第七次全国代表大会从正式代表降到候补代表的不信任带来的委屈，被沈霞的突然去世所淹没了。但是延安整风的余波一直跟随了张琴秋二十多年。

1945年4月23日至6月11日召开的中共“七大”是以“团结的大会，胜利的大会”而载入史册的，会议代表有755名，其中正式代表547名，候补代表208名。张琴秋原来被推选为正式代表，后来在代表资格审查中，被降为候补代表。所以张琴秋是以候补代表的资格参加中共“七大”的。至于为什么有这个变化？估计当时参加代表资格审查的同志是清楚的。可惜没有留下什么史料。中共“七大”以后，即6月20日，延安召开了解放区妇女联合会筹备委员会议，参加会议的有来自陕甘宁、晋察冀、山东、华中、华南、晋绥等各解放区的妇女代表四十多人。当时这些妇女界精英认真讨论准备召开解放区妇女代表大会的各项准备工作。筹备委员会最后选举蔡畅、邓颖超、康克清、张琴秋、区梦觉、康若愚、罗琼、白茜、赵烽、孙文淑、孙以瑾、吴仲廉、田秀涓等13人为解放区妇女联合会筹备委员会常务委员。后来，因为形势的发展，这个解放区妇女代表大会没有如期召开，所以张琴秋一直是这个筹备委员会的常务委员。

没有想到，到8月份竟然出了沈霞突然去世这么大的事情！张琴秋料理完沈霞的丧事，自己因为悲痛，病倒了。苏井观把张琴秋接到乡下，让张琴秋休息一段时间。10月中旬，沈霞的弟弟沈霜在周恩来的安排下，搭乘毛主席回延安后返重庆的飞机，到重庆与父母——茅盾夫妇团聚。这也是周恩来的精心安排，在见到儿子的情况下，可以让茅盾夫妇减轻一点痛苦。10月10日，在离开延安前夕，沈霜去看望张琴秋，张琴秋给茅盾夫妇写了一封简短的信，告诉茅盾夫妇，自己近来“因关节痛在乡下休息。年内不会离此”。[①]千言万语，张琴秋不知从何说起，这封短信，看得出张琴秋有许多话要向茅盾夫妇诉说！沈霞丈夫萧逸也已经随单位离开延安了，离开之前，萧逸放在张琴秋那里的沈霞的一包日记等遗物，也让沈霜带到重庆，交给茅盾夫妇。

所以，张琴秋在11月4日给萧逸的信中，劝他：“你年轻，有前途！有党领导你走向光明！你应该积极，应该往前看，尽量少回忆，这样，才对你好，才对得起霞平时对你的帮助和祈望！”[②]尽量劝导萧逸振作起来。

---

① 据张琴秋1945年10月10日致茅盾夫妇信。

② 据张琴秋1945年11月4日致萧逸信。

10月12日沈霜到重庆以后，张琴秋收到茅盾11月18日的来信。这是沈霞去世以后，张琴秋第一次收到茅盾给她写的回信。那天，张琴秋期盼的茅盾的信终于来了，她看了一遍又一遍，12月5日，张琴秋给茅盾夫妇写了一封信，报告自己盼望茅盾来信，甚至左右猜测，“日夜不安的是怕你们知道霞儿牺牲的噩耗以后所引起的无限悲痛，以致损伤你俩的精神和身体”。[①] 表达了内心的沉痛和担心，同时给茅盾夫妇寄去沈霞追悼会等照片。其实，此时的张琴秋身体很弱，疝气病也出来了，在乡下开刀手术，手术以后继续在家里休息。

张琴秋身体恢复一点以后，她又投入延安的妇女工作中去了，她是一个非常务实的革命家，无论做什么工作，她都能够结合实际把中央的意图贯彻下去，因为张琴秋在革命的过程中深深认识到中国革命的不容易，中国革命的艰难复杂，不是凭热情所能够解决的。所以，她对一些革命前辈格外尊重，1946年1月3日，陈赓等同志为妇女界革命前辈帅孟奇过50大寿，朱德、林伯渠、徐特立等纷纷写贺词，祝贺帅大姐50寿辰。张琴秋和苏井观也送了一块贺缎屏，张琴秋亲自在上面写了贺词：

> 你为了革命，受尽了敌人的残暴，使你遍体鳞伤。但是，你意志坚定，忠贞不屈。你依然像松柏一样地，巍然屹立，永远长青，继续为革命奋斗。你是我们的楷模，值得我们学习，学习，再学习。如今你五十寿辰，敬祝你永远健康！[②]

---

① 据张琴秋1945年致茅盾夫妇信。

② 谢燕：《张琴秋的一生》，浙江人民出版社2018年5月版，第226至227页。

当时，抗战胜利以后，国内形势发生新的变化，中国人民革命进入了一个新的历史时期，即为建立新中国而斗争的时期。“是建立一个无产阶级领导的人民大众的新民主主义国家呢？还是建立一个大地主大资产阶级专政的半殖民地半封建的国家？”抗战胜利以后，中国面临着两种命运、两种前途的选择并决定胜负的阶段。中国共产党顺应时代潮流，顺应人民愿意，采取积极争取民主、和平、团结的方针，反对蒋介石集团的独裁统治。同时，中共中央运筹帷幄，日本投降以后的1945年8月至11月，中共中央先后派出中央政治局委员4人、中央委员和中央候补委员16人到东北直接指导工作，抽调主力部队11万人，干部2万多人到东北进行开辟解放区的斗争。延安大批干部去东北以后，张琴秋根据组织安排，留在延安继续从事妇女工作。

1946年清明节，延安还是一个春寒料峭的季节，张琴秋到俄文学校的山顶上，看看侄女沈霞的墓，给沈霞扫墓。张琴秋是放不下沈霞啊！曾经轰轰烈烈的延安，大批年轻人即将奔赴东北，沈霞却长眠在她为之奋斗的地方，张琴秋如何放心得下？她在沈霞去世以后的第一个清明节，和苏井观一起，爬上俄文学校的山顶，她戴着帽子，穿着厚厚的棉衣，在沈霞的墓碑前拍了一张照片，怀念这个优秀的侄女。

1946年7月，被新疆督办盛世才关了三年零九个月监狱的杨之华等129人，经过党中央的营救，回到延安了。党中央各个机关推选代表到延安城外欢迎他们。张琴秋、邓洁、许之桢、张仲实等作为中央机关推选出来的代表去欢迎杨之华她们。张琴秋非常高兴见到十多年没有见到的杨之华，还见到了已经长

成大姑娘的杨之华的女儿瞿独伊！因为杨之华是张琴秋在上海大学读书时就认识的。在莫斯科中山大学学习时，瞿秋白和杨之华也都在莫斯科，他们常常见面。后来瞿秋白和杨之华先期回到上海，六届四中全会以后，张琴秋、沈泽民夫妇离开上海去鄂豫皖苏区工作时，专门去向已经离开中央领导岗位的瞿秋白以及杨之华告别。瞿秋白将自己从苏联带回来的怀表赠送给沈泽民，说沈泽民去苏区从事革命斗争，这怀表用得着。后来在苏区时，沈泽民又将这只怀表赠送给徐海东，并且告诉他这只怀表的来历。解放以后，徐海东将军将这只怀表赠送给中国军事博物馆收藏。所以现在张琴秋见到杨之华，犹如见到亲人！后来，杨之华被分配到中共中央妇女运动委员会工作，和张琴秋成为同事。

随着国民党发动内战的开始，延安的干部陆续开始撤退，此时张琴秋所在的中央妇女工作委员会等中央机关，也开始有步骤地离开，中央妇委决定由张琴秋负责处理中央妇女委员会在撤退过程中的一些问题，并且坚持到最后一批同志离开时一起撤退。张琴秋的细心周到的安排，让中央妇委的撤退工作进行得有条不紊，而且张琴秋还在撤退过程中经常做思想工作，让所有的同志精神饱满地工作。据当时在妇委工作的王云同志回忆：当时“国民党准备进攻延安，中央决定中央机关准备疏散，我和妇委的几位老大姐第一批撤退到瓦窑堡，决定琴秋同志留守。当坐上大车准备出发时，发现有位刚从国统区来的大姐带了一个延安砂锅，我很反感，觉得人家‘落后’，说‘这是什么时候了，文件都没法带，还带这些！’就想将砂锅丢下。琴秋同志为此很生气，当即批评我说：'这点东西不碍事，你必须给带上，怎么能这样一律要求？你应该检讨你对统战工作的态度。'我没有料到可能发生的不良后果，就向大姐承认了错误。这对我的教育是极深刻的。接着她勉励我说：'你这次去任务很重，要负责几位老大姐的秘书工作，自己身体不好，又拖着孩子，你耐心，注意克服任性的缺点。我相信你能很好完成党派给你的任务。'多么深情的教导啊！我含着热泪，告别了站在杨家岭沟口送别我们的琴秋大姐。"①

就是这样，张琴秋在坚守延安最后的日子里，要处理的事情，大到文件档案的处理转移，小到留下来的柴火处理，事无巨细，都细心处理妥当，让党放心，对党负责。当时留守延安的同志，碰到最难的事情就是对这些年来的机关档案的处理。根据中央对中央直属机关档案处理的要求，中央妇委机关的档案大部分可以销毁。但是中央妇委那些保管、处理档案的同志想不通，认为这些档案都是全党妇女工作者辛勤工作的成果，销毁掉很可惜。张琴秋觉得这些同志的想法不无道理。根据中央的要求，征得帅孟奇同意，提出具体的处理意见：将邓颖超从重庆带回来的国民党统治区的妇女运动文件、各解放区送来的为党的七大准备的有关妇女运动的文件，送中央档案局。其余文件，认为需要带走的就带走，不能带走的，由留守的同志再进行筛选，该销毁的坚决销毁，决不能落在敌人手里。就这样，解决了大家提出的问题，解开了有关同志的心结。据说帅孟奇大姐撤退时，

① 王云：《在中央妇委和女大工作时的张琴秋》，见《张琴秋纪念文集》（内部资料），桐乡市政协文教卫体与文史资料委员会编，2006年8月版，第91页。

留下了一些柴火，这是公家发给她取暖用的，但是她舍不得用。当时她的秘书发牢骚说："大姐自己宁愿挨冻，不用，现在留下来给国民党军队用了！"张琴秋听到以后说："不会的！我还留在这里呢！不把这些木柴烧完，不做到坚壁清野，我是决不离开延安的。"张琴秋就是这样一位大事小事都能够殚精竭虑的人。所以，在中央妇女运动委员会里留下了许多佳话。

二、参加土地改革运动

高瞻远瞩的中国共产党在 1946 年 5 月 4 日发表了《关于清算减租及土地问题的指示》（即五四指示），这是中共中央决定将抗日战争以来实行的减租减息政策改变为实现"耕者有其田"的政策。指示强调："各地党委必须明确认识解决解放区的土地问题，是我党目前最基本的历史任务，是目前一切工作的最基本的环节。必须以最大的决心和努力，放手发动与领导目前的群众运动，来完成这一历史任务。"1947 年春，张琴秋奉命撤离延安，经晋绥解放区转移到冀中解放区，期间张琴秋在担负中央妇委的一部分工作以外，主要是参加全党的中心工作——土地改革。据当年随张琴秋参加土地改革的曾彦修回忆："1947 年初，在延安撤退前不久，中央组织了一个以康生为团长的土改工作组，赴山西、河北、山东作土改试点。康生的本部设在临县的郝家城，另派 3 个大组分赴保德、朔县、静乐三个县。……我分在朔县大组，是新解放区。大组长是晋绥分局组织部长张邦英，副组长是延安来的老同志张琴秋和李立。他们都是土地革命时期的老干部，有丰富的土地革命经验与教训。所以我们这个大组的工作，还是兢兢业业，比较稳当的。例如，我们绝没有搞乱打乱杀，没有搞所谓‘扫地出门’，没有把二流子或半二流子当作斗争骨干，没有侵犯富裕中农，对富农只分掉他的封建剥削部分，对地主照分土地。我们还区别对待‘经营地主’和纯‘封建地主’，对前者政策较宽些，因为我们明显看到了他们相当强大的生产力。”[①]在当时的情况下，能够把握好这样的政策水平，是非常不容易的。后来，张琴秋和中央妇委的同志杨之华、康克清、张晓梅等参加冀中土地改革工作团，广泛调查研究，发动妇女参加土地改革运动，在运动中积累了大量经验教训，为妇女翻身解放做了大量工作。不久，根据中央的安排，张琴秋又马不停蹄地奔赴渤海区阳信县南边的张家集村，发动群众，积极参加土地改革运动。张琴秋带领的这个土地改革工作组，一共6个人，虽然人少，但他们在发动群众的同时，也深入调查研究，从中发现土地改革过程中，在工作的基本点和工作的方式方法上，一定要紧紧依靠当地干部群众，只有把当地的干部的积极性调动起来，才能真正把群众发动起来，才能推动土地改革的深入开展。据说当时毛泽东的儿子毛岸英以“杨永福”的名字，参加了张琴秋带领的土地改革工作组，而且他对张琴秋在土地改革中的政策把握十分支持。但是张琴秋为此却受到当时负责山东土地改革的康生的批评。王云回忆说：张琴秋“到渤海后，就到工作队和我们一起在乡村搞土改工作。当时，

① 曾彦修：《回忆土地改革中的张琴秋》，见《张琴秋纪念文集》（内部资料），桐乡市政协文教卫体与文史资料委员会编，2006年8月版，第94至95页。

渤海的土改是在康生、曹轶欧的‘左’的路线领导下，搬用一套‘搬石头’、整干部等左的做法，大姐是一直抵制的。她认为应结合渤海地区的实际贯彻中央精神，坚持先调查研究再下结论，她坚持必须相信渤海区党委干部多数是好的，要尊重他们的意见。这些正确的意见，康生、曹轶欧都听不进去，直到毛主席明确批判土改中‘左’的错误为止。”[①] 可见张琴秋在时代的大变动中思想是非常清楚的。

张琴秋在工作中，始终有一股使不完的革命干劲，但又脚踏实地，从不凭想当然办事。王云回忆："琴秋大姐常常身处逆境，但她有坚定的信心，能沉着冷静地处理问题。她从不自以为是盛气凌人。她既不说大话、空话、随声附和，也不灰心丧气，始终依靠群众，深入基层脚踏实地的工作。”[②] 王云的感受是准确的。其实，张琴秋是当过县委书记的人，如何做群众工作、做地方工作，比那些高高在上只会坐而论道的人，水平不知道要高多少！

随着形势的发展，中央在1946年11月决定，蔡畅以中央委员和中央妇委书记的身份去东北解放区开辟新区的妇女工作。邓颖超为中央妇委代理书记，主持中央妇委工作。邓颖超对张琴秋是了解的，而且对张琴秋也充分信任。所以，此时的张琴秋除了参加中央交给中央妇委的土地改革工作中心任务外，还要参加中央妇委的日常工作，为形势日益发展的全国妇女运动制定工作方针等。

---

①② 王云：《在中央妇委和女大工作时的张琴秋》，见《张琴秋纪念文集》（内部资料），桐乡市政协文教卫体与文史资料委员会编，2006年8月版，第89页。

当时，解放战争的节节胜利，极大地鼓舞了张琴秋，自己为之奋斗20多年的理想就要实现了，尤其是张琴秋听到刘邓大军已经解放了鄂豫皖大别山地区的消息，心情格外激动。据说几个晚上都没有睡好觉！那里是张琴秋和沈泽民携手走进的第一个苏区！是自己的革命引路人沈泽民长眠的地方！那里是自己无数的红军兄弟姐妹战斗牺牲的地方！是红军战士用鲜血染红的地方！是自己奉献青春和汗水的地方！那里曾经同甘共苦的父老乡亲是张琴秋一直牵挂的亲人！现在共产党又重新解放了这一片热土，让张琴秋彻夜难眠！她太想念这一片土地了，太想念那里的亲人了！

张琴秋经过慎重考虑，和苏井观商量以后，毅然决然地向中央组织部和邓颖超代理书记提出申请，要求去大别山地区从事地方工作。对此，中央组织部和邓颖超都非常慎重，支持张琴秋的革命思想，党中央接受了她的申请，中央妇委还为张琴秋去大别山地区工作开了欢送会。后来，邓颖超在中央妇委的一次会议上讲到张琴秋去大别山地区工作时感慨地说："从妇委讲，是需要琴秋同志的。她在妇委工作最久，工作的最多，而且受了委屈。我有条件地同意她去，出去要做妇女工作，三年后再回妇委。"[①] 后来因为大别山地区刚刚解放，许多工作还没有开展起来，各方面条件还不具备开展妇女工作，连十多万的刘、邓大军在大别山都遭受着许多困难，进行着艰苦的斗争。已经在那里的陈少敏大姐，党中央也决定把她从大别山地区调出来。

因此中央组织部经过研究，又正式通知张琴秋，不要到大

---

① 谢燕：《张琴秋的一生》，浙江人民出版社2018年5月版，第175页。

别山地区了，继续留在中央妇委工作。

继续留在中央妇委工作的张琴秋，依然和过去一样，满腔热情地为妇女解放事业贡献自己的聪明才智。尤其是妇女如何在土地改革等社会、生产、生活各个方面发挥作用？是中央妇委所要考虑的。为此，在代理书记邓颖超的带领下，中央妇委一班人的积极性得到发挥，主动向党中央提出今后妇女工作的方针以及目前妇女运动的中心工作意见。1947 年 9 月 26 日，张琴秋、杨之华、康克清、张秀岩、邓颖超联名给中央写了《妇女工作报告》，报告说：在全国土地会议上妇女工作“被提到前所未有的重视地位”。土地会议上 29 个人发言，其中有 19 人发言提到妇女工作。会议以后，邓颖超、张琴秋她们又专门开了三天会议，结合土地会议精神，讨论妇女工作，作了批评和自我批评，刘少奇、朱德也到会讲话，参加讨论。会议结束以后，邓颖超和张琴秋、杨之华、康克清、张秀岩五人，以张琴秋领衔，联名向党中央提出 12 条有关妇女工作的建议。其中有“在农民翻身运动中适时进行打破妇女封建束缚的斗争，在阶级的一致性与全体利益之下，力争妇女的解放与应得的权利。”“加强注意培养女干部”以及“加强党对妇女工作的领导”等，全面而具体。其中还提到中央妇委工作安排，仍以土地改革为中心，决定张琴秋、杨之华、康克清、张晓梅去冀中参加康生的土地改革工作团。

在解放战争的紧张关头，党中央非常重视妇女在革命工作中的地位和作用。党中央收到张琴秋她们的报告以后，不到十天，即 1947 年 10 月 6 日，就批复同意她们的工作意见。批复意见开头是：

> 中工委转颖超、琴秋、之华、克清、秀岩诸同志：
>
> 申宥电悉。同意你们所提今后的妇女工作方针。目前以发动广大妇女参加土地改革运动为中心，妇女成为土改运动中的一个重要力量。在土地改革完成地区，就要全力去发动和组织广大的妇女群众参加生产运动。战争规模扩大，大批壮年不断上前线，妇女在发展生产去支援长期战争，取得最后胜利上，负有光荣而重大的任务。这需要我们在广大妇女群众中做许多有系统的宣传组织工作。在伟大的土地改革生产运动和支援前线中，妇女们的社会和家庭地位，会起重大变化，她们的觉悟性和积极性会大大提高，她们应该得到的各种权利和利益也更加容易实现。大批女干部将会涌现出来，我们在这些运动中要好好努力去提拔培养她们，使她们不仅能做妇女中的工作，而且参加政权的各个部门和党的以及其他各种工作。①

这里的“中工委”是当时党中央组织的一个临时的中央工作机构，简称“中工委”。由刘少奇任书记，朱德任副书记，董必武、彭真、康生为常委，伍云甫为秘书长。1948 年 5 月党中央和毛泽东到达西柏坡以后，中央工委即行结束。所以，党中央的充分信任，让张琴秋她们干劲倍增，进一步增强了做好妇

① 中华全国妇女联合会妇女运动历史研究所编：《中国妇女运动历史资料 1945—1949》，中国妇女出版社 1991 年 2 月版，第 205 至 206 页。

女工作的信心。1948 年春天，苏井观在西柏坡见到刘少奇同志，刘少奇对苏井观说：“这几年对琴秋不起，没有给她固定的工作。有些同志以为四方面军的错误（不是全部）要她负责，她怎么能负这责！”还说：“琴秋同志在我们党内女同志（中）是能做工作的。”[①] 当苏井观把这些话告诉张琴秋以后，张琴秋没有说什么。

三、参加国际民主妇联第二次代表大会

随着中国共产党在世界革命中的影响力的扩大，中国妇女界参加国际事务的机会也越来越多，国际民主妇联第一次代表大会就邀请了中国同志参加。第二次代表大会将在 1948 年 12 月在匈牙利布达佩斯召开，这次同样热情地邀请中国妇女界的代表去参加。中央妇委推荐了 13 位代表组成一个以蔡畅为团长的中国妇女代表团，出席国际民主妇联第二次代表大会。这 13 名代表是蔡畅、张琴秋、区梦觉、李文宜、陆璀、丁玲、韩启民、乌兰、汤桂芬、蒋金涛、李蓝丁、张锡俦（翻译兼秘书）、吴青。一说是十二人。蔡畅是团长。但是，这些代表来自国内各个地方，如李文宜是从香港去的，代表蒋管区民主妇女。所以必须从不同地方出发，到东北与蔡畅会合，再一起出发。1948 年 6 月 18 日下午，中央妇委在平山县中央妇委所在地东柏坡召开欢送会，欢送张琴秋、丁玲、韩启民等关内代表，邓颖超在欢送会上讲了话，丁玲记得当时还有吴青和高升。当时，刘少奇、周恩来

① 桐乡市政协文教卫体与文史资料委员会编：《张琴秋纪念文集》（内部资料），2006 年 8 月版，第 93 页。

对参加国际民主妇联第二次代表大会的代表寄予厚望，都在百忙之中亲自到中央妇委讲话。24日，这些代表在张琴秋的带领下开始向东北出发，经过石门（石家庄）、衡水、德州、惠民县、临朐县，坐船到大连时，已经是7月11日左右了。据说当时妇女代表团一行换装以后是乘小机动船渡海到大连的。一路上，张琴秋一直照顾着其他几个妇女代表。路过莱阳时，正在胶东工作的张映吾请张琴秋一行吃饭，丁玲回忆那天晚上吃饭时说："有个老工人林超坐在我旁边，我和他喝了两杯酒，脸红了，琴秋老怕我喝醉。"[①]到了大连以后，张琴秋她们是经过朝鲜新义州到达哈尔滨的。丁玲在7月26日日记中写道："过新义州坐火车，两旁山水很像中国的南方，有大片的稻田，有低低的小山，或远或近，山上全长满树，有小槐树，有柏树，线条很温柔。有隐在树后的小屋，只露出屋脊，像画上的屋。有时也可见窗户，小的，都嵌有玻璃。也有茅屋，就更低了。"[②]张琴秋她们是8月13日到达哈尔滨的。但是，当张琴秋她们一行长途奔波到达哈尔滨以后，突然接到通知，说会议延期，暂时不出发，在哈尔滨待命。

这时，中央妇委又接到国际民主妇联来电，要求中国派代表参加亚非妇女会议筹备工作。于是中央妇委决定派张琴秋、吴青两人先去总会转印度参加筹备工作。张琴秋与吴青在8月27日从哈尔滨出发，经莫斯科去印度参加亚非妇女会议筹备工作。但是，当张琴秋她们经莫斯科到布拉格等待签证时受到法国阻碍，所以她们只能在布拉格等待。作家丁玲在1948年底

---

① 张炯主编:《丁玲全集》第11卷，河北人民出版社2001年12月版，第348页。

② 同上。第349页。

写的《中国妇女代表团出席国际民主妇联第二次代表大会经过》一文中记叙了此事。她在这篇文章中写道：到达哈尔滨以后“因会期延迟，暂不出发。但该时总会曾来电要求派代表参加亚非妇女会议筹备工作，故派张琴秋、吴青去总会转印度。张等于八月二十七日动身，经莫斯科至布拉格，因法国不给入境签证，不能去巴黎，更不能去印度，一直住在布拉格等护照，至开会前仍无办法，张等是十一月十九日到布达佩斯的，参加大会，并参加亚非筹备会议。因印之尼赫鲁反对，不准召开，现又搬到匈牙利，在大会前召开。抵匈时受到热烈欢迎。”[①] 当时张琴秋在去参加国际民主妇联第二次代表大会途中发生了这样一个插曲，似乎在张琴秋生平中都被人忽略了，幸亏作家丁玲将此事写下来，才知道当时还有这样一回事。

国际民主妇联第二次代表大会是 1948 年 12 月 1 日至 6 日在匈牙利布达佩斯召开，到会代表有会员国 41 个，代表人数 385 名。会议开得非常热烈。据丁玲回忆，张琴秋曾经在大会组织的布达佩斯五千人的群众大会上发表演讲。

张琴秋这次出国参加国际民主妇联第二次代表大会，正好有两次机会路过莫斯科，能够与 18 年不见的女儿玛娅见面。这是张琴秋觉得最“可喜”的事情。第一次是张琴秋和吴青去印度参加亚非妇女会议筹备会，她 8 月 27 日从哈尔滨出发，经过莫斯科时，张琴秋就见到了女儿玛娅。玛娅此时正在莫斯科通讯学院无线电系学习。张琴秋在 1948 年 9 月 26 日给茅盾夫妇

① 张炯主编：《丁玲全集》第 9 卷，河北人民出版社 2001 年 12 月版，第 357 至 358 页。

的信中说到:“冰哥、沚姐:好多年没有和你们通讯了,近况如何?深以为念。……第一件可喜的事情,就是我得到一个机会见到了18年离别的女儿,她没有使我失望,总算学习得不错。性格上有很多地方像她父亲。如刚毅、钻研书籍等等,她告诉我曾经见到过你们,那次会见是她平生第一次见到亲近的人。可惜因为语言不能尽情发挥她的感情!不过你们对她的影响太深了。”① 后来,张琴秋在布拉格收到茅盾来信,10月28日,张琴秋又给茅盾夫妇写信,其中写道:“玛娅也同样地相信你们!她告诉我前次和你们会见,这是知人事以来生平第一次遇见亲人,她十分兴奋。虽则言语隔膜,不能尽情暴露自己的感情,但影响甚深。这次会见,我将她父亲的一切都告诉她了。并且告诉她哪些地方像父亲。尤其告诉她说:她父亲是如何用功求学的人,她也应该像父亲一样的专心求学,总算不错,到底是受了这样好的教育,将来多少还有些用处。我应当感谢那教育她的人啊!我没有尽母亲之天职,这是应该承认的。离毕业还有两年,学成回国,或许还有可能团聚一起。现在我常和她通讯,12月以后有可能再回到她那里去一次,我将代您们问候她。”②

匈牙利布达佩斯的会议结束以后,张琴秋随代表团离开匈牙利途经莫斯科时,中国妇女代表团在莫斯科停留了半个月,她们是12月10日从匈牙利的布达佩斯到莫斯科的。一直到27日离开莫斯科。逗留莫斯科期间,恰巧代表团团长蔡畅的外孙在莫斯科出生了,所以蔡畅很忙;丁玲也很忙,除了代表团的一

① 据张琴秋1948年9月26日致茅盾夫妇信。

② 据张琴秋1948年10月28日致茅盾夫妇信。

些活动外，还要和苏联的作家交流，拜访苏联作家协会主席法捷耶夫等。张琴秋正好有机会和女儿玛娅见面交流，难得享受母女团聚的快乐！

从匈牙利回国以后，《人民日报》记者对张琴秋、汤桂芬、李蓝丁三位代表进行采访，她们都兴奋而愉快地向记者畅谈参加大会的体会，张琴秋告诉记者："这次大会是世界民主妇女空前大团结的会议，它充分地表现出三年来国际民主妇女阵营的迅速地扩大增强，国际民主妇联的委员已由三年前的三十三个增加到现在的五十六个，拥有八千万以上的会员。"对大会的盛况，张琴秋通过媒体向大众作介绍。这篇访问记，发表在1949年2月8日的《人民日报》。

四、新中国成立前的忙碌

还在1948年10月10日，毛泽东就提出要召开全国妇女代表大会，他说："明年上半年，将召开全国妇女代表大会，成立全国民主妇女联合会；将召开全国青年代表大会，成立全国青年联合会；并将建立新民主主义青年团。"[①] 所以，参加国际民主妇女第二次代表大会回国以后，张琴秋又投入紧张的妇女代表大会的筹备工作。当时，蔡畅在东北，中央妇委的日常工作由代理书记邓颖超主持。根据中共中央的要求和解放区妇女工作会议上部署，由解放区妇联筹备委员会与国统区各妇女团体民

---

① 《毛泽东选集》（一卷本），人民出版社1964年4月版（1967年11月横排袖珍本），第1243页。

主协商，在平山县东柏坡成立了中国妇女第一次全国代表大会筹备委员会。筹备委员会由73人组成，推举蔡畅为主任，邓颖超、李德全为副主任。张琴秋、田秀涓、许广平、康克清、史良、沈兹九、区梦觉、曹孟君、刘清扬、罗琼等21人为常务委员。秘书长为张琴秋，副秘书长是孙文淑、曾宪植。当时筹备的时间非常紧张。张琴秋和中央妇委的同志一起，夜以继日地工作，起草大会的各种文件、会议章程、会议决议、领导讲话稿、代表发言稿，还要联系代表，安排会议日程等，反复研究不断讨论，在短短的两个多月里，张琴秋作为筹备委员会的秘书长，做了大量的工作。同时，中央妇委决定将编写10种"妇女丛书"的任务也交给筹备委员会秘书长张琴秋负责。所以，出国回到平山县东柏坡中央妇委机关以后的张琴秋，和当时所有的中国共产党人一样，都处在紧张忙碌和兴奋之中！

1949年3月24日至4月3日，中国妇女第一次全国代表大会在中南海怀仁堂召开。3月24日上午，大会召开预备会，张琴秋以筹备会秘书长的身份，向大会报告筹备经过。预备会还通过了大会组织条例、会场规则、议事规则、会议日程等。会议还选举了蔡畅、邓颖超、李德全等55人为大会主席团成员。24日下午，中国妇女第一次全国代表大会开幕，出席会议的有467人（也有466人之说），蔡畅致开幕词，邓颖超作《中国妇女运动当前的方针任务报告》。中共中央发了贺电，毛泽东、朱德、刘少奇、周恩来、任弼时等中央领导为大会题词。中共中央代表董必武，中共中央华北局代表周扬，民主人士李济深、沈钧儒、郭沫若、柳亚子以及中华全国总工会代表许之桢，农民代表朱富胜，中国新民主主义青年团和中华全国青年联合会代表蒋南翔，北平市党政机关代表赵振声等出席开幕典礼并向大会致辞。会议开得十分隆重而热烈。第二天，党中央从西柏坡迁来北平，全国妇女代表大会的全体代表到西苑机场欢迎毛主席和朱德总司令。中国妇女第一次全国代表大会于1949年4月3日闭幕，大会正式宣布中华全国民主妇女联合会正式成立。会议选举出51名执行委员，21名候补执行委员。4月14日，第一届中华全国民主妇女联合会执行委员会第一次会议在北平召开，执行委员52人，候补执行委员为20名。执行委员会会议选举蔡畅为中华全国民主妇女联合会主席，推举何香凝为名誉主席，邓颖超、李德全、许广平为副主席。选举蔡畅、邓颖超、李德全、许广平、区梦觉、帅孟奇、杨之华、张秀岩、沈兹九、罗琼、张琴秋、康克清、曹孟君、李文宜、刘王立明、雷洁琼、邓康等17人为常务委员，区梦觉为秘书长，曾宪植为副秘书长。同时任命一批妇联的部长，任命张琴秋为生产部部长，副部长是罗叔章、赵烽；任命帅孟奇为组织部部长；任命沈兹九为宣传教育部部长；任命杨之华为国际工作部部长。

1949年6月9日，第一届全国民主妇联第五次常委会选举决定蔡畅、邓颖超、张琴秋、沈兹九、李文宜、邓康6位常委代表中华全国民主妇女联合会出席新政协会议筹备委员会。①9月21日至30日，中国人民政治协商会议第一次全体会议在中南海怀仁堂隆重举行。出席会议的代表662人，其中女代表69人。

① 《中华全国妇女联合会四十年》（1949—1989），中国妇女出版社1991年10月版，第1至9页。

蔡畅、邓颖超、张琴秋等17人作为中华全国妇女联合会代表参加政协会议。会议经过协商，产生了180名政协全国委员会委员，张琴秋是其中12名全国妇女政协委员之一。这是一次揭开中国历史新篇章的盛会，是宣告中国人民站起来的一次盛会！张琴秋和所有的共产党人一样，心潮澎湃，激情满怀！沈泽民为之献身的新中国终于来了，张琴秋在会议上见到茅盾，想起沈泽民，看着大会热烈的场面，顿时热泪盈眶！

1949年10月1日下午，张琴秋作为政协全国委员会委员，应邀上天安门城楼出席开国大典。中央领导和代表们握手时，毛泽东主席见到张琴秋，用湖南话说："你是张琴秋同志喔！你是浙江人，我记得的……"张琴秋激动地连声向毛主席问好！

1949年10月1日，张琴秋（前排右二）等在天安门城楼上

1949年10月1日下午，张琴秋整个人都沉浸在中华人民共和国开国大典的热烈欢呼声中！出生入死的张琴秋终于等到了这一天！这一天的到来，可以告慰牺牲的战友！告慰沈泽民！告慰那些千千万万为中国革命付出生命保护红军而默默无闻的普通群众！

第八章　鞠躬尽瘁：为新中国纺织工业的发展奠基

开国大典以后，1949年10月19日，中央人民政府委员会举行第三次会议，任命曾山为中央人民政府纺织工业部部长，钱之光、陈维稷、张琴秋为中央人民政府纺织工业部副部长。曾山为纺织工业部党组书记，钱之光、张琴秋为党组副书记。从此，张琴秋和纺织工业结下不解之缘，以她丰富的革命经验和工作经验，为新中国的纺织工业的发展呕心沥血，为了国家的事业和人民的冷暖鞠躬尽瘁，殚精竭虑，奉献自己的所有智慧和聪明才智。

一、新岗位上革命老兵

张琴秋自从到延安以后，从来不计名利和地位，一直在党中央的直接领导下从事党的教育工作和妇女运动，兢兢业业，无论职务高低权力大小，她都能够顾全大局，服从党中央的安排，而且她总是满腔热情地投入工作。所以张琴秋在党中央领导眼中，是一位党放心、人民信任的领导干部。

在进北平前后，张琴秋一方面参加全国民主妇女联合会的工作，作为全国民主妇女联合会筹备委员会的常务委员和秘书长，为开好第一次中华全国民主妇女联合会第一次全国代表大会，她亲自安排筹备工作的具体事务，1949年3月23日至4月3日，中国妇女第一次全国代表大会在北平怀仁堂召开，张琴秋当选第一届执行委员会委员以及民主妇女联合会第一届常务委员会委员。后来在执行委员会会议上，张琴秋被任命为生产事业部部长。上海解放以后，张琴秋就带领全国民主妇女联合会的同志，到上海沪东区“中纺十二厂”调查研究，关心了解纺织女工的生产生活情况。

中华人民共和国成立以后，中国共产党面临着国民党留下来的千孔百疮的烂摊子，百废待兴。而人民日常生活中最基本的需要——吃饭、穿衣成为新中国领导人要解决的头等大事。但是，旧中国的工业已经奄奄一息，以纺织工业为例，“1949年全国棉花生产量只有890万担（44.5万吨），仅为1936年最高年产量1700万担（85万吨）的52.4%；棉纱产量下降到180.3万件（每件纱重181.44公斤，总量32.7万吨），仅为1933年最高年产量244.7万件（44.4万吨）的73.7%；棉布产量下降到18.9亿米，仅为1936年最高年产量27.8亿米的68%。”[①]所以如何解决全国老百姓缺衣少穿的问题成为人民政府的头等大事。因此，刚刚组建的纺织工业部，理所当然地成为中央人民政府里重要的工作部门，是当时成立的五个工业部门之一，职能是管理全国国营和中央公私合营纺织工厂，并对全国纺织工业统筹规划，进行方针政策和业务技术的具体领导。所以在班子力

① 《钱之光传》，中共党史出版社2011年1月版，第341页。

量的配备上，中央给予高度的重视。任命曾山为部长，但是他还在上海负责财经工作，无法到任履行职务。因此纺织工业部由钱之光主持日常工作。

钱之光（1900—1994）和张琴秋都是浙江人。钱之光是浙江诸暨人，比张琴秋大4岁，1900年11月27日出生在诸暨牌头镇，早年投身革命，1927年参加共产党，宣中华、张秋人是钱之光的革命引路人。在上海时，经张秋人介绍，钱之光认识了沈泽民、施存统、邵荃麟等人。大革命失败以后，张秋人被国民党杀害，年轻的钱之光冒着生命危险到杭州清泰门外为张秋人收敛遗体，让国民党当局震惊。之后，钱之光在上海中共中央秘密印刷厂工作，印刷《红旗周报》《党的建设》《实话》《布尔什维克》等党内秘密刊物。钱之光的妹妹钱希均和张琴秋是上海平民女校同学。后来，钱希均和毛泽东的弟弟毛泽民在上海结婚。1933年春夏之交，钱之光秘密离开上海到中央苏区，开始从事经济贸易工作，1934年10月，钱之光与林伯渠、吴亮平等一起参加长征。长征途中依然负责红军部队的后勤保障工作。红军到达陕北以后，钱之光担任对外贸易总局局长，继续从事经济工作。七七事变以后，钱之光根据周恩来的安排，到南京八路军办事处工作。当时就是周恩来派钱之光、张文彬到南京反省院接张琴秋、吴仲廉、陶万荣她们的。此后，他随周恩来去武汉、重庆的八路军办事处工作。“皖南事变”以后不久，夫人边爱莲因病去世。1944年，钱之光在重庆和蔡畅姐姐的女儿刘昂结婚。抗战胜利以后，钱之光一直在周恩来的领导之下工作，在解放前夕，钱之光奉命到香港，除

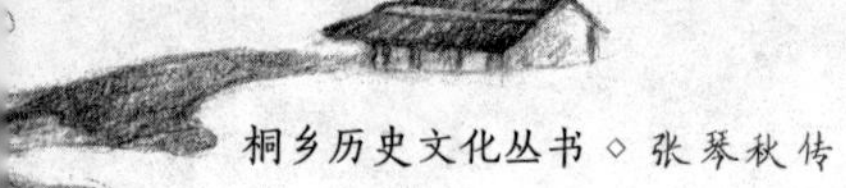

了从事经济工作之外，还要抢救在香港的大批民主人士，沈钧儒、郭沫若、茅盾、李济深等都是钱之光在香港先后负责秘密接送的。钱之光在1949年4月，根据中央指示回到北平。继续在陈云、薄一波主持的财政经济委员会工作。所以，钱之光也是一位久经考验的老革命，而且在20世纪20年代就和张琴秋他们认识的。1949年10月19日，中央任命钱之光为政务院财政经济委员会委员、纺织工业部副部长兼纺织工业部党组书记；同时任命陈维稷（1902—1984）为纺织工业部副部长。陈维稷也是一位经历非常丰富的革命知识分子。他比张琴秋大2岁，生于1902年。是安徽省青阳县人。1928年毕业于英国里兹大学染化系。1930年回国以后，在复旦大学、暨南大学、苏州工专、南通纺织学院等高校担任教授。1939年参加共产党，同年秋赴重庆，以秘密党员的身份从事民主运动。抗战胜利以后，他在上海出任中国纺织建设公司厂长、总工程师，兼任交通大学纺织系主任等。解放战争期间，陈维稷从事党的秘密工作和统战工作，参加现代经济社、中国民主建国会、中英文化协会等团体，广泛联系各界人士，宣传中共的方针政策。上海解放以后，担任上海军管会轻工业处顾问。新中国成立以后，到北京出任纺织工业部副部长。据说，当时陈维稷是在广播里听到自己被任命的消息的。他一直在忙原来的工作，直到纺织工业部催他上任，他才于11月4日到纺织工业部报到上任的。

当时，张琴秋和这些既有革命经历又有专业知识的同事共事，心情应该是舒畅的。一年后，张琴秋在《新中国妇女》上撰文说：“党中央人民政府成立，任命我担任纺织工业部副部长时，心中又喜欢、又焦虑。喜欢的是我们妇女居然能在中央人民政府的工业部门负这么重大的责任，这只有共产党领导的人民政府才能获得这样的权利。焦急的是对纺织工业一窍不通，全是外行，深怕挑不起这副担子，对不起人民。”[①] 况且纺织工业是一个事关国计民生的事业。10月19日，中央任命纺织工业部领导班子以后，张琴秋就投入纺织工业部的筹备工作中去了。10月21日上午，中央人民政府财政经济委员会在“九爷府”举行成立大会。出席的委员有31人，列席18人。纺织工业部的钱之光出席会议，张琴秋列席这次会议。张琴秋转到工业经济领域，很快从全局大局的高度理解认识了纺织工业的地位作用，全身心地投入到工作中去。她曾说：“穿衣吃饭是人民的两件大事，我负担这件大事，应该把工作好好搞起来。”[②] 一穷二白的新中国成立之初，部门成立了，纺织工业部的班子组建了，但是办公的地方，还没有准备好。所以，中共中央宣布纺织工业部成立以后，暂时将北京东交民巷原美国花旗银行的旧址作为中央人民政府纺织工业部的办公场所。1949年11月1日，中央人民政府纺织工业部正式挂牌办公。纺织工业部的第一届班子成员肩负着新中国老百姓的温暖事业，筚路蓝缕，成为新中国纺织工业的开拓者。

此时，苏井观被中央人民政府任命为中华人民共和国卫生部副部长。同样开始为新中国的卫生事业忙碌起来。同时，苏

①② 张琴秋：《我怎样担负起新工作》，刊《新中国妇女》杂志1950年第15期。

井观还负责中央领导的保健工作。[①]所以，新中国成立之初，苏井观和张琴秋夫妇俩的忙碌程度是可想而知的。不久，他们住进甘水桥胡同乙1号。

根据纺织工业部部长们的分工，张琴秋是负责纺织工业生产。纺织工业生产涉及面很广，涉及农业，涉及制造工业，涉及轻工业，同样涉及方方面面的人才，同样还需要追赶先进的国际纺织工业的潮流。所以，千头万绪的工作，让40多岁的张琴秋奔波在全国各地的纺织工业一线。

张琴秋根据党组分工，初步安排好机关的一些工作以后，立刻和全国纺织工会的陈少敏一起，去上海纺织企业调查研究，了解纺织工人的生活和工作状况。当她看到纺织工人的生产条件和过去没有多少变化时，心情特别沉重，她觉得自己有责任减轻纺织工人姐妹的劳动强度。通过调查研究，全国纺织工会逐步制定了解放纺织女工劳动强度的政策措施。1950年6月，第一届全国政协第二次全体会议召开，张琴秋是全国政协第一届委员，出席了新中国成立以后的第一次全国政协会议。7月，中国纺织工会第一届全国代表大会在北京召开。7月25日，全国民主妇女联合会举行招待会，招待出席全国纺织工会首届妇

① 据《建国以来刘少奇文稿》(第二册)记载：当时担任中共中央山东分局书记、山东省人民政府主席康生1950年4月22日给中共中央的电报中，对中央让他移地休养提出不同意见，怀疑是苏井观副部长的建议。认为苏井观对他全面了解不够，这个建议可能更加重了他身体精神上的负担，反而不利。中央4月25日电报，明确告诉他：“中央决定你移地休养半年，不是根据苏井观的建议而是根据华东及山东同志报告，……”澄清了康生对苏井观的误解。4月28日，康生又致电中央，承认对中央的决定，错误了解，表现了不尊重，讲价钱无组织无纪律的错误态度，请中央予以处分等等。

女代表，张琴秋和全国妇联的沈兹九和纺织界的姐妹欢聚一堂。在共产党领导下，在纺织工业部和全国纺织工会的努力下，当时全国国有企业的生产劳动条件有了明显的改善。“笨重的体力劳动大多由动力机械代替；车间安全保护、通风降温、吸风除尘等设备普遍得到应用；各个工种的工人按工作需要领到劳动保护用品；企业设有医疗机构，职工免费看病、用药，因病缺勤，工资照发；车间设有女卫生室、孕妇休息室、婴儿哺乳室。”[①]让广大纺织女工在新社会有了翻天覆地的变化，有了实实在在的获得感。所以，在这些翻身得解放的变化中，让人们对社会主义充满了向往。

新中国成立不久，即1950年10月，张琴秋和沈泽民的女儿张玛娅从苏联回国，与张琴秋团聚。这让张琴秋感到非常高兴。对张玛娅今后的工作和志向，张琴秋充分尊重女儿的意见。刚刚回国的张玛娅，根据组织安排去了通信部工作。其中1951年9月到次年6月张玛娅在清华大学学习中文。在北京工作几年后，1955年去哈尔滨军事工程学院任教，1956年加入中国共产党。1964年调航天部二院二十三所六室工作，任副主任。一直工作到1976年。张玛娅是在苏联长大的科技工作者，从小受到党的教育，是一个非常优秀的知识分子。这是后话。

作为新中国我们党的高级干部，张琴秋对事关老百姓民生事业的纺织工业有着很深的感情，所以她对工作充满着干劲，全身心地投入，各项工作都非常出色。钱之光、陈维稷两位领导、同事认为：张琴秋“在纺织工业部领导岗位的近20年中，她的

① 谢燕：《张琴秋的一生》，浙江人民出版社2018年5月版，第195页。

工作始终是很出色的”。认为“琴秋同志对纺织工业很熟悉。她长期分管生产，工作能抓住关键”。[①] 无论是新中国成立初期，还是50年代中后期的大跃进年代，还是国民经济恢复时期，张琴秋这位新岗位上的革命老兵，始终坚持实事求是的科学精神，抓典型推广，抓企业管理，抓产品质量，同样得到钱之光等同志的肯定和赞扬：“表现了一个老共产党员忠于革命事业的鲜明立场。”[②] 张琴秋在纺织工业战线呕心沥血20年，在祖国的大江南北、天山南北的纺织战线上，到处留下了张琴秋的足迹，她为了中国老百姓的穿衣问题，为了让老百姓多穿一点，穿好一点，无怨无悔地贡献自己的一切。

二、老革命的求实作风

张琴秋在纺织工业部工作20年，留下了许多让人怀念的佳话，尤其是张琴秋踏踏实实的工作作风和实事求是的科学精神，给新中国的纺织人留下了深刻的印象。

新组建的纺织工业部人数不多，据说刚刚组建时只有30多人，但是后来随着事业的发展、机关干部队伍的扩大、纺织工业生产的发展，迫切需要纺织工业部机关工作人员加强学习，机关的学习风气也十分浓厚。当时机关里，工会出面举办的学习文化科技的各种培训班不少。据说当时张琴秋听说机关有一个介绍棉纺织工艺学的班，就告诉秘书钟鸣，两个人晚上一起

①② 钱之光、陈维稷：《革命者的作风、胸怀和情操——张琴秋同志在纺织战线20年》，刊1979年6月23日《人民日报》。

去听课，学习棉纺织工艺技术。后来，张琴秋虽然没有听完全部课程，但是，她把《棉纺织工艺学》的教科书一直带在身边，连出差也带上，有空就学习，不久就学完了《棉纺织工艺学》这门课程。张琴秋不仅自己带头从书本理论上学习，还十分注意向基层一线的同志学习，向基层的科技人员学习。她常常对身边的工作人员说：我们到企业基层，既要检查他们的工作做得怎么样，还要向他们学习，学习他们优良的工作作风，学习他们丰富的实践经验。她还常常用毛主席说的"没有调查就没有发言权"的话来教育大家。她说，包括我在内，如果不学习，不调查，同样没有发言权。张琴秋这样教育身边人，自己也这样做。据说，有一次，张琴秋到上海一家企业了解一项科技革新投入生产的情况。张琴秋想多了解一些情况，所以问了许多问题，包括自己还不清楚的科技方面的知识问题。不料，负责这家企业科技工作的同志非常紧张，误以为张部长对他们的革新成果持怀疑态度，是专门来挑他们工作毛病的。张琴秋觉察到对方的误解，立即向对方说明了自己的来意，消除了对方的疑虑，现场的气氛立刻轻松活跃了起来。钱之光、陈维稷两位部长到晚年还记得："1966年春，纺织工业部在上海办了个规模很大的全国纺织工业技术革新成果展览会。琴秋同志负责主持这项工作，对一些重大技术成果都亲自参加评审。周恩来当时因事要到上海，曾在百忙中参观了展览会，琴秋同志陪着周总理一行，并作讲解。这也证明了她工作认真，掌握了业务。"[①]

---

① 钱之光、陈维稷：《革命者的作风、胸怀和情操——张琴秋同志在纺织战线20年》，刊1979年6月23日《人民日报》。

当时，展览会全称是“全国纺织工业技术革命展览会”，1966年5月1日开幕，是新中国成立以后纺织工业规模最大的一次科技革新展览会，共收集11000多项重大技术革命项目，经过张琴秋牵头评审，正式展览3100多项。据说当时周总理陪同阿尔巴尼亚党政代表团看了纺织工业技术革命展览会以后，十分满意，并且对陪同的张琴秋就纺织工业的生产建设，作了重要指示。这次展览会历时两个月，有38万干部群众参观了展览会。①

张琴秋在纺织工业部的20年，正是我们国家发展艰难曲折的20年，纺织工业同样也经历了时代的风浪，在怎样发展的问题上，也经历了大跃进、浮夸风、“反右倾”，经历了苏联政府撕毁合同，撤走专家，对我们进行技术封锁等等影响发展的曲折。但是，张琴秋在工作中，始终坚持朴实的工作作风，在一些重大问题的分析判断上，坚持实事求是的党性原则。钱之光、陈维稷回忆说：“张琴秋同志在工作中一贯坚持实事求是，按照实际情况提出解决问题的具体方针、政策和措施。1958年以后，纺织工业系统在如何处理产量和质量的关系以及要不要加强企业管理的问题上，一个时期存在不同的意见。那几年在高指标、瞎指挥的影响下，许多地区的纺织厂出现了片面强调产量、盲目加快车速的做法，造成设备严重磨损，消耗成倍增加，产品质量波动，企业管理混乱。针对这个问题，纺织部在1958、1959两年间，先后在青岛、西安召开全国会议，以期统一认识。琴秋同志主持这两次重要会议。在青岛会议中，代表

① 《钱之光传》，中共党史出版社2011年1月版，第636页。

们对加快车速有不同的看法。有人认为这是增加生产的迫切需要，主张继续加快车速；也有人认为片面提高车速，技术上不合理，经济上不上算。两种意见争论很激烈。琴秋同志鼓励大家摆事实、讲道理，畅所欲言。同时，认真分析研究，正确作出判断，经请示纺织工业部党组同意后，在总结时旗帜鲜明地提出了全面实现多快好省的主张，否定了那种只要多快好省、不尊重科学的做法。在西安会议时，又抓住西安纺织行业的典型经验，进一步强调要加强企业管理，抓好产品质量。"[①] 在当时的环境里，抓管理是要冒风险的，不少人认为强调企业管理就是"管、卡、压"。但张琴秋亲自出面开会，抓纺织工业企业的管理，而且还去基层蹲点，这是需要何等勇气？当时，西安文艺界编了一个"反右倾"的话剧，其中还是以纺织战线的不同意见和矛盾展开的。反面人物就是以当地一个纺织部门的领导为原型的。演出时让在西安蹲点的张琴秋去观看，张琴秋看了演出以后，向当地领导实事求是地表达了自己对浮夸作风的看法，并且就速度和质量等关系实事求是地介绍了纺织工业上的情况。1961 年 4 月，张琴秋去了自己熟悉的上海国棉二厂蹲点，深入总结纺织工业企业管理正反两方面的经验教训，并且在蹲点的基础上，形成了《纺织工业生产技术管理条例》。钱之光、陈维稷肯定了这个条例，说："对于三年调整时期克乱求治，使纺织生产多快好省全面发展，起了很好的作用。"[②] 当时，北京国棉三厂建厂时，正好赶上大搞增产节约运动，所以

①② 钱之光、陈维稷：《革命者的作风、胸怀和情操——张琴秋同志在纺织战线 20 年》，刊 1979 年 6 月 23 日《人民日报》。

建厂计划一改再改，原来准备修建的工厂食堂也被取消了。那天张琴秋去主持厂房落成典礼，有的工人就告诉张琴秋："国家有钱盖这么漂亮的厂房，却没有盖一个工人吃饭的食堂！我们几千个工人，连个吃饭的地方都没有。干活已经站了8个小时，吃饭还要站着吃。"张琴秋一听，觉得工人的意见有道理，回到纺织工业部以后，立刻向部长汇报这个情况，也讲了自己的想法，得到部里的支持，后来这个问题很快解决了。张琴秋的这种坚持原则、求真务实的作风，是她在几十年的革命生涯中形成的，在社会主义建设时期，依然保持着一个革命者的初心和本色。

在新中国成立以后，张琴秋的"官"也不算小，担任一个工业部门的副部长。但是她无论在群众面前还是在领导面前，始终保持一个共产党人应有的谦虚本色，始终牢记一个共产党人全心全意为人民服务的宗旨。1953年，张琴秋率领中国纺织工业代表团到苏联去访问，期间去纺织企业学习考察，因为翻译人手少，张琴秋就亲自给随行的工程技术人员当翻译。让这些随行专家深受感动。一直到几十年以后，这些当年的随行人员已经是耄耋之年，依然记得张琴秋"部长当翻译"的佳话。有一次，张琴秋在上海出差，中午休息时，纺织工业部一个工程师专门到招待所想见张琴秋，秘书为部长挡驾，说部长上午连续看了两个厂,很辛苦,是否换个时间？来人就说"好的好的"，回去了。此事被张琴秋知道以后，批评秘书，不应该这样对待来访的人。随后就让秘书和来访的人联系，约好谈话的时间和地点。这件事虽然不大，但也体现了张琴秋一个共产党人应有的本色，让身边人深受感动。

在纺织工业部工作期间，副部长张琴秋一直把纺织工人当作自己的亲姐妹，把纺织工人的冷暖挂在自己心头。新中国成立不久，张琴秋就在调查研究中了解到，纺织工人的劳动强度大，缺乏劳动保护，女工的权益得不到保护，女工的身心健康堪忧。当时张琴秋主动多次与内务部部长谢觉哉沟通联系，就如何解放妇女生产力、保护妇女权益等方案，得到内务部的大力支持。她自己同样以身作则，到一个地方检查工作，总要了解关心纺织工人的生活、生产条件，了解纺织工人的疾苦。20 世纪 50 年代张琴秋去山西省的纺织厂、针织厂调查研究，发现平遥针织厂是从上海内迁的企业，由于地处偏僻，一些女工找不到对象，成为企业的一大难题。张琴秋了解了这一情况以后，马上建议经纬纺织机械厂和平遥针织厂的领导采取措施，关心企业的青年男女的婚姻问题，企业之间建立联系，开展适合青年的活动，增强青年男女的友谊。这样的事很多，让熟悉认识张琴秋的人都很敬佩她的这种人性关怀，敬佩她真正把纺织工人当亲人的情怀。许多纺织工人从张琴秋的关怀中，体会到了党的温暖。

张琴秋在工作中十分注意培养先进典型，同时也非常关心这些纺织工业战线上先进典型的工作和生活。郝建秀同志是我们国家 20 世纪 50 年代培养起来的纺织工业战线的先进典型。郝建秀 1949 年至 1954 年在青岛国棉六厂做挡车工，勤奋好学的郝建秀，不到 16 岁就摸索出一套改进整个纺织业技术的“细纱工作法”。50 年代初，全国纺织工会和纺织工业部的技术人员在张琴秋的带领下，去青岛总结郝建秀的“细纱工作法”，1951年10月，纺织工业部正式发出《关于普遍开展郝建秀工作法的指示》，同时，毛泽东主席委托中央办公厅复信，表扬了郝建秀，纺织战线及时推出了郝建秀这个全国先进典型，有力推动全国纺织战线操作技术的发展。11月，纺织工业部和全国纺织工会在天津联合召开全国织布工作法会议，在集中了青岛、上海、天津和东北等地区织布的先进经验，经过20多天的表演、观察、测定、分析和讨论后，总结出《一九五一织布工作法》，这是又一项总结提炼典型之后的新成果，这对恢复纺织生产、提高纺织生产力水平，保证产品质量是一个有力的推动。

新中国成立之初，这些先进典型的出现，都是基层劳动积极分子创造的奇迹，是他们的聪明才智的发挥，才能有这些先进典型的出现。所以，张琴秋每次到基层检查工作，调查研究，总要看望一些先进模范工作者，嘘寒问暖，关心他们的生活和工作。在日常工作中，张琴秋认识很多五六十年代全国纺织工业系统的劳动模范和先进工作者，而且一见面就叫得出对方的名字。张琴秋每次去基层检查工作，往往是走到最基层，进工厂，进公社，直接听取基层的工作汇报，亲眼看看基层的工作情况，这样她心里才踏实。去新疆喀什考察棉纺织厂，张琴秋一定要去疏勒县辅泉人民公社的棉花田里看看，看看那些成片成片的棉花田，向棉农了解棉花的生长和生产情况。在西安，在保定，在上海，在杭州，张琴秋从来没有住在高级宾馆听听汇报，看看报表，就算是调查研究；而是一到一个地方，总是立即去工厂企业、车间，实地了解企业的情况，掌握第一手材料。在上海第二棉纺织厂蹲点调查研究时，她谢绝了按规定可以住的高级宾馆，和大家一起住在厂招待所，和大家同吃同住。当时正是三年经济困难时期，工厂的伙食非常差，常常是用一点油水也没有的菜汤下饭。后来，张琴秋觉得自己年纪大了，饭菜没有什么油水还能坚持，但是那些跟着自己去调查研究的年轻人，无论如何是受不了这样的待遇的，所以张琴秋每到周末，自掏腰包，带着这些年轻人去上海大厦的餐厅吃点鱼汤什么的，让那些年轻人补补身子。张琴秋就是这样，为了纺织系统同志能够安心、努力工作，早日解决全国人民的穿衣问题，张琴秋关心别人比关心自己还多，为纺织系统的同志，她无私地付出了自己的真挚感情。

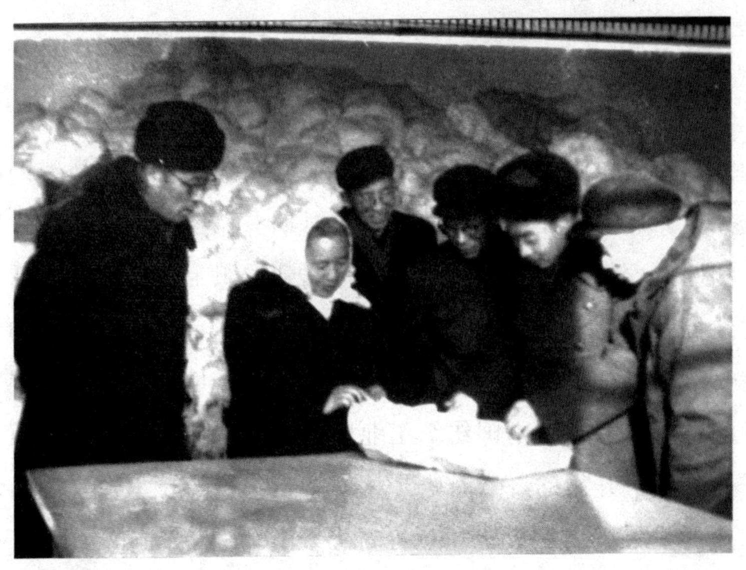

张琴秋在基层考察工作

1960年11月15日，张琴秋和新疆
喀什地委、专署及当地的厂领导合影。

不仅关心普通工作人员，张琴秋还非常尊重纺织战线的科技人员，这是她在纺织工业部工作时期有口皆碑的。中华人民共和国成立之初，党中央就充分考虑到纺织工业在人民生活中的地位和作用，部长班子里既配备了钱之光、张琴秋这样的老革命，也安排了曾山这样的懂经济的领导，也配备了陈维稷这样的纺织专家，新中国纺织工业的起步，就在这样的高素质班子的带领下开始的。当时张琴秋就感受到科学技术对中国纺织工业的发展的重要性，所以在配备纺织工业部的司局班子时，张琴秋建议给每一个司局配备一名工程技术人员。她深有体会地说：“党中央为我们部配备领导干部时，就是这样做的。钱之光同志和我都是不懂得科学技术的，但是有陈维稷这位专家，就部分地弥补了我们的不足。我是从这里得到启发的。”纺织工业部党组接受了张琴秋的建议。在司局班子配备时，充分考虑了张琴秋的意见，尽可能地为司局班子配备了科技专家。

在解放初期，国家的经济条件还不好，国家对干部实行供给制，对一部分专家实行工资制。当时纺织工业部聘请的高级工程技术专家和党外著名人士实行高额工资制，作为特殊照顾。但是在当时的政治环境下，似乎供给制是光荣的，而拿高额工资显得有点落后，所以机关里对拿高工资有一些非议，而那些科技人员也不愿意去会计室拿工资。这件事被张琴秋知道以后，一方面给机关同志做解释工作，并且用川陕革命根据地时期用老中医的事例，教育机关干部。后来张琴秋还让自己的秘书钟鸣为这些专家代领工资以后，专门送到这些专家家里。张琴秋重视这些纺织工业专家是真心诚意的。解放前上海有一位女科学家酆云鹤，她是世界上第一个将麻类植物用新法脱胶制成优质麻纤维、应用于纺纱织布的科学家。当年国外的资本家用高薪聘请她，德国专利局让她在德国申请专利，都被她拒绝了。回到国内以后，国民党政府没有重视她的科学成果，所以她愤而辞职。解放以后，在人民政府的关怀下，酆云鹤把她的全部精力投入到麻纤维研究上。酆云鹤的研究一直得到张琴秋的关心支持。张琴秋每次到上海出差，总是要去看望酆云鹤，向她请教，和她交流。所以，酆云鹤和她的研究团队的科研人员说：“张部长的思路比我们开阔活跃。我们往往只顾埋头钻研一些技术问题。今后，我们确定一个科研课题，一定要了解有关经济上的一些情况。”后来酆云鹤的研究成果转化成布料以后，张琴秋非常高兴，立即让铁秘书去买来各做一件短袖衬衫。去上海时，张琴秋特地穿着这件衬衫去看望酆云鹤，酆云鹤十分激动，非常高兴。20个世纪60年代初，酆云鹤生病在北京住院，张琴秋去看望她，身边的工作人员按照惯例，准备去买一束花。这次张琴秋却吩咐秘书不要买花了。“现在市场供应这么困难，连饭都吃不饱，还是想办法买一些鸡蛋和别的吃的东西送给她吧。钱由我付。”[①]所以这些科学家在张琴秋身上，感受到政府的温暖，感受到纺织工业部对知识分子的重视。那些劳动模范和先进工作者也有同样的感受。郝建秀的技术革新在全国推广以后，为国家作出了很大的贡献。没有文化的郝建秀遇到了纺织工业部的好领导，被推荐上中国人民大学速成中学学习，后来又在华东纺织学院棉织专业学习，学成以后回到青岛国棉六厂继续从事基层技术工作。在郝建秀成长的道路上，凝结着纺织工业部领导尤其是张琴秋副部长的心血。还有从基层上来的吴文英同志，也是20世纪50年代纺织工业战线自己培养出来的劳动模范积极分子。

张琴秋对纺织工业战线的科学技术人员的关心爱护，还体现在新中国成立以后的历次政治运动中对这些科技人员的关心爱护上。20世纪50年代的大跃进过程中的浮夸、冒进，一些科技人员讲了真话，就被粗暴地批判为“右倾分子”，受到歧视。张琴秋到地方上检查工作时，常常从正面赞扬纺织工业战

① 谢燕：《张琴秋的一生》，浙江人民出版社2018年5月版，第201至202页。

线的科技人员的贡献，让地方领导能够重视这些科技人员的作用。在和一些科技人员谈话中，张琴秋也总是鼓励他们大胆工作，充分发挥积极性。对受到不公正待遇的机关干部，张琴秋也是尽自己的力量，去关心帮助他们。纺织工业部劳动工资司副处长林颖是革命烈士彭雪枫的遗孀，是1937年参加革命的老同志，因为1957年的心直口快，被打成“右派”，发配去河北省保定化纤厂劳动改造。在大家远离林颖的时候，张琴秋到保定出差时，专门去化纤厂看望林颖，让林颖非常感动。后来，根据周总理的建议，纺织工业部为她摘掉右派的帽子，让林颖回到纺织工业部工作。郭霁云是延安时期的老同志，解放以后在哈尔滨亚麻纺织厂当厂长，因为对浮夸风有不同意见，所以在50年代末被人整成“右倾机会主义分子”，在她最困难的时候，张琴秋给她写信，鼓励她，几年以后在刘少奇过问下才被平反。张琴秋还向纺织工业部建议，把郭霁云调到纺织工业部化纤局当副局长。张琴秋亲自找她谈话，告诉她：“根据毛主席、周总理的指示，今后，中国的化学纤维工业要大发展，你的文化水平高，我们相信，由你来做这个工作是很合适的。你一定会在这个工作岗位上作出新贡献。你就放开手脚干吧。”一番真诚贴心的话，让郭霁云热血沸腾。

张琴秋在纺织工业部一直是副部长的职务，党内是纺织工业部党组副书记。主要是协助部长工作。在纺织工业部20年，张琴秋始终牢记党内的政治规矩，注意做好班长的助手工作。1952年8月7日，中央人民政府委员会第17次会议免去曾山的纺织工业部部长职务，任命蒋光鼐为纺织工业部部长，1953

年 12 月，中共中央任命钱之光为纺织工业部党组书记，张琴秋为党组副书记，张琴秋一如既往积极主动地配合部长工作，尊重部长也尊重党组书记。维护班子的权威和团结。主动向蒋部长和钱之光书记汇报工作。有些重要会议，请蒋部长出面讲话，蒋部长的批示或者交办的工作，张琴秋不但自己坚决贯彻落实，还督促有关司局抓好落实。她经常对机关的同志说：“蒋部长对党中央、国务院非常尊重的。周总理每次和他谈话，对纺织工业提出的一些意见，他回来后都原原本本地向我们传达，并且要我们抓紧研究，坚决照办。我们对他的这种认真负责的工作精神，都非常敬佩。如果有谁不尊重蒋部长，那是不对的，也就等于是不尊重周总理。”① 对其他副部长，张琴秋也同样如此，充分尊重他们的分工和职权。1959 年，荣毅仁担任纺织工业部副部长以后，同样也是有职有权。张琴秋曾说过：“在工作中，不论上下级，党内外，都要很好的团结合作，联系群众。……上下级关系要密切地结合，上级要了解下情，才能对下面提出恰当的意见，真正给他们帮助，并替他们解决问题；否则，无的放矢，无法建立领导上的威信。”② 所以，曾经和张琴秋共事过的领导如钱之光、陈维稷等同志时常怀念和张琴秋共事的岁月。

张琴秋关心人，一方面是她有高尚的人品，有发自内心的真诚，也有一个共产党员领导干部应有的责任。曾经担任过纺织工业部生产司、计划司副司长的凌则之是江苏淮安人，解放

① 参见谢燕：《张琴秋的一生》，浙江人民出版社 2018 年 5 月版，第 203 页。

② 张琴秋：《我怎样担负起新的工作》，刊《新中国妇女》杂志 1950 年第 15 期。

以后一直在上海纺织工业局工作。1960 年凌则之调纺织工业部工作。当时他一个人调北京，爱人仍旧在上海医院工作，夫妻两地分居。当时的干部是不会为自己的私事向组织上提要求的。但是，凌则之自己不说，张琴秋却记在心里。大概半年以后，有一天，张琴秋找到凌则之，告诉他有关他爱人调北京的事，组织上已经和卫生部联系过，卫生部已经同意接收。问凌则之有没有意见，如果没有意见，组织上马上发调令。凌则之听后十分感动。同样，张琴秋对 50 年代苏联专家的生活，也非常关心。当时在纺织工业部工作的苏联专家库尔沙可夫结婚多年没有孩子，而现在又派到中国工作，这个希望就更加渺茫了。张琴秋知道他的情况以后，主动找他谈话，建议他让妻子来中国生活一段时间。后来，张琴秋为这个苏联专家办好相关手续后，他的妻子来到中国。张琴秋还帮助他们夫妻俩找一个中医调理身体。一年以后，这个苏联专家如愿以偿，一个宝宝诞生在北京。

张琴秋从新中国成立开始，一直是第一、二、三届全国人大代表，第一届全国政协委员。是中共第八次全国代表大会代表。张琴秋身上体现出来的共产党员的优良作风，革命者高尚的品格，谦虚谨慎一心一意为人民的思想境界，以及对工作勤勤恳恳，一直留在纺织工业部曾经的同事心里。

三、心中的故乡

张琴秋离开故乡的时间太久了。

但是故乡一直在张琴秋的心里，从来没有离开过。1939年，在延安纪念五四运动20周年时，张琴秋在纪念文章中，回忆起在故乡振华女校参加五四运动游行时的情景。经历过生死考验的张琴秋，故乡的往事只能深深地埋在心里。张琴秋1925年秘密离开上海，去莫斯科中山大学学习以后，再也没有回到故乡石门湾。新中国成立前后，张琴秋有机会到上海调查研究，但因公务繁忙根本顾不上回故乡看看。据石门湾张琴秋哥哥的外孙孙剑鑫回忆：张琴秋“她参加革命是冒着与家庭决裂、亲人分离的痛苦不辞而别的。当时我们还以为她失踪了而到处寻访，直到解放以后，我妈妈在《解放日报》上看到她的名字才接上了联系”。[①] 所以，张琴秋在1925年以后就没有联系过家里人，对家里几十年来的情况一无所知。在上海刚刚解放以后，张琴秋正好带领全国民主妇女联合会的工作组到上海沪东区“中纺十二厂”调查研究。此时距离张琴秋1925年离开上海已经24年了。

魂牵梦萦的上海，是她青春和梦想得到见证的地方，是她走上革命道路起步的地方，那里有她为革命留下的脚印和汗水，有她和沈泽民相知相爱的温馨的时光。张琴秋回到阔别多年的上海，感慨万千！为了民族解放事业，张琴秋放弃温馨的小家庭生活，放弃与亲人团聚的机会，走上坎坷曲折的革命道路。现在上海解放了，大上海回到人民的手里，张琴秋才有机会与家里人联系上，才知道这二十多年石门湾老家的情况，才知道

① 孙剑鑫：《对姑祖母——张琴秋同志的怀念》，刊《张琴秋纪念文集》（内部刊印），浙江桐乡市政协编，2006年版，第117页。

在她离开家乡以后，家里发生了这么多的事情，让张琴秋唏嘘不已。当时上海刚刚解放，社会治安还很复杂，国民党潜伏下来的特务还在伺机作乱，石门湾也刚刚解放，所以张琴秋还无法回到故乡，只好让石门湾的侄女张锦华、外甥女张克宁等家人到上海一见。这时她才知道，哥哥张桐已经去世，妹妹张兰也在几年前被国民党杀害，张琴秋从家人那里知道，妹妹很早就参加了共产党，1926 年曾经与石门湾的共产党员池耕襄一起去桐乡县濮院镇上发展党员，在濮院镇的翔云观戏台演讲，宣传革命道理，建立了桐乡县第一个中共党组织——中共濮院小组。[①] 张兰个性坚强，追求进步和革命义无反顾，在石门湾建立崇德县第一个党小组。所以张兰在石门湾是一个很有名的革命者。1944 年夏天，张兰被当地的地痞流氓举报给日本人，被日伪军杀害在石门湾。临刑时，张兰毫不畏惧，大声痛斥日本帝国主义和汉奸卖国贼，号召家乡的人民团结起来，为中华民族的自由解放而奋斗！还对刽子手说："你们就这样朝我开枪吧！怕死的人不配做中国人！"就这样，张兰牺牲在石门湾的土地上。此时张兰的女儿张克宁被张琴秋的嫂嫂收养。现在，在上海见面以后，张琴秋知道嫂嫂羊寿生年纪大了，决定将尚未成年的外甥女张克宁带到北京，在自己身边抚养。后来张克宁在张琴秋身边长大，在北京农业大学毕业以后，在农业大学工作。这是后话。

---

① 据当时在濮院曾经一起参加活动过的朱培正先生回忆，张兰和池耕襄在濮院镇闹革命，并建立了"桐乡县第一个中共党组织——中共濮院小组。"参见朱培正：《池耕襄、张兰在濮院》，刊《桐乡文史资料》（第八辑）1989 年 11 月版，第 40 至 41 页。

1953年春天[①]，张琴秋以全国政协委员的身份到杭州视察，而爱人苏井观也要到杭州出差。于是夫妻俩决定回一趟石门湾，看看张琴秋几十年不见的故乡，也让苏井观这个石门湾女婿到石门湾认认妻子老家的亲人。但是，刚刚解放没有几年的江南，社会情况还是很复杂，浙江省公安部门考虑到北京来的张琴秋、苏井观两位副部长领导同志突然到石门湾，会引起当地社会的震动。所以，省公安部门一方面通知桐乡县公安局，请他们配合做好安全保卫工作，另一方面省公安部门派出4名安全保卫人员，便衣随从张琴秋、苏井观，确保他们夫妇俩的安全。他们一行从杭州出发，坐火车沿沪杭铁路到长安镇，再乘内河客运小火轮，直驶石门湾。两个小时以后，小火轮稳稳地停靠在石门湾运河轮船码头。派出所所长曾广志等已经在码头等候。张琴秋一行上岸以后，就直接去南皋桥边张琴秋老家寻访。张琴秋小时候住过的老房子早已在日本人占领石门湾时被毁，现在只剩下一片废墟，长满杂草，只有墙基依稀可辨。五味杂陈的张琴秋不停地向苏井观介绍，过去，这里是什么，左边是什么，右边是什么。过去的一切，都在张琴秋的脑海里了。随后，张琴秋、苏井观去西市街12号看望嫂嫂羊寿生，羊寿生是张琴秋哥哥的第二个妻子，没有子女。她才知道嫂嫂的生活是靠祖上留下的七八亩土地过日子，生活过得非常困难。解放初土地改革时，政府又给她定了一个“小土地出租者”的成分。张琴秋

① 关于张琴秋回到故乡的时间，有的传记说“1952年春天”。有的说“1952年”。对此，丰桂、周易在1985年撰文说：“1953年春”。笔者采用他们的回忆时间。因为丰桂老师是石门湾人，对此记忆应该是可信的。参看《桐乡文史资料》（内部资料）第二辑，第40页。

听说以后，便主动提出嫂嫂的生活费由她来负责，同时告诉嫂嫂，让她把这些土地交给政府。此后，张琴秋每个季度汇款给石门湾的嫂嫂羊寿生。除了每个季度汇生活费外，过年时还多汇一点，羊寿生虽然是张琴秋哥哥的续弦妻子，张琴秋一样以礼相待，一直到嫂嫂羊寿生去世，所以羊寿生晚年有一个安稳的生活，全靠张琴秋。后来，张琴秋、苏井观又去侄女张锦华家里吃晚饭，饭后，与同族张五经、张善林，同学李润等见面叙旧。一直到派出所所长曾广志等当地安全部门同志来催张琴秋、苏井观去派出所住宿，才依依不舍地和大家告别。当时石门派出所在石门东市街郑宅，因为解放初的派出所还没有自己的办公的地方，所以租用了郑宅作为办公场所。而且当时石门湾也没有招待所旅馆，况且社会还很复杂，派出所和公安局同志商量以后，就在派出所里整理出几个房间，作为两位副部长和安全部门同志临时下榻的地方。第二天一早，苏井观和张琴秋早早起床，到门口运河边上，苏井观看着这来来往往的船只，鼓扬着风帆，从运河的大转弯处，西来东往，十分繁忙。张琴秋陪着苏井观，望着大运河，深深地呼吸着家乡清晨带着甜味的空气。快三十年没有闻到如此亲切的味道，呼吸如此熟悉的空气！这一天上午，张琴秋、苏井观在石门湾张锦华、羊寿生等亲属的陪同下，去石门镇郊一里路光景的蓬居庵附近的父母坟上扫墓。这里埋葬着张琴秋的父母、哥嫂和妹妹。张琴秋拉着苏井观的手，心情沉重地走到父母的坟墓前，深深地鞠了三个躬，寄托自己忠孝不能两全的哀思。

下午，张琴秋和苏井观离开石门湾，回到杭州。这次匆匆

忙忙回到家乡看看，让张琴秋了却了多年的心愿。此后，张琴秋虽然有过多次到浙江视察检查工作的机会，但是因为公务繁忙，她再也没有机会回到生她养她的故乡。

四、朴素自律的家风和痛悼苏井观

新中国成立以后，苏井观、张琴秋夫妇两个副部长，在外人看来，风光无比，应该是门庭若市，生活非常优裕。但是，张琴秋和苏井观两位老红军老革命和那时从革命年代走过来的许多革命家一样，打下江山以后，依然保持着艰苦朴素的作风，而且自律非常严格，公私分明，绝不含糊。所以张琴秋和苏井观两位高级干部，依然过着简朴的生活。

20世纪50年代初，我们国家对国家公务人员实行供给制，张琴秋就经常叮嘱身边的工作人员："你们不要随意以我的名义到纺织工业部去要东西。你们一定要记住，凡是制度上没有规定的，绝对不可以伸手去要；即使制度上规定有的，我不需要，或者苏部长那里已经领了，够用了，就不要再去领。要尽量为国家节省一分钱。"所以当时有人说，他们是两个部长享受一个部长的待遇。在日常生活中，两位部长的生活简朴到让服务人员感动。据曾经为张琴秋服务过的云洪珊回忆说："张部长最好伺候了。她的子女这时吃住都在单位，平时不回家来，家中只有张部长一个人吃饭。一天三餐，早餐张部长自己动手，一杯牛奶，两片面包，不用我管。午餐在部里食堂吃，没有我的事。只有晚餐，要我动手做，但是很简单。她吩咐我，给她煮一碗挂面，打一个鸡蛋就够了。”[①] 据说，当时服务人员应该做的事，张琴秋只要有空，也是自己去做了，没有一点架子。但是，对别人，张琴秋总是非常慷慨，有个保姆家里发生火灾，损失很大，张琴秋知道以后，非常关心，主动让保姆回家去料理，还给了她 500 元钱。这在当时是一个不小的数字。

张琴秋从不利用自己的工作条件为朋友、为身边的人以及自己的孩子提供方便，更没有利用自己的影响为他们谋取利益。公私分明。钱青是张琴秋小时候的闺蜜、同窗、好友。后来张琴秋投身革命，解放以后成为纺织工业部副部长；钱青留学日本，解放以后在上海同济大学从事教育工作。解放初，钱青通过周总理联系上张琴秋，从此两个人又常联系，亲如姐妹，见面又有说不完的话。后来钱青到北京张琴秋家里小住，看到张琴秋的言行，让钱青十分感动。她曾经回忆说：“我居琴秋家十余日，她身居高位，却异常俭朴。虽有人照料饮食起居，但有些事她仍亲自操作。虽配备了汽车，但她仅用于上下班和开会，孩子们上学，都步行或乘公交车辆，我去她家作客，她从不以汽车接送。衣食住行，自奉都极俭朴，真令人敬佩。”[②]50 年代，张琴秋和苏井观家里孩子多，除了张琴秋的女儿张玛娅外，还有张琴秋从石门湾带来的妹妹张兰的女儿张克宁，还有苏井观从老家带出来的苏井观哥哥的两个女儿苏玉雪、苏桂芳。苏井观、张琴秋夫妇俩对这 4 个女儿一视同仁，又严格要求。对来北京

① 参见谢燕：《张琴秋的一生》，浙江人民出版社 2018 年 5 月版，第 245 页。

② 钱青：《回忆少年张琴秋》，刊《张琴秋纪念文集》（内部刊印），浙江桐乡市政协编，2006 年版，第 37 页。

的亲戚家的孩子也是同样要求他们保持艰苦朴素的家风，不能有半点特殊化。据苏玉琴、刘绪德回忆，解放以后，当苏井观老家的亲友得知“失踪”几十年的苏井观已经当了卫生部副部长以后，便到北京看望苏井观。苏井观告诫老家亲友：要认真工作，诚实劳动；不要因为家里出了一个高干，就有优越感。张琴秋对张玛娅的孩子也同样是严格要求，没有半点娇生惯养。据张琴秋的外孙女刘竞鸣、刘竞英、外孙刘秉宏回忆：“当时，外婆有纺织工业部配给的小轿车，但她也不允许给我们搞特殊化。十一学校每周六、日都有校车接送学生到指定地点，可校车的站点离外婆家还有较远的路程，竞鸣一直是自己乘公交车回家的。”在刘竞鸣记忆中，只是自己上小学三年级下学期时，因为得了急性肾炎，需要住院治疗，学校通知了张琴秋，“外婆才用车从十一学校接竞鸣到了儿童医院继续治疗。”刘竞英幼年一直在外婆张琴秋身边生活，因为从小身体瘦弱，经常生病，张琴秋对她有些偏爱，但从不溺爱。“只要一有空就带着她在院子里散步、做操。外婆告诉她要注意锻炼身体，吃饭不挑食，将来才会有好的身体。并让她学做简单的家务，如包饺子、扫地、洗手帕等，培养她从小勤快、爱劳动的美德。”张琴秋作为外婆，和其他外婆一样，都是“隔代亲”，非常喜欢这些外孙和外孙女。但是喜欢不是宠爱，而是要求更加严格。要培养他们自强不息、艰苦朴素的性格和习惯。刘竞鸣姐妹俩四十多年以后仍然记得：1965 年夏天，“我们姐妹俩未经外婆允许，擅自从储钱罐里拿些钱去买冰棍吃。外婆发现后，和妈妈一起严厉地批评了我们。为了让我们记住这次教训，妈妈记得让我们赔偿。当时我们姐妹俩与父母住在西郊万寿路的部队大院里，每个周六下午才乘公交回到远在北海后海的外婆家。为了赔偿这些钱，我们改为徒步2个多小时到外婆家，如此走了两次，才用攒下的车票钱补足了从储钱罐里拿的钱。每次走到家，外婆看着我们头发和着汗水贴在小脸上的情形，都十分心疼，但是老人没有阻止对我们的惩罚。”这样的好家风，让张琴秋在新中国成立以后的新的环境里，依然保持着革命传统，保持着一个真正的共产党人的气节。

苏井观和张琴秋结为伉俪以后，两人相濡以沫，从延安到北京，从西北黄土高坡到全国文化政治中心，从妇联、卫生部门到共和国的纺织工业部、卫生部的副部长，两个人始终是相亲相爱又相敬如宾，他们政治上是志同道合的同志，都有着坚定的共产主义理想信念，都有着共产党员的党性自觉，他们都是国家高级干部；而生活上，苏井观和张琴秋是伴侣，风风雨雨，相互照顾，携手从延安走来。张琴秋和苏井观结婚以后，身心是愉快的，由于张琴秋在西路军时，和陈昌浩结婚以后有了孩子，但孩子在沙漠戈壁滩上生下来就冻死了，张琴秋从此得病，就不能再生育。她们虽然没有自己的孩子，但是有张琴秋的女儿张玛娅、张琴秋的外甥女以及苏井观的侄女等老家的孩子，家里常常充满欢声笑语。苏井观和张琴秋饭后在院子里散步是最好的放松和休息，据张克宁回忆：“爸爸（苏井观）和妈妈（张琴秋）这时都已年过半百。我还经常看到他们像年轻人那样，手拉着手，在院子里散步、聊天，或者紧挨着坐在沙发上谈笑。妈妈心情愉快时，还要爸爸和她一起放开嗓子高声唱歌。……

妈妈有时遇到什么苦恼的事，经过爸爸几句话开导，也就如释重负似的，心情变得愉快起来。爸爸心地善良，待人宽厚，从来不和谁发脾气，更没有和妈妈红过脸，吵过嘴。”[①]有时，夫妇俩在家里和孩子们一起吃饭，看着正在长身体的孩子们狼吞虎咽的样子，张琴秋心疼苏井观，担心苏井观吃得少，便不住地夹菜给苏井观，想让苏井观多吃一点。弄得苏井观都不好意思起来，说：“你怎么越来越把我当小孩了？我自己会吃的呀。”张琴秋笑着说：“老小老小，越老越小呀。”边上的孩子们看到爸爸妈妈这样相互体贴，也都笑了。有时，张琴秋在单位碰到一些不顺心的事，苏井观知道以后，就主动开导张琴秋，让张琴秋及时释怀。苏井观的一些工作上的想法，张琴秋也及时帮助出主意，两个年过半百的国家高级干部，在家里就像一对亲密无间的朋友，相互关心，相互照顾，相互帮助。所以在新中国成立以后，张琴秋、苏井观两位部长的工作都做得有声有色，这都离不开对方的关心和照顾，有这样一个温馨的家庭，让张琴秋和苏井观都感到心满意足。

20世纪60年代初，鄂豫皖苏区的同志没有忘记当年在鄂豫皖苏区工作的红军战士和那些牺牲的红军将士，也没有忘记鄂豫皖省委书记沈泽民同志。湖北省红安县在烈士陵园里重建沈泽民陵墓。将沈泽民遗骸安葬在革命烈士陵园，让世世代代的中华儿女不忘这位为中国民族革命付出年轻生命的沈泽民同志。1963年4月15日，张琴秋携她和沈泽民的女儿张玛娅，去湖北省红安县参加迁葬仪式。张琴秋百感交集，告诉女儿：沈泽民是

① 谢燕：《张琴秋的一生》，浙江人民出版社2018年5月版，第246页。

她走上革命道路的引路人。张琴秋和女儿紧挨着沈泽民的墓碑合影，留下张琴秋的无尽的思念。

1963 年 4 月 15 日，张琴秋和女儿张玛娅在沈泽民墓前

1963 年，苏井观身体突然不适，一检查，竟然患了肝癌！无论对张琴秋还是苏井观，都是晴天霹雳！医院告诉张琴秋以后，张琴秋心如刀绞！二十年来，和苏井观相濡以沫，怎么能够发生这样的不幸！张琴秋知道病情的严重性，但是在苏井观面前，依然有说有笑，装作若无其事。而苏井观毕竟是医生，是医疗专家，他也知道自己的病情，但是他不想让夫人张琴秋知道，所以，他一方面积极配合医生治疗，另一方面在张琴秋面前，同样轻描淡写，说过几天就好了。苏井观的愿望没有能

够实现，病情一天比一天严重，苏井观时而清醒，时而昏迷，有时候，嘴里还在自言自语念叨："琴秋不能没有我老苏啊！"他最放心不下的是相濡以沫二十多年的妻子张琴秋！张琴秋当时白天去纺织工业部上班，一下班就直奔医院，陪在苏井观身边。1964年5月26日，苏井观因病去世了，此时苏井观才只有59岁！

张琴秋在料理苏井观的后事上，依然保持着一个国家高级干部的应有态度和高风亮节，她忍着巨大的悲痛，对中央领导和战友李先念、徐向前、杨尚昆等人的关心和慰问表达了自己的谢意，告诉苏井观老家来的亲戚，苏井观生病和去世以后，中央和卫生部都非常关心，不能给组织上提什么要求。卫生部的领导在公祭苏井观副部长以后，认为老家亲戚的招待费用应该由卫生部来承担。张琴秋坚决不同意公家来承担这些费用。认为，"家属的开支应由我们自己负担，井观同志临终前也嘱咐过"。张琴秋还告诉从苏井观老家来北京参加苏井观公祭的亲戚，在北京期间，"不要看戏，不要看电影，不要到娱乐场所去"。张琴秋处事的周到和缜密，让苏井观老家的亲人一直铭感在心。

苏井观的离去，张琴秋把自己的悲痛埋在心里，照常去纺织工业部上班、开会。但是一到晚上，张琴秋脑海里浮现的，尽是认识苏井观几十年来的音容笑貌，以及和苏井观相伴二十多年的点点滴滴，她在苏井观去世一个月不到，就写了一篇回忆苏井观的文章——《痛悼苏井观同志》，发表在1964年6月26日的《人民日报》上。张琴秋带着无限深情回忆苏井观，说："20多年来，我和苏井观同志共同生活、共同战斗。现在突然和我永别了，使我感到无限的悲痛！他的逝世，使党失去了一个优秀的共产党员，我失去了最亲密的战友。这些天来，井观同志生前的言行举止、音容笑貌，总是浮现在我的眼前，情不自禁地使我想起过去的往事。30 多年来，他对党和人民，对革命事业，始终忠心耿耿，坚定不移。在漫长革命战争的岁月里，他开创并领导了红四方面军的卫生工作，救死扶伤，有其卓越的贡献。全国解放后，为人民的医务卫生事业，为保卫人民的健康，同样有着重要的贡献。”[①] 她还说：“井观同志的革命乐观主义精神，对我影响很深。20 多年来，我从未看见他愁眉苦脸过，什么艰难痛苦，他都能忍受得住。别人有苦恼，经过他的开导，往往如释重负，心情变得愉快起来。”[②] 张琴秋对苏井观的为人、工作和事业，都给以深深的怀念。她还说：“井观同志去世了，在这悲痛的日子里，我和孩子们受到了党和政府和同志们的关怀与照顾，我衷心地感激。我一定化悲痛为力量，教导孩子们听党的话，永远跟党走，跟着毛主席走，学习井观同志的优良品质，努力做好工作，以答谢党、政府和老战友们以及所有同志们对我们的关心和期望。”[③] 字里行间，充满了对苏井观的无限深情。

五、灭顶之灾，虽死犹生

1965 年 11 月《文汇报》发表了姚文元的《评新编历史剧〈海

① 张琴秋：《痛悼苏井观同志》，刊《人民日报》1964 年 6 月 26 日。
② 同上。
③ 同上。

瑞罢官〉》，是“文化大革命”的导火线。1966年5月中共中央召开政治局扩大会议，5月16日，中央印发《中国共产党中央委员会通知》，史称“五一六通知”。1966年5月召开的中共中央政治局扩大会议是“文化大革命”正式发动的标志，而这个会议通过的“五一六通知”，成为发动文化大革命的纲领性文件。紧接着，全国大、中学校的学生开始起来“造反”，到处是大字报，到处是狂潮般的“革命行动”。当时中央刘少奇、邓小平等为了稳定混乱的局面，决定派工作组进驻有关单位。张琴秋从上海出差回到北京，纺织工业部党组立即组织工作组，进驻纺织工业部下属的纺织科学研究院。这是一个知识分子比较多的单位，所以纺织工业部让领导经验丰富的张琴秋担任组长，去纺织科学研究院指导工作。然而，张琴秋还没有回到纺织工业部，这个根据刘少奇、邓小平派工作组到学校、科研机关的做法，已经被毛泽东否定，认为工作组的做法阻碍了群众运动，是镇压群众运动。8月5日，在中央政治局扩大会议上，印发了毛泽东的《炮打司令部——我的一张大字报》；8月8日，中共中央下发《中国共产党中央委员会关于无产阶级文化大革命的决定》。1967年11月16日，军代表11人进驻纺织工业部，等于接管了纺织工业部，指挥纺织工业部的“文化大革命”工作。在纺织工业部工作快20年的张琴秋很快陷入被批斗的局面。“文革”初期奉命带领工作组进入纺织科学研究院的张琴秋，立刻被划为刘少奇线上的人物，成为批斗对象。纺织科学研究院的造反派立刻来到张琴秋的家里抄家。紧接着，卫生部的造反派也来抄家了，这些气势汹汹的造反派，见东西就砸，见值钱的东西就拿，见书就烧。当时张琴秋还是红四方面军战史编辑委员会的委员，家里有红四方面军不能外传的大量历史资料。这是张琴秋视为生命的历史资料，西路军多少年轻战士牺牲在戈壁滩上，死得极其惨烈！造反派对这些历史资料同样无所顾忌地想拿走！张琴秋愤怒了，她向周总理办公室报告了这个情况。三天以后，造反派才把这批资料拿出来交给国务院。经过当时几次的抄家，张琴秋家里的所有东西都被造反派抄家抄走了，张琴秋只好和家里人背“老三篇”,她相信自己,相信自己是清白的，相信在延安审查干部时的自己已经反复讲述过无数遍的历史过程，组织上早已了解的。

然而随着“文化大革命”的深入,张琴秋很快陷入灭顶之灾！

全国妇联一位老革命，在一片混乱的造反狂潮中，她以过来人的身份，公开向造反派头头们介绍包括张琴秋在内的我国几位老资格的妇女运动领导人的所谓政治历史问题，怂恿造反派，要求他们去穷追猛打，把这些妇女运动领导人的历史彻底查清楚。这位老革命还说，当时自己在延安中央组织部负责审查干部，她曾经让邓发去调查张琴秋在西路军战败被俘虏以后的问题，后来邓发在“四八空难”中牺牲了，就没有人去办这件事了。现在她要求造反派去查清楚张琴秋的所谓“历史问题”。以当时她的身份说这些“问题”，等于向全社会公布这些妇女运动领导人已经审查过的人事档案，让那些造反派兴奋不已。纺织工业部的造反派组织经过上面批准，联合成立“大叛徒、反革命修正主义分子”张琴秋专案组，对张琴秋的政治历史进行全面审查。

在无法无天的日子里，张琴秋受尽折磨，不停地写交代材料，不停地接受审问。开始时还让张琴秋回家，小车被扣，张琴秋买了公共汽车月票，乘公共汽车上班接受批判审问。同时，造反派专门组织人去调查张琴秋的所谓历史问题。据谢燕先生了解，当时这些造反派专门找到瞿秋白夫人杨之华，张闻天，陈修良，陈学昭，朱阿根，胡世杰，胡锡光，吴亮平，许树义，宋侃夫，陈祖涛，帅孟奇，廖苏华，李黎，郑一俊，李初梨，李培之，孔原等，都是过去张琴秋认识的人。其中有上海大学的同学，莫斯科中山大学的同学，有鄂豫皖苏区的战友，有延安的同事，甚至连陈昌浩的儿子陈祖涛，他们都不放过。其实，张琴秋从1924年参加共产党以来，接触的人和事无数，上至不同时期的中共领导人，下至普通老百姓，从上海时期的地下党人员，到莫斯科中山大学的同学，到鄂豫皖苏区、川陕革命根据地的红军指战员，以及西路军的患难战友，还有妇女运动并肩战斗的姐妹，以及纺织工业部的那些相处十七八年的同事，张琴秋的丰富的阅历和坚定信仰，张琴秋做人做事的光明磊落，张琴秋对革命、对共产党的忠诚，不是那些造反派所能理解的。但是，欲加之罪何患无辞？张琴秋的所谓历史问题，被造反派不断地提出，张琴秋不断地写材料。专案组专门编了一个“张琴秋罪行材料”上报，其中所谓的莫斯科中山大学“二十八个半布尔什维克”问题，其实历史早已证明这是派系斗争的外号，没有实质性的意义。尤其对于张琴秋这样经过革命生死考验的革命者来说，更加没有意义。所谓追随张国焘反党的问题，同样是与事实不符的欲加之罪。张国焘在鄂豫皖苏区时，曾经是中共中央副主席，是中央分局书记，是沈泽民、张琴秋的直接领导，事实上，开始对张国焘的斗争，最早是沈泽民同志，是他的无私无畏，使其敢于在张国焘面前提出自己的不同意见。而张琴秋恰恰是被张国焘整过的幸存下来的红四方面军领导之一。而且在延安整风运动中，党中央毛主席对张国焘的错误的清理和批判，早已明确，张国焘的错误是他一个人的错误，即把张国焘的错误和红四方面军广大指战员区别开来。对其他人一概不追究。还有所谓的西路军失败以后张琴秋的表现，虽然在延安审查干部时，已经有基本结论，张琴秋不存在自首叛变问题。现在，依然成为造反派反反复复追问的问题之一。除了这些所谓的“历史问题”不断折腾张琴秋这位年过花甲的革命老人外，造反派还把张琴秋进纺织工业部工作以来的一些正常的工作上纲上线，欲置张琴秋于死地。纺织工业部机关内，“打倒统治中国纺织工业十七年的钱、张王朝”的标语，铺天盖地，让人心惊肉跳！钱，是钱之光；张，就是张琴秋。为中国人民的穿衣问题作十七年的奋斗，结果竟是如此，让人心寒！还有，张琴秋奉命进驻纺织科学研究院，被造反派诬为刘少奇的黑线人物，还从张琴秋家里抄家抄到1948年4月19日苏井观给张琴秋一封信里讲到刘少奇肯定张琴秋的几句话，一下子把张琴秋作为刘少奇黑线人物“敲定”成铁板钉钉的事情了。“张琴秋是刘少奇在纺织工业部的忠实代理人！”“张琴秋是刘少奇资产阶级司令部的得力干将！”

还有，纺织工业部的专案组还指控张琴秋里通外国，这个欲加之罪，原来是1957年，张琴秋礼节性接待过来祖国探亲访友的熟人郭肇唐，郭先生是张琴秋、沈泽民、张闻天在20世纪20年代就熟悉的朋友，曾经是苏联红色教授学院与沈泽民、张闻天、王稼祥齐名的“学霸”，当时被同学们称为“四大教授”之一。后来他在苏联成家，加入苏联国籍。1938年苏联“大肃反”时被诬陷入狱。1954年平反以后，在苏联科学院东方研究所担任高级研究员。1957年，中苏关系还没有公开破裂，郭先生就携妻子女儿回到祖国探亲访友，见了一些当年的同学、同志，如张闻天、杨尚昆等。他还点名要见见沈泽民的遗孀张琴秋，于是，在青岛休养的张琴秋就在青岛和郭先生一家见面叙旧。仅此而已。现在却要张琴秋交代与郭肇唐如何勾结里通外国。张琴秋一遍一遍地解释，造反派怎么能够理解张琴秋和郭先生的交往就是如此简单。张琴秋真是百口莫辩！因为根据有关部门“安排接待国外回来的朋友，就是里通外国”的说法，逻辑上荒唐到无法言说的地步。

同样荒唐的事情也降临到张琴秋身上。张琴秋的一本工作笔记本上，造反派发现在扉页的毛泽东像上方，有手写的“夜郎自大，好大喜功”八个字。造反派如获至宝，认为这是张琴秋恶毒攻击伟大领袖的罪证！事实上，这是张琴秋在听某次中央内部会议传达毛主席讲话时，其中毛主席讲话中有这八个字，她就在自己的笔记本上记了下来。当时在开会，没有注意到下面是毛主席像，并没有想攻击谁，更没有攻击伟大领袖的意思！对毛泽东主席，张琴秋从来都是发自内心地崇敬的，因为是毛泽东带领中国共产党推翻三座大山，指挥解放军解放全中国，让中国人民站起来，让老百姓翻身当家做主人的。张琴秋从自己的成长过程中，也早已清楚地知道毛泽东在中国革命中的影响和贡献！一个1924年参加共产党的共产党人，几十年的党性锻炼，新中国的纺织工业部的党组副书记、副部长，怎么会对党的领袖有二心呢？专案组的造反派一口咬定是张琴秋在发泄内心的不满！对这种荒唐和违反常理的推定，张琴秋同样百口莫辩！

对张琴秋的审查，到1968年已经逐步升级，专案组在这一年的4月4日清明节，就不准张琴秋回家了。清明节不清明了。张琴秋被关在纺织工业部大楼351号办公室里，24小时有人监管。纺织工业部的军代表和专案组确定张琴秋按敌我矛盾定性上报。紧接着，专案组和那些造反派对张琴秋不停地围攻谩骂、批斗训斥！在张琴秋被关押不到20天的时间里，据记录本记载：纺织工业部专案组找她“谈话”14次，大会小会批斗各一次，中央专案组来提审1次，勒令她接受外调10次，写“思想汇报”“学习心得”11份。[①]这样毫无人性的摧残，让张琴秋感到一种如坠深渊的无助。此时，中央专案组又来审讯张琴秋，让张琴秋交代与王明等人的关系，张琴秋告诉他们：“王明是叛党分子，我决不会包庇他。”专案组还暗示，陈昌浩已经交代了，并且检举揭发了。对这种无中生有的揭发，张琴秋愤怒了，她要求与陈昌浩当面对质！专案组的审查人员冰冷的脸上露出一丝似笑非笑的表情。张琴秋知道，陈昌浩在1952年回到国内以后，张琴秋和苏井观一直以礼相待，而且后来又是张琴秋、苏井观他们的奔波，陈昌浩的工作才有了着落，担任了马列著作编译局副局长。对陈昌浩前妻生的两个儿子，张琴秋一直关怀有加，

① 谢燕：《张琴秋的一生》，浙江人民出版社2018年5月版，第263页。

他们也一直叫张琴秋为“张妈妈”。现在专案组竟然暗示张琴秋，说陈昌浩揭发她了，能让张琴秋不愤怒吗？其实，此时张琴秋还不知道，在“文革”开始不久，受到批斗摧残的陈昌浩看到中国如此大乱，精神崩溃了，开始胡言乱语，说苏联共产党在中国共产党内秘密建立一个“共产党”，由他陈昌浩当领袖，实际上是归苏联共产党领导。那么还有哪些人加入这个秘密“共产党”呢？陈昌浩将自己认识的、想得起来的人的名字，都写了下来。张琴秋的名字自然也被陈昌浩写在里面。陈昌浩专案组如获至宝，立即开展抓人调查审问，所以后来不少人因此而受到造反派的摧残，都说是陈昌浩“害人”。张琴秋更不知道的是，她想当面对质的陈昌浩，在上一年的7月30日服了大量安眠药，已经结束自己的生命。对专案组的审讯和陈昌浩精神错乱时的揭发，张琴秋同样百口莫辩！张琴秋实在想不通，为什么要如此逼她承认莫须有的罪名？在4月20日左右写的“思想汇报”中，她写道：“十八日晚专案组找我去开会，批判我的态度不老实。八个大字问题，我所以要求鉴定和自己查毛主席讲话的来源，不是嫁祸于人，就（而）是因为自己挖不出反毛主席的思想动机。我明知道党的政策，……但我思想上实在没有，怎么办呢？八个字写在毛主席像片上头完全是偶然的，无意的。……可是，交不出思想，谁也不会相信，结果还是不老实，死顽固。当天晚上开会回来久久不能平静，所以第二天（即十九日）又请示了xxx同志，她的回答很干脆，八个大字想不起动机，谁也不会相信。这样只剩下一条路了。”张琴秋发自内心的困惑、无助、无奈甚至绝望的状态，弥漫在这份残缺的思想汇报里。她写好“这样只剩下一条路了”这句，又划掉了。这不是她张琴秋要走的路！

经历过无数艰难困苦的张琴秋，见过战场上血腥残杀场面的张琴秋，面对如此荒唐无理的审查批斗、无休无止的谩骂和人身攻击，这位1924年入党的莫斯科中山大学学成回来的留学生，曾经担任过红四方面军政治部主任的红军女将，新中国第一任纺织工业部副部长，为新中国老百姓的穿衣问题呕心沥血的张琴秋，1968年4月22日清晨横尸在纺织工业部办公大楼西侧墙根边的水泥地上。当看管人员发现时，张琴秋的身躯早已僵硬。军代表和公安的人看了一眼以后，没有尸检就认为张琴秋是从纺织工业部办公大楼363号男厕所跳窗坠楼而死。

为革命奋斗一辈子的张琴秋，受尽侮辱的张琴秋，就这样惨死在长安街上。这一年，张琴秋还不到64岁！

六、株连

张琴秋被迫害致死以后，专案组的人认为，张琴秋人死，案子没有结束。于是立刻将张琴秋的女婿刘钟郇、女儿张玛娅两位军事科技工作者分别隔离起来审查，继续追查所谓张琴秋的问题。其实，当时刘钟郇、张玛娅对专案组追查张琴秋的所谓问题，是根本无法回答的。刘钟郇这一年38岁，他1930年出生在辽宁省一个医学世家，其父亲刘仲明（1893—1986）是中国著名的肺结核病防治权威专家，是肺结核病医疗、防治、教学的创始人之一。1917年毕业于盛京医科大学，后留学英国、丹麦，曾经是1932年上书“国联调查团”揭露日本侵略中国发动九一八事变真相的沈阳“九君子”之一。刘仲明是新中国成立后辽宁省第四、五届省政协副主席，第五、六届全国政协委员。刘钟郇1949年9月考取大连大学工学院电讯系，大学毕业后，1953年至1966年先后在通信部和哈尔滨军事工程学院任教。张玛娅是在通信部工作时认识刘钟郇的，后来两人一起到哈军工工作。1955年11月15日，刘钟郇与张玛娅在哈尔滨结婚。婚后他们夫妇俩基本上在哈尔滨军事工程学院工作和生活。1961年暑假，刘钟郇、张玛娅夫妇带了女儿刘竞鸣回到沈阳看望家里老人。这也是一心扑在工作学习上的张玛娅回国、结婚以后唯一一次去婆家。后来张玛娅先回到北京七机部（现航天部）工作，1966年3月刘钟郇也调回北京，在总参通信部装备研究所工作。所以专案组要他们交代张琴秋的所谓问题，刘钟郇是一头雾水。根本想不起丈母娘张琴秋有什么问题。专案组的人提示，1957年张琴秋在青岛见过什么人？说过什么话？刘钟郇一听更加茫然。1957年他人在哈尔滨，那年哈尔滨发洪水，大家都在哈尔滨抗洪，他怎么知道丈母娘张琴秋当时在青岛见过什么人，说过什么话！刘钟郇的回答满足不了专案组的要求，所以多次被打骂，以致右耳终生失聪，一直关押了将近两年。

而刘钟郇的夫人、张琴秋的女儿张玛娅，被专案组折腾得听觉失常！张玛娅怎么也想不到会是这样的。她是一个非常透明、纯粹、大公无私的共产党员，回到祖国以后，张玛娅始终是热爱党、忠于祖国的，襟怀坦白诚恳待人，实事求是对待任何事情，从不阿谀奉承，在工作中，她一直是先进工作者，是工作中的骨干。1956 年她在哈尔滨军事工程学院加入共产党。1964 年从哈尔滨调回北京时，因为张琴秋看到她行李比较多，便派车去北京站把行李拉回来。为此，张玛娅和母亲用俄语大吵一场，批评母亲公私不分，利用职权给自己女儿拉行李！但她看到同事天冷还没有穿上棉衣，她就毫不犹豫脱下自己的毛线衣给同事穿。张玛娅就是这样一个纯洁的共产党员！在她被隔离审查时，她的大女儿才 11 岁，小女儿才 8 岁，小儿子才 3 岁！她不知道他们是怎样在生活！她也不知道自己敬爱的母亲已经被逼身亡！在无休无止的审问中，张玛娅的精神几近崩溃，以致于落下严重失眠的病根。

张琴秋和沈泽民的女儿和女婿张玛娅、刘钟郇一家。后排是张琴秋的外孙和外孙女，从左往右依次是刘秉宏、刘竞鸣、刘竞英。

张玛娅担心的三个孩子也遭受株连，张琴秋离世以后，1968年春天，张玛娅11岁的女儿刘竞鸣和3岁的儿子刘秉宏被赶出万寿路的通信兵大院，连同多年的老保姆赵友珍一起被疏散到房山饶乐府村附近的部队大院。此时8岁的刘竞英在张琴秋家里，却已经见不到外婆了，8岁的孩子，被两名军人带到房山，和她的姐弟会合。此时他们的父亲刘钟郇被带走隔离审查。剩下三个孩子和一个保姆，在举目无亲的郊区大院里生活。刘竞鸣回忆说“由于我们是‘狗崽子’，经常会被造反派的后代欺侮和孤立，弟弟只能常到住地山上的部队养猪场去玩，与饲养员杨叔叔关系特别好，结成忘年交，当时弟弟只有三至四岁，杨叔叔也是个20出头的小伙子，妹妹和我在附近农村小学上学，每天不是上学时在路上被所谓的红后代打骂，就是在放学路上被劫，家中老阿姨多次去部队反映，也没有太多改善，后来还是学校的老师看不过去主动到部队来反映，并每天下午提前让我们回家，就是这样我们也不能从正门进院儿回家。在这样恶劣的情况下妹妹和我从未请假，一直坚持上学，成绩优秀。”[①]在那里生活一年多以后，突然又把三个年幼的孩子遣送到河南许昌农村，在那里度过将近3年的流放生活。对这一段经历，我问过张琴秋的外孙女刘竞英，她告诉笔者：“1969年冬，林彪一号令，问题人员及其家属必须离京，我们早上被告知中午12点在北京火车站集合，过了一会，父亲被押解回来，穿着没有领章、帽徽的军装。匆忙中，我们收拾了一下生活必需的行李（父亲母亲大量的书籍无奈地被遗弃在屋中）。中午前，我们赶到了

① 据刘竞鸣2019年7月28日答笔者问。

火车站，随着通信兵系统的众多问题人员及家属一起上了火车。直到下火车时，我们才知道来到了河南许昌。由于五七干校当时是一个荒废的劳改农场，一时无法安置这么许多问题人员家属，于是，我们被分配到河南省许昌襄城县范湖公社虎头李大队老乡家的柴房里居住了一年半。大人们则在干校搭建简易平房和生活基础设施。后来，我们搬到干校又住了一年多。父亲是被管制人员，不能回家，只有星期天才能回家看一看，平时都集中在干校的集体宿舍，有专人看管。那时，母亲在北京被关押审查。1971 年林彪事件后，父亲被允许戴领章帽徽，母亲也由被关押变为监督劳动，她千方百计打听到我们的下落，申请来看她失联 3 年的丈夫和孩子们！母亲的申请终于被批准了。记得那天对我们来说像过年一样，姐姐被送到许昌市里上高中不在家，我和弟弟早早地就到长途车站去等候。因母亲中国话讲得不好，又听不懂河南话，父亲到许昌去接她。当客车到达时，我们拥到车门前，六岁多的弟弟紧紧抓着我的衣角，两眼很是茫然。三年没有见到母亲了，他不能准确地认出她的样子，只得从缝隙中寻找着父亲，……那情景我一辈子也无法忘记。就这样，我们一家在许昌五七干校团聚了。……1972 年夏，我们随父亲一起回到了北京，大姐因在许昌上高中，晚我们一年回来。”[①] 刘竞英的讲述，语气平静，仿佛在讲述别人家的往事。但是平静背后所遭受的苦难，不是今天的人们所能想象的。张琴秋的女儿、女婿一家终于回来了，离开了五七干校。但还没有结束，张琴秋的女儿张玛娅被关押了几年，审查了几年，找不

① 据刘竞英 2019 年 6 月 24 日答笔者问。

到任何可以给她定“苏修特务”罪的东西！但是她依然没有能逃过1976年清明节的一劫！

1976年1月，周恩来总理逝世，举国哀痛！但是“四人帮”为了篡夺党和国家领导权，继续批判邓小平的所谓“右倾翻案风”。对此，张玛娅无论如何想不通，邓小平主持中央工作以来，我们国家的社会经济发生了很大的变化，整顿以后的科技工作的进展更是有目共睹。所以1976年春天，“四人帮”继续批邓和反击“右倾翻案风”时，正直的张玛娅心里感到非常憋屈：为什么要批邓小平？她到茅盾家里看望伯父一家时，谈了自己的看法，认为“我不懂为什么批邓小平？我不服气，跟他们辩论。要我们写大字报批邓，我写不出来，可是我是室主任，又不能不写”！韦韬夫妇劝她：“不要在单位里随便说话，你可以借口中文不好，写不出来。我们都有想法看法，但是我们不说，开会不发言。我们左右不了这局面。”因为韦韬夫妇知道张玛娅嫉恶如仇、光明磊落的性格，所以劝张玛娅无论如何不要在单位里将自己的想法实话实说。

1976年清明节，首都百万群众到天安门广场悼念周总理，纪念碑前如山的花圈，群情激愤，广场上悲壮的浩然正气，让张玛娅激动和震撼！然而，当清明节天安门事件被定性为“反革命事件”以后，张玛娅所在的七机部二院二十三所开始追查天安门事件的人和事，没完没了的学习、揭发、表态、批判，气氛越来越紧张。张玛娅在党组织的会议上，光明磊落地表明自己对清明节天安门事件的认识，认为自己去过天安门，并且认为自己很受教育，悼念周总理没有错！然而人心叵测，主持会议的人故意、不断地让张玛娅说天安门的事，让她不断表明自己的立场和态度。并且别有用心地将其作为典型层层汇报，紧接着七机部的研究所在舒龙山、叶正光、曹光琳等人的授意下，开始上纲上线组织批斗张玛娅。张玛娅不服，在恶劣的气氛中一直旗帜鲜明地和他们辩论。结果，事情不断升级，“打倒现行反革命张玛娅”的大字报铺天盖地贴在大院里，批斗会上张玛娅据理辩论，结果中了他们的圈套，辩论的问题越来越严重，上纲上线越来越高，张玛娅受到无端的精神欺凌和恶毒的人身攻击！从小光明磊落、坚毅刚强的共产党员张玛娅这一次绝望了！她决定以死明志，在写好三封遗书后，5月17日下午，乘人不备，她独自来到颐和园昆明湖的僻静处，将带来的一瓶安眠药吞了下去。幸亏被人发现，她被送到医院抢救。

第二天，大女儿刘竞鸣得知妈妈出事，凌晨天未亮骑车从北京西郊插队处赶到家里，当得知妈妈在医院抢救时，又骑车赶到海淀医院看望妈妈，这时气管切开的张玛娅已经苏醒过来，但是身上插满管子，处在抢救状态，无法说话。母女俩紧紧地握着手，相对无语！这时刘钟郁见张玛娅已经苏醒，便让女儿先回去。没有想到的是，在家人不在场的情况下，七机部的一伙人，不由分说，要把张玛娅转移到七机部的“721”医院，他们不顾海淀医院医生的反对，强行拔掉张玛娅身上抢救用的管子，于是还在抢救的张玛娅刚刚被抬离病房，这时药性复发，再回来抢救，已经来不及了。1976年5月18日下午，性格刚强的张玛娅被“四人帮”的爪牙夺取了宝贵的生命！年仅50岁！

张琴秋的女儿就这样被“四人帮”迫害致死！

张玛娅还在抢救时，家里人就在抽屉里发现张玛娅写的三封信，是分别给单位支部书记和丈夫刘钟郁、大女儿刘竞鸣的。张玛娅其中写道：

> 我感觉到为难的是我并没有犯什么错误，我也无法用虚伪的检查去保卫自己的名声和家里的安定。党性不允许我做这样的交易。
>
> 那么我的观点是什么？
>
> 我热爱我们伟大领袖毛主席，我对他是坚定不移的。
>
> 那么，我到底怀疑谁？不相信谁？反对谁呢？这就是江（青）、张（春桥）两个人，我反对他们在这个运动中搞私活、搞极左。他们两个人从“文化大革命”以来，勾结起来整我们亲爱的周总理的材料。就是他们两个阴谋策划了《大参考》和《文汇报》的反总理事件……
>
> 这就是我的观点。我没有勇气活着说出自己的这些观点。因为在同志们面前第二次以反革命分子的面貌出现，这是最难受不过的了。活着没有勇气讲，死了的起码有这个勇气讲吧！反正这样坚持真理而死比虚伪地活着为好。
>
> 我死后我的名声扫地，但如有一天真相大白，希望党组织能恢复我的中国共产党党员的名誉。
>
> 我的家，我的孩子无罪，希望加以保护。

张玛娅逝于中华民族重光前夜，死不瞑目！张琴秋离世以后，作为张琴秋的女儿，张玛娅被关押审查了3年！现在，她同样作为张琴秋的女儿，用生命捍卫自己正直的品格和尊严，捍卫一个共产党人光明磊落的党性！

当时文学巨匠茅盾得知侄女玛娅被迫害致死的消息后，老泪纵横，无比伤心地说："想不到我弟弟一家人都死于非命！泽民年纪轻轻就病死在被国民党'围剿'的鄂豫皖苏区，琴秋在'文革'中被无辜杀害，他们唯一的女儿又被迫害致死！她才四十九岁，正是出成果的年龄！"[①]

1977年8月30日，七机部（现航天部）为张琴秋的女儿张玛娅同志平反昭雪，恢复名誉。

① 韦韬、陈小曼：《父亲茅盾的晚年》，文化艺术出版社2008年6月版，第209页。

第九章 人民不会忘记

张琴秋在1968年4月22日坠楼以后，当即被送往八宝山火葬场，并且很快火化了。没有亲人陪伴，没有任何仪式，没有哀乐，一具孤零零的遗体，由火葬场的工人轻轻地推着，离开这个世界！这些年，这样的事，太多了。

1976年10月，中共中央政治局终于粉碎了作恶多端、祸国殃民的“四人帮”，中国共产党勇敢地面对“文化大革命”的错误，果断地结束混乱了十年的所谓“无产阶级文化大革命”，实现了历史性转折。1978年12月中共十一届三中全会召开，实现了党的中心工作的转移，转到以经济建设为中心的轨道上，让中国这艘巨轮驶上正常的发展道路。在此期间，中国共产党进行了大量拨乱反正工作，为历史性转折作了思想上、组织上的大量准备工作。包括平反大量冤假错案。1977年12月，胡耀邦同志被党中央任命为中央组织部长，胡耀邦同志根据党的实事求是政策，上任以后开始大力推动平反冤假错案。

张琴秋的案子，是典型的冤假错案。但平反过程并不顺利，1978年5月的重新“审查结论”中，依然留有以前的错误结论，引起徐向前、王定国等老战友包括家属在内的强烈不满。后来，在胡耀邦同志的直接过问下，1979年4月纺织工业部为张琴秋彻底平反，恢复名誉，并专门就张琴秋的追悼会向胡耀邦同志作了报告。胡耀邦同志很快作出批示："徐向前元帅对琴秋同志很了解，也一直很关心。因此，悼词和追悼会的参加者，均必请向前同志核定。如果向前同志愿意主持这个追悼会，则改由他主持，并相应改由钱之光同志致悼词。"因为知道张琴秋和茅盾一家的关系，胡耀邦同志批示中还加了一句："沈雁冰（茅盾）是否需要参加追悼会，请考虑。"胡耀邦对茅盾一家和张琴秋是了解的，当年茅盾女儿沈霞在延安去世以后，女婿萧逸作为新华社战地记者，就在胡耀邦任政治部主任的18兵团解放太原时，在阵地上牺牲的。

召开张琴秋追悼会，但是张琴秋的骨灰在哪里？11年过去了，家属不知道，单位也不知道，那些军代表的人，早已不在纺织工业部了。所以，张琴秋的亲属只好去八宝山火葬场，看看奇迹能不能出现。火葬场办公室的同志热情地接待了张琴秋的亲属，但是，谁也不知道张琴秋的骨灰在哪里。这时，一个50多岁的工人过来，问："你们是不是纺织工业部张部长的亲属？是不是找张部长的骨灰？"得到肯定回答以后，这位工人带着张琴秋的亲属走进一间办公室，从柜子顶上，取下一个小木箱，将搁在上面的旧报纸拿开，是一个骨灰盒，"张琴秋"三个字出现在亲属面前，大家看到张琴秋的骨灰盒，都放声大哭，离开11年了，终于见到了！能不激动而痛哭吗？

后来，他们又专门找到这位师傅，感谢这位保存张琴秋骨灰的工人师傅。原来，这位工人师傅姓刘，和张琴秋女婿同姓，刘师傅告诉说，"文革"中大量非正常死亡的人，火化以后，有的骨灰当时被家属领回去；有的，没有人来取，就放在一边，时间一长，就找个地方深埋了。而当时张琴秋的遗体来火化时，这位工人听说是纺织工业部的副部长，便揭开白布一看，大吃一惊，是张琴秋副部长！她怎么也遭难了？因为刘师傅认识张琴秋，苏井观去世以后，张琴秋每年都来八宝山革命公墓为苏井观扫墓。每次见到这位师傅，张琴秋总是要和他打招呼，张琴秋的平易近人给这位工人师傅留下了深刻印象。所以见到没有张琴秋的家属和单位的人来取骨灰，他就悄悄地将张琴秋的骨灰保存在办公室的柜子上面，他相信会有人来取张琴秋的骨灰的。刘师傅还告诉他们，上一天晚上，从来不做梦的他，做了一个很奇怪的梦，在梦里突然见到张琴秋，她没有说话，朝他点点头，又突然消失了。醒来以后，刘师傅觉得，明天可能张琴秋的家属要来了。所以第二天见到张琴秋女婿刘钟郇、外甥女张克宁他们时，就知道他们是来寻找张琴秋的骨灰的。刘师傅的一番话，让大家面面相觑，紧紧握住刘师傅的手，眼泪止不住往下淌。

1979年6月23日，是张琴秋重见天日的日子。中共中央为张琴秋平反昭雪，在八宝山革命公墓礼堂召开隆重追悼会。叶剑英、李先念、王震、乌兰夫、邓颖超、余秋里、陈锡联、胡耀邦、徐向前、姬鹏飞、谷牧、王任重、康世恩、宋任穷、沈雁冰、康克清、荣毅仁、江华、黄火青同志以及国务院、中共中央组织部、全国妇联等单位送了花圈。彭真、薄一波同志以及蔡畅等也送了花圈。李先念、王震、余秋里、陈锡联、胡耀邦、徐向前、谷牧、宋任穷、沈雁冰、康克清、荣毅仁、黄火青、薄一波等同志参加追悼会。徐向前同志主持追悼会，张琴秋的老同事钱之光致悼词。还有不少张琴秋的战友同事，800多人，共同怀念这位红军时期叱咤风云的女将，缅怀这位为新中国老百姓穿衣问题殚精竭虑的共和国女部长，悼念这位对共产党忠诚、对信仰坚定的共产党人！

张琴秋同志像

钱之光在悼词中说："张琴秋同志是我党的一位久经考验的老同志。在长期的革命斗争中，她从事过地下活动、武装斗争、妇女运动、工业建设等多方面的工作，为革命做出了卓越的贡献。"钱之光还说："全国解放以后，她从事经济工作，担任纺织工业部党组副书记、副部长。在工作中，她坚决执行党和国家的各项方针、政策，对发展纺织工业，繁荣经济，解决人民穿衣问题，……作出了重要的贡献。”称颂张琴秋“大公无私，坚持原则，光明磊落，襟怀坦白”。是啊，对自己追求的信仰，对共产党，对国家对人民，对千千万万的牺牲的红军指战员，张琴秋仰俯无愧！张琴秋坎坷而伟大的一生，千古流芳，公道自有人心在。

张琴秋的追悼会当天，即1979年6月23日，《人民日报》发表了张琴秋的老部下、红四方面军总指挥部电台台长、解放后担任湖北省委书记的宋侃夫的回忆文章《一位红色娘子军的英雄战士——忆张琴秋同志》；同一天发表的还有国家纺织工业部老同事钱之光、陈维稷的纪念文章《革命者的作风、胸怀和情操——张琴秋同志在纺织战线二十年》，都深情回忆这位传奇式革命家的为革命作出的贡献。茅盾在他的回忆录《我走过的道路》中，同样用相当的篇幅回忆弟弟沈泽民和弟媳妇张琴秋，字里行间充满着怀念和至亲深情。徐向前是张琴秋的老领导、老战友，他在自己的回忆文章中，同样深情回忆张琴秋在艰苦卓绝的长征和西征中的英勇事迹，也回忆了张琴秋和张国焘斗争的往事。西路军女战士李开芬在1986年12月28日的《人民日报》发表回忆张琴秋的文章《深深地怀念》，寄托这位西路军女战士对张琴秋的深深怀念。张琴秋在川陕革命根据地时的警卫员李耀宇在张琴秋蒙冤去世20年以后，专门在《人民日报》写文章《怀念张琴秋大姐》，回忆张琴秋在红军时期的贡献和伟大人格。谢觉哉的夫人王定国在1988年5月26日的《人民日报》上发表文章，满怀深情地纪念去世20周年的张琴秋。而一些宣传介绍张琴秋的文章，几十年来从没有间断过。张琴秋的人品，张琴秋的才能，张琴秋的学识以及她的传奇经历，慢慢地为一代又一代的人所了解，为一代又一代的人所敬仰！

1990年3月，徐向前元帅亲笔题写“张琴秋纪念馆”馆名；张琴秋莫斯科中山大学的同学伍修权题写了“巾帼豪杰，革命精英”八个字。康克清在1990年7月3日题写了“缅怀琴秋同志，您是我们学习的榜样”。谢燕先生经过几年的努力，他写的张琴秋传记，在1995年4月由中国纺织出版社出版。这是第一本完整介绍张琴秋一生的传记，谢燕先生作了大量调查研究，花了极大的心血。2018年，张琴秋去世50周年时，为了纪念她，浙江人民出版社又重新再版了谢燕先生的这部传记。长征出版社分别在2006年1月和2012年4月出版了李蕾、杨雪燕同志的《海琴秋韵——张琴秋传》和《张琴秋传：花开花落，无衔女将的美与痛》。2012年12月，九州出版社出版了王敦贤、张学明先生的《琴韵千秋——张琴秋在通江》，完整介绍张琴秋在通江的革命活动和对革命根据地的贡献。

在国内出版的中共党史人物传，有张琴秋的传记；解放军将领传里，张琴秋作为没有授衔的红军将领形象出现在读者面前；在中国妇女运动史上，张琴秋是一个绕不开的人物；在工人运动史上，张琴秋同样是一个值得介绍的人物。所以在党史、军史、妇运史、工运史乃至纺织工业发展史上，都有张琴秋的不朽贡献。在川陕革命根据地，张琴秋战斗过的地方，流传着许许多多张琴秋的感人故事，一直在群众中传诵，当地政府还为这位英勇的红军女将塑造雕像，让子孙后代铭记张琴秋这位红军将领！

在张琴秋的家乡桐乡市，市政协在2006年8月整理编辑了《张琴秋纪念文集》。张琴秋去世50周年时，桐乡市委、市委宣传部拍摄了纪录片《无衔女将张琴秋》，家乡人第一次用影像寻访这位前辈革命家的足迹，同时举办了张琴秋的生平展览，让世世代代的家乡人记住张琴秋！

流芳百世，万世光荣！张琴秋，一位红军女将，人民公仆！忠诚的共产党员！人民永远不会忘记！

2019年3月18日初稿。4月27日修改毕。

6月15日再修改。6月30日再改。9月19日再改。

张琴秋年表

（表中年龄为虚岁）

钟桂松　编

1904年，张琴秋1岁。

11月11日，张琴秋出生在浙江省石门镇。

1913年，张琴秋10岁。

进石门镇丰家的振华女校读书。

1919年，张琴秋16岁。

5月，参加石门镇“五四运动”游行。

1920年，张琴秋17岁。

暑假，考取杭州女子师范学校。

1922年，张琴秋19岁。

春，去上海爱国女学文科二年级插班生。

1923年，张琴秋20岁。

暑假，自爱国女学毕业；考取南京美术专科学校。

秋天，因病退学。回到石门家里养病。

1924年，张琴秋21岁。

春，在沈雁冰、沈泽民兄弟鼓励下，进上海大学读书。

3月，根据上海大学党组织的决定，4月由杨之华、徐梅坤

介绍加入中国社会主义青年团。参加国民党。

11月，参加中国共产党。

11月，在上海与沈泽民结婚。

1925年，张琴秋22岁。

是年在上海深入工厂从事工人运动。

5月，参加五卅运动。

10月25日，秘密离开上海赴莫斯科中山大学学习。

10月28日，丈夫沈泽民随李立三去苏联参加共产国际第六次执委扩大会议。会议以后进入莫斯科中山大学学习。

陈独秀写信给中共莫斯科区委，指定俞秀松、张琴秋等八位同志为莫斯科中山大学学生中的领导人。

1926年，张琴秋23岁。

1月，莫斯科中山大学举行开学典礼。

5月，女儿玛娅在莫斯科出生。

1927年，张琴秋24岁。

5月13日，斯大林到莫斯科中山大学作报告。

1928年，张琴秋25岁。

9月，莫斯科中山大学毕业，留校当翻译。

同时，丈夫沈泽民考取苏联红色教授学院。

1929年，张琴秋26岁。

被一部分同学讥为二十八个半百分之百布尔什维克之一。

1930年，张琴秋27岁。

10月，根据党组织安排，与丈夫沈泽民安顿好女儿玛娅以后，离开莫斯科，分别秘密回国。

1931年，张琴秋28岁。

1月7日，六届四中全会在上海召开。沈泽民当选中共中央委员。1月30日，沈泽民担任中共中央宣传部部长。

1月，张琴秋担任中共沪西区委委员。

2月13日，中共中央政治局召开会议，决定沈泽民、张琴秋去鄂豫皖苏区工作。沈泽民担任鄂豫皖苏区中央分局书记。

3月22日，沈泽民夫妇离开上海赴鄂豫皖苏区，途中，中共中央又决定张国焘任鄂豫皖苏区中央分局书记，沈泽民改为副书记。

6月，中共鄂豫皖临时省委成立，沈泽民为省委书记。

张琴秋在位于新集的彭杨军事政治学校担任教育长。同时在新集师范学校担任政治常识教员。

11月7日，中国工农红军四方面军成立。

1932年，张琴秋29岁。

1月10日，鄂豫皖全省中共党员代表大会召开，沈泽民当选省委书记。张琴秋担任河口县县委书记。

10月11日，与沈泽民决别，随红四方面军西进。担任红军73师政治部主任。

12月8日，张国焘召开部分师以上干部会议，稳定军心。不久，张琴秋担任红四方面军政治部主任。

1933年，张琴秋30岁。

1月，当选为川陕省委委员、妇女部部长。

2月，调任红江县委书记。

5月，在红江县会见杨虎城部的地下党员武志平。

不久，免去红江县委书记。

11月20日，沈泽民在鄂豫皖苏区因病牺牲。年仅34岁。

1934年，张琴秋31岁。

春，改任红四方面军总医院政治部主任。

是年亲自操办，在王坪为牺牲的红军指战员建立烈士墓。为当地老百姓新建一座桥，被当地老百姓称为“红军桥”。

1935年，张琴秋32岁。

3月，红四方面军开始强渡嘉陵江，张琴秋奉命率领妇女独立团运输物资；同时还要和白军作战。

5月，开始艰苦卓绝的长征。

10月，张国焘在卓木碉召开会议，另立中央，自任主席。

1936年，张琴秋33岁。

6月，张国焘被迫取消“中央”。

7月，中央批准成立中共西北局，张琴秋为20名委员之一。

11月11日，中央正式命令成立西路军。

是年，与陈昌浩结婚。

1937年，张琴秋34岁。

3月14日，陈昌浩、徐向前在康龙寺南石窝山顶召开西路军军政委员会紧急会议，决定分散突围。

是时，西路军血染祁连山，张琴秋在突围过程中于天寒地冻里分娩，婴儿即亡。

不久，张琴秋被马步芳部俘虏。隐名埋姓，后被人认出，解押至南京。

8月14日，送进国民党南京反省院。

8月27日，经周恩来营救，回到八路军驻南京办事处。不久回到延安，进中央党校学习。

1938年，张琴秋35岁。

2月，组织上决定张琴秋去安吴堡青年训练班工作，担任生活指导处处长。

10月，离开安吴堡青年训练班，回到延安，进抗日军政大学第八大队（女生班）担任大队长。

1939年，张琴秋36岁。

4月5日，清明节，代表妇女界参加陕西黄帝陵祭祀活动。

7月，中国女子大学在延安成立，张琴秋被任命为教育长。

8月，陈昌浩去苏联养病以后，结发夫妻刘秀珍带了儿子到延安，张琴秋热情接待，妥善安排。

1940年，张琴秋37岁。

1月，延安陕甘宁边区文化协会第一次代表大会召开。当选为边区文协委员。

5月，茅盾一家从新疆来到延安。

10月，根据中央安排，茅盾夫妇去重庆。茅盾的女儿沈霞、儿子沈霜分别进“女大”和陕北公学。

1941年，张琴秋38岁。

是年，得知陈昌浩在苏联与新女友同居。中央组织部同意张琴秋和陈昌浩离婚。

7月30日，中国女子大学并入新建立的延安大学。

9月，奉命调中共中央妇女运动委员会工作。担任副秘书长。

是年，张琴秋带领妇委同志深入基层调研。

1943 年，张琴秋 40 岁。

5 月 1 日，与苏井观结婚。

1945 年，张琴秋 42 岁。

8 月 20 日，侄女、茅盾的女儿沈霞在延安和平国际医院因人流不慎感染去世。年仅 24 岁。

1947 年，张琴秋 44 岁。

是年，撤离延安，参加冀中土地改革。

1948 年，张琴秋 45 岁。

出席国际民主妇联第二次代表大会。

8 月 13 日，到达哈尔滨。

8 月 27 日，与吴青两人拟先去印度参加亚非妇女会议筹备会议，经过莫斯科，见到了离别 18 年的女儿张玛娅。后来因为外交原因，未能到达印度。在匈牙利布达佩斯参加国际民主妇联第二次代表大会。

12 月 10 日，从匈牙利回国途经莫斯科，再次与女儿见面。

12 月 27 日，离开莫斯科，启程回国。

1949 年，张琴秋 46 岁。

年初，在平山县东柏坡中央妇委工作。

3 月 24 日至 4 月 3 日，中华全国民主妇女第一次全国代表大会在北平中南海怀仁堂召开。当选为中华全国民主妇女联合会常务委员。被任命为生产部部长。

6 月 9 日，与邓颖超等一起代表妇女联合会出席新政协会议筹委会。

9 月 21 日至 30 日，出席第一届全国政协第一次全体会议，为12名全国妇女政协委员之一。

10月1日下午，受到邀请，登上天安门城楼，参加开国大典。

10月19日，中央人民政府第三次会议，被任命为纺织工业部副部长。不久，被任命为纺织工业部党组副书记。丈夫苏井观被任命为卫生部副部长。

11月1日，中央人民政府纺织工业部在北京东交民巷原美国花旗银行旧址挂牌，正式开始办公。

1950年，张琴秋47岁。

6月，出席全国政协第二次全体会议。

10月，女儿玛娅从苏联回国。

1951年，张琴秋48岁。

是年，在青岛市纺织企业调查研究中发现女工郝建秀的科学工作法。

1953年，张琴秋50岁。

是年春，与苏井观回到家乡石门镇探亲。

1963年，张琴秋60岁。

是年春，偕女儿玛娅到湖北省红安县参加沈泽民烈士墓迁葬仪式。

1964年，张琴秋61岁。

5月26日，苏井观因病去世。

6月26日，在《人民日报》发表《痛悼苏井观》文章。

1967年，张琴秋64岁。

军代表进驻纺织工业部。

1968年，张琴秋65岁。

4月4日，被隔离审查。

4月22日，在纺织工业部大楼被迫害致死。

十年以后，1979年6月23日，中共中央为张琴秋平反昭雪。

后记

在久雨放晴的一个上午，《张琴秋传》写完最后一行字，我终于长长地舒了一口气。

这一年多来，我一直沉浸在张琴秋这位革命前辈跌宕起伏的革命往事里。她九死一生的革命经历，深深地感动我！

张琴秋是在沈泽民的引导下走上革命道路的，她在革命实践中坚定了马克思主义理想信仰，对共产党的忠诚至死不渝。

当初，她毅然决然离开家庭，到上海求学，在学习马克思主义理论中寻求革命真理，在革命实践中锤炼自己。在莫斯科中山大学刻苦学习革命理论，回国时，为了革命，张琴秋将年幼的女儿留在异国他乡。在鄂豫皖革命根据地的崇山峻岭里，留下了张琴秋年轻的足迹，也留下了和丈夫沈泽民的生离死别！当时，张琴秋和沈泽民谁也没有想到会从此阴阳两隔，此生再无重聚的一天！在川陕革命根据地，张琴秋这位红四方面军政治部主任，几起几落，但对革命事业的忠诚始终如一，女子独立团的创建，红军医院的发展，红军烈士墓的修建，张琴秋的英名在川陕革命根据地人民心中永远流传。在西路军的日子里，张琴秋作为西路军政治部的组织部长，她和红军指战员一起浴血奋战，死里逃生，隐名埋姓，被敌人发现以后，有理有节和

敌人作坚决斗争，保持了一个共产党人的气节！

在延安，张琴秋根据中央的安排，从事教育和妇女运动工作，而且在革命实践中，更加自觉坚持党的实事求是原则。在土地改革中，在新中国的纺织工业战线，她为了新中国人民的穿衣问题，呕心沥血近20年！她走遍江南塞外、天山南北，棉花地，车间里，纺织工业技术人员的座谈会上，专家学者的实验室里，都留下了张琴秋亲切而辛劳的身影。然而，就是这样一位一辈子都在为革命工作的革命家，竟然在“文革”开始不久就被“造反派”迫害致死！当我写到张琴秋在“文革”这一段历史时，实在不忍下笔！这样优秀的共和国开国部长、新中国纺织工业的领导干部！这样无私奉献的革命家！这样曾经出生入死的老共产党人，怎么会是这样的方式结束人生？我实在不忍心写张琴秋的死！所以写到张琴秋这一段历史时，心情十分压抑，我只能粗线条地叙述。

张琴秋的感情生活是这部传记的题中应有之义，她和沈泽民的结合，是志同道合的婚姻，然而沈泽民牺牲在鄂豫皖苏区，是张琴秋一生的痛！长征途中，32岁的张琴秋和陈昌浩结合，却遇西路军失败，已经怀孕的张琴秋在寒冷的突围途中分娩，落下毛病，张琴秋从此不能生育。陈昌浩和张琴秋在延安短暂相聚以后，陈昌浩去了苏联。恰时陈昌浩的前妻携儿子到延安寻夫，大度的张琴秋安排照顾在延安举目无亲的陈昌浩的前妻和孩子，让陈昌浩的前妻和儿子铭感一辈子！后来陈昌浩在苏联有了女友，张琴秋向中央组织部提出离婚申请，经中央同意，张琴秋解除了与陈昌浩的婚姻关系。1943年五一国际劳动节，

39岁的张琴秋和38岁的苏井观结为连理。此后的20多年里，张琴秋和苏井观相濡以沫，相互照顾扶持。有苏井观的那些日子，是张琴秋最有依靠的时候，所以，1964年苏井观弥留之际，他喃喃自语："琴秋不能没有老苏，琴秋不能没有老苏呀。"其情其景，足见张琴秋和苏井观感情之深！

张琴秋与故乡的感情也是很深的。但是，在张琴秋故乡留下的史料却很少，笔者在1980年在石门镇寻访张琴秋史料时，似乎也没有什么材料，只找到张琴秋的几张照片，不少老人对一直在外面革命和工作的张琴秋的了解，几乎少之又少。这次写《张琴秋传》，石门镇已经出版镇志，桐乡文史资料对张琴秋妹妹张兰也有一些介绍，张琴秋的小学同学钱青教授的回忆，茅盾先生的回忆录以及张琴秋亲属的回忆，都为我这次写作提供了方便。但是还有一些档案还来不及查访。我尽量按照现有史料还原当时历史的面貌，对过去的一些说法进行核实比对，寻找更接近历史的事实，包括一些事件发生的时间。

关于张琴秋在莫斯科中山大学学习的史料并不多，笔者几十年来一直在搜集和关注。十多年前，笔者从张琴秋在莫斯科中山大学同学柳溥庆、周砥夫妇的女儿柳伦老师那里，得到一些张琴秋、沈泽民等人的照片，这是非常珍贵的影像资料。还有，我在共产国际的文件里，看到陈独秀1925年10月28日给中共莫斯科区委信中指定张琴秋等8人为中山大学学生中的领导人，这也是在过去张琴秋的传记中所没有介绍过的珍贵史料，说明当时21岁的张琴秋就引起党中央的重视。

至于张琴秋在西路军那一段惨不忍睹、不堪回首的历史，现在的史学界已经有了相对一致的认识，中共党史对此也已经有了明确的表达。特别是读过《徐向前传》后，对我写张琴秋在西路军时期的工作和贡献，有了比较清楚的了解。

张琴秋一生的经历非常丰富，但是由于战争年代的生活不稳定，许多时间、地点、职务、工作常常模糊不清，作为传记还是需要加以认真考证的。比如张琴秋到鄂豫皖苏区以后，在彭杨学校工作，许多材料说张琴秋担任了学校的政治部主任。其实当时政治部主任另有其人，在当地的教育志中，明确写着张琴秋担任的是教务长。自然，这部传记，也仅仅是当前为止在前人基础上的一部传记，相信随着以后大量的史料的开放和发现，还会出现更完整的张琴秋传记。

桐乡市文化宣传部门让我写张琴秋这位革命前辈，给我一个全面了解张琴秋丰富的革命经历的机会，所以首先要感谢桐乡文化宣传部门的朋友；李新荣、吴赟娇、褚万根、俞尚曦、叶瑜荪等朋友对初稿进行审读并提出了很好的修改意见，桐乡市文联为了保证质量，专门召开小型的审稿会，让我有机会当面听取朋友们的意见。在写作过程中，浙江图书馆张晓俐同志不断地帮助寻找并及时提供参考材料；湖州师范学院图书馆龚景兴先生有求必应；中国人民大学博士生雷超百忙之中在北京、上海帮助寻找当年的史料；陈侃章兄帮助核对史实提供史料。还有内侄女陈晓艳不停地为我所需要的材料上旧书网购买；曾经为张琴秋拍摄过纪录片的钟天等同志，对张琴秋的历史和生平有比较全面的了解，他们也经常回答我的一些问题，给我很多启发。我在中央党校的同学、河北省省委宣传部原副部长、河北社科联党组书记、党史研究专家张志平兄不厌其烦地回答我请教的问题，在他忙碌于平山研究、中山国研究中抽出时间及时回复，让我感动莫名！尤其是张琴秋的女婿刘钟郇老师和张琴秋的外孙刘竞鸣、刘竞英、刘秉宏，他们在审读这本书的初稿时，又提供不少珍贵资料，纠正了初稿中的一些史料差错。九十高龄的刘钟郇老师还为我提出的问题进行回忆，并及时让他女儿转告我，使这部传记得到丰富和充实，他们的认真、宽容，为我写这本书提供了极大的帮助。本书定稿后被中共嘉兴市委宣传部评为“2019年嘉兴市文化精品重点扶持项目”，华文出版社责任编辑南洋同志认真负责的编辑把关，让这部传记得以现在的面貌与读者见面。在这里，向家乡文化宣传部门和所有关心支持我的前辈、领导和朋友表示崇高敬意和衷心感谢！